COLLECTION MICHEL LÉVY

OEUVRES COMPLÈTES

DE

ALEXANDRE DUMAS

ŒUVRES COMPLÈTES
D'ALEXANDRE DUMAS
PARUES DANS LA COLLECTION MICHEL LÉVY

Amaury	1	Impressions de voyage :	
Ange Pitou	2	— Le Capitaine Arena	1
Ascanio	2	Ingénue	2
Aventures de John Davys	2	Isabel de Bavière	2
Les Baleiniers	2	Italiens et Flamands	2
Le Bâtard de Mauléon	3	Ivanhoe de Walter Scott (trad.)	2
Black	1	Jane	1
La Bouillie de la comtesse Berthe	1	Jehanne la Pucelle	1
La Boule de Neige	1	Les Louves de Machecoul	3
Bric-à-Brac	2	Madame de Chamblay	2
Un Cadet de famille	3	La Maison de glace	2
Le Capitaine Pamphile	1	Le Maître d'armes	1
Le Capitaine Paul	1	Les Mariages du père Olifus	1
Le Capitaine Richard	1	Les Médicis	1
Catherine Blum	1	Mes Mémoires	5
Causeries	2	Mémoires de Garibaldi	2
Cécile	1	Mémoires d'une aveugle	2
Charles le Téméraire	2	Mémoires d'un Médecin. — Joseph Balsamo	5
Le Chasseur de sauvagine	1	Le Meneur de loups	1
Le Château d'Eppstein	2	Les Mille et un fantômes	1
Le Chevalier d'Harmental	2	Les Mohicans de Paris	4
Le Chevalier de Maison-Rouge	2	Les Morts vont vite	2
Le Collier de la Reine	3	Napoléon	1
Le Comte de Monte-Cristo	6	Une Nuit à Florence	1
La Comtesse de Charny	6	Olympe de Clèves	3
La Comtesse de Salisbury	2	Le Page du duc de Savoie	2
Les Confessions de la marquise	2	Le Pasteur d'Ashbourn	2
Conscience l'innocent	2	Pauline et Pascal Bruno	1
La Dame de Monsoreau	3	Le Père Gigogne	2
Les Deux Diane	3	Le Père la Ruine	1
Dieu dispose	2	La Princesse Flora	1
Le Drames de la mer	1	Les Quarante-Cinq	3
La Femme au collier de velours	1	La Reine Margot	2
Fernande	1	La Route de Varennes	1
Une Fille du régent	1	Le Salteador	1
Les Frères corses	1	Salvator (suite et fin des Mohicans de Paris)	5
Gabriel Lambert	1	Souvenirs d'Antony	1
Gaule et France	1	Les Stuarts	1
Georges	1	Sultanetta	1
Un Gil Blas en Californie	1	Sylvandire	1
La Guerre des Femmes	2	Le Testament de M. Chauvelin	1
Histoire d'un casse-noisette	1	Trois Maîtres	1
L'Horoscope	1	Les Trois Mousquetaires	2
Impressions de voyage : Suisse	3	Le Trou de l'Enfer	1
— L'Arabie Heureuse	3	La Tulipe noire	1
— Les Bords du Rhin	2	Le Vicomte de Bragelonne	6
— Quinze jours au Sinaï	1	La Vie au désert	2
— Le Véloce	2	Une Vie d'artiste	1
— De Paris à Cadix	2	Vingt ans après	3
— Le Speronare	2		
— Une année à Florence	1		

POISSY. — TYP. DE A. BOURET.

MES
MÉMOIRES

PAR

ALEXANDRE DUMAS

TROISIÈME SÉRIE

PARIS
MICHEL LÉVY FRÈRES, LIBRAIRES ÉDITEURS
RUE VIVIENNE, 2 BIS, ET BOULEVARD DES ITALIENS, 15
A LA LIBRAIRIE NOUVELLE
—
1863
Tous droits réservés

MÉMOIRES
DE
ALEXANDRE DUMAS

LXII

Anecdote non officielle sur l'assassinat du duc de Berry. — Avis secret donné à Louis XVIII. — Mariani. — M. Decazes présenté comme le complice de Louvel.

L'assassinat de M. le duc de Berry précipita M. Decazes du pouvoir.

On raconta, à cette époque, une étrange anecdote. Je la copiai manuscrite chez mon notaire, qui faisait collection de pièces historiques. Autant que je puis me la rappeler, la voici telle qu'elle était :

Trois jours avant l'assassinat du duc de Berry, le roi Louis XVIII aurait reçu une lettre conçue en ces termes :

« Sire,

» Votre Majesté daignerait-elle, demain, à huit heures du soir, recevoir une personne qui a d'importantes révélations à faire, lesquelles intéressent particulièrement la famille de Votre Majesté?

» Si Votre Majesté daigne recevoir cette personne, qu'elle envoie d'abord chercher un éclat d'albâtre oriental qui est déposé sur le tombeau du cardinal Caprara, à Sainte-Geneviève.

» En outre, et par une autre personne, Votre Majesté devra

faire prendre, dans un volume des Œuvres de saint Augustin (ci-joint la désignation), une feuille de papier découpé dont l'auteur de cette lettre indiquera plus tard l'usage.

» Sous peine de n'obtenir aucun résultat dans les éclaircissements promis, on ne devra ni commencer par l'envoi à la Bibliothèque, ni envoyer en même temps à la Bibliothèque et à Sainte-Geneviève. La sécurité de la personne qui veut donner un bon avis à Sa Majesté dépend de l'exécution, dans l'ordre indiqué, des deux démarches prescrites. ».

La lettre n'était pas signée.

Le côté mystérieux de cette lettre préoccupa Louis XVIII. Il fit appeler M. Decazes, le lendemain, à sept heures du matin.

Qu'on remarque bien que je ne cite pas un fait historique ; je raconte, de souvenir, une anecdote que j'ai copiée manuscrite, il y a quelque chose comme trente ans. Seulement, plus tard, et dans d'autres circonstances de ma vie, elle se représenta à mon esprit, comme font à la vue ces caractères effacés qui reparaissent, grâce à une préparation chimique.

Louis XVIII, toujours selon le récit anecdotique, envoya donc, le lendemain matin, chercher M. Decazes.

— Monsieur, lui dit-il en l'apercevant, vous allez vous rendre vous-même à l'église Sainte-Geneviève ; vous descendrez dans la crypte, vous vous ferez indiquer le tombeau du cardinal Caprara, et vous rapporterez l'objet, quel qu'il soit, que vous trouverez sur ce tombeau.

M. Decazes partit, arriva à Sainte-Geneviève, descendit dans la crypte, et, à son grand étonnement, ne trouva, sur le tombeau du cardinal Caprara, qu'un morceau d'albâtre oriental.

Cependant la recommandation était précise, disons mieux, l'ordre était positif. Après avoir hésité un instant, il prit le fragment d'albâtre, et le rapporta aux Tuileries.

Il s'attendait à voir le roi se récrier sur cette obéissance servile qui mettait sous ses yeux un objet sans valeur aucune, quand, au contraire, à l'aspect de ce fragment d'albâtre, le roi tressaillit.

Puis, le prenant, l'examinant avec soin et le posant sur son bureau :

— Maintenant, dit Louis XVIII, envoyez à la Bibliothèque royale quelqu'un de qui vous soyez sûr ; cette personne demandera les Œuvres de saint Augustin, édition de 1669, et, au tome VII, entre les pages 404 et 405, elle trouvera une feuille de papier.

— Mais, sire, demanda M. Decazes, au lieu de confier cette mission à une autre personne, pourquoi n'irais-je pas moi-même ?

— Impossible, mon enfant !

Mon enfant était le terme d'amitié sous lequel Louis XVIII désignait son ministre favori.

On envoya un homme de confiance à la Bibliothèque royale : il ouvrit le *Saint Augustin* à la page dite, et trouva le papier désigné.

Rien ne lui fut plus facile que de le prendre ; ce papier était tout blanc, il avait la forme de l'in-folio ; il était d'une grande finesse, et portait de bizarres découpures.

Louis XVIII cherchait les mystérieuses révélations cachées dans les découpures de ce papier, lorsque le secrétaire du roi vint lui remettre une feuille de la même grandeur que celle du *Saint Augustin*, mais chargée de lettres sans ordre.

A l'angle de l'enveloppe qui renfermait cette feuille, étaient écrits ces deux mots : « Très-pressée. »

Le roi comprit qu'il y avait coïncidence entre les deux événements, analogie entre les deux feuillets. Il posa la lettre découpée sur la lettre écrite, et il vit que les lettres comprises dans les intervalles de la feuille supérieure avaient un sens.

Il congédia le secrétaire, pria M. Decazes de le laisser seul ; et, quand tous deux furent partis, il lut les lignes suivantes :

« Roi, tu es trahi ! trahi par ton ministre et par le P. P. de ton S...

» Roi, je puis seul te sauver.

» MARIANI. »

Le lecteur comprend que je ne prends pas plus la responsabilité du billet que je mets sous ses yeux, que je ne prends celle du reste de l'anecdote.

Le roi ne parla à personne de ce billet; seulement, le soir même, le ministre de la police (1), congédié le matin, donnait l'ordre de se mettre à la recherche du nommé Mariani.

Le lendemain, qui était le dimanche 13 février, le roi, en ouvrant son *Paroissien* pour lire la messe, y trouva le billet suivant :

« On a surpris ce que je t'écrivais; on est à ma recherche. Presse-toi de me voir, si tu tiens à éviter de grands malheurs dans ta maison. Je saurai si tu veux me recevoir, au moyen de trois pains à cacheter que tu colleras intérieurement sur les carreaux des fenêtres de ta chambre à coucher. »

Le roi, quoique préoccupé de ce dernier avis, ne crut pas qu'il fût aussi urgent de s'y rendre que le disait la lettre.

Il attendit, il hésita, il remit la chose au lendemain.

Le soir, par extraordinaire, il y avait spectacle à l'Opéra. On y jouait *le Rossignol*, *les Noces de Gamache* et *le Carnaval de Venise*.

Le duc et la duchesse de Berry assistaient à la représentation.

Vers onze heures du soir, à la fin du second acte du ballet, la duchesse de Berry, fatiguée, témoigne à son mari le désir de se retirer. — Le prince ne veut pas la laisser sortir seule, et la reconduit.

Arrivé à sa voiture, qui stationne rue Rameau, au moment où, après avoir donné la main à la princesse pour monter sur le marchepied, il lui dit : « Attendez-moi, je ne tarderai pas à vous rejoindre, » un homme s'élance rapidement, passe comme un éclair entre le factionnaire de garde à la porte de sortie et M. de Clermont-Lodève, gentilhomme de service, saisit le prince par l'épaule gauche, l'appuie fortement contre sa poi-

---

(1) M. Decazes, ministre de l'intérieur, était chargé de la police.

trine, et lui enfonce, au-dessous du sein droit, un carrelet mince et aigu, emmanché dans une poignée de buis.

L'homme laisse l'arme dans la plaie, culbute trois ou quatre curieux, et disparaît d'abord à l'angle de la rue de Richelieu, ensuite sous l'arcade Colbert.

Au premier instant, personne ne s'aperçut que le prince fût blessé; lui-même n'avait ressenti aucune douleur : la secousse seulement que produit un coup de poing.

— Prenez donc garde, maladroit! avait dit M. de Choiseul, aide de camp du prince, en repoussant l'assassin, auquel il croyait n'avoir à reprocher qu'une trop indiscrète curiosité.

Tout à coup le prince sent que la respiration lui manque; il pâlit, chancelle, et s'écrie en portant la main à sa poitrine :

— Je suis assassiné !

— Impossible! dit-on autour de lui.

— Tenez, répond le prince, voici le poignard.

Et, effectivement, il venait d'arracher de sa poitrine, et tenait à la main le carrelet ensanglanté.

La portière de la voiture n'était pas encore refermée. La duchesse s'élança, essayant de soutenir son mari; mais déjà le prince, même avec cet appui, ne pouvait plus se tenir debout. Il se laissa aller doucement dans les bras de ceux qui l'entouraient, et fut porté dans le salon dépendant de la loge du roi.

Ce fut là qu'il reçut les premiers soins.

Au simple aspect de la plaie, à la forme du poignard, à la longueur du fer, les médecins reconnurent la gravité de la blessure, et déclarèrent que le prince ne pouvait être ramené aux Tuileries. On le transporta donc dans l'appartement qu'occupait M. de Grandsire, alors secrétaire de l'administration de l'Opéra, et qui avait son logement au théâtre.

Par un rapprochement bizarre, le lit sur lequel on étendit le prince moribond, était le même que celui sur lequel, tout joyeux, le prince s'était couché la première nuit de sa rentrée en France. M. de Grandsire était alors à Cherbourg, et avait prêté ce lit pour mettre dans la chambre du duc de Berry.

C'est là que le prince apprit l'arrestation de son meurtrier. Il demanda son nom.

— Louis-Pierre Louvel, lui répondit-on.

Il parut chercher dans sa mémoire; puis, comme interrogeant sa propre conscience :

— Je ne me rappelle pas, dit-il, avoir jamais rien fait à cet homme.

Non, prince, non, vous ne lui aviez rien fait; mais vous portiez au front le sceau fatal qui pousse les Bourbons, les uns dans la tombe, les autres dans l'exil. Non, prince, vous ne lui aviez rien fait; mais vous deviez régner, et c'est assez, chez nous, pour que le doigt de Dieu vous ait désigné à la douleur.

Voyez, prince, ce que sont devenus tous ceux qui, depuis soixante ans, ont touché cette couronne fatale, ou y ont aspiré :

Louis XVI, mort sur l'échafaud;

Napoléon, mort à Sainte-Hélène;

Le duc de Reichstadt, mort à Schœnbrünn;

Charles X, mort à Frohsdorf;

Louis-Philippe, mort à Claremont.

Et qui sait, prince, où mourra votre fils, le comte de Chambord? où mourra son cousin, le comte de Paris? C'est à vous que je le demande, à vous qui connaissez maintenant le secret de cette éternité dont les entrailles renferment tous les mystères de la vie, tous les secrets de la mort.

Mais ce que nous pouvons dire d'avance, prince, c'est que nul de votre race ne mourra aux Tuileries, et ne reposera comme roi dans les caveaux paternels.

C'était un bon et noble cœur, au milieu de ses emportements, que celui qui allait cesser de battre. Aussi, quand, à six heures du matin, Louis XVIII, prévenu de ce qui s'était passé, arriva pour recevoir le dernier soupir de son neveu, le premier mot du blessé fut-il :

— Sire, la grâce de l'homme!

Louis XVIII ne voulait pas promettre la grâce, et ne voulait pas la refuser.

— Vous survivrez, je l'espère, à ce cruel événement, mon cher neveu, répondit-il, et nous en reparlerons. La chose est importante, d'ailleurs, continua-t-il, et vaut la peine d'être examinée à plusieurs fois.

A peine le roi avait-il prononcé ces paroles, que le prince se sentit étouffer ; il ouvrit les bras, et demanda qu'on le tournât sur le côté gauche.

— C'est ma fin ! dit-il tandis qu'on s'empressait de se rendre à son dernier désir.

Et, en effet, à peine le mouvement achevé, au moment où la pendule sonnait six heures et demie du matin, il expira.

On sait la douleur de la duchesse de Berry.

Elle prit des ciseaux qui étaient sur la cheminée, déroula ses beaux cheveux blonds, les coupa près de la racine, et les jeta sur le corps de son mari.

Quant à Louis XVIII, sa douleur fut double : ignorant la grossesse de madame la duchesse de Berry, il pleurait, dans le prince mort, plus qu'un neveu assassiné, il pleurait une race éteinte.

Retiré aux Tuileries, le roi songea à ce qui s'était passé depuis deux jours : à cette lettre reçue le matin même de l'assassinat ; à cet avis d'un grand malheur menaçant la famille royale.

Alors, quoiqu'il n'eût plus rien à attendre du mystérieux inconnu, la légende que nous transcrivons dit que Louis XVIII se traîna jusqu'à la fenêtre sur ses jambes endolories, et plaça sur une des vitres les trois pains à cacheter qui devaient servir de signal et d'encouragement à la visite de l'inconnu.

Deux heures après, le roi recevait, sous triple enveloppe, une lettre conçue en ces termes :

« Il est trop tard ! Qu'un homme de confiance vienne me prendre sur le pont des Arts, où je serai ce soir à onze heures.

» Je me fie à l'honneur du roi. »

A onze heures et un quart, le mystérieux inconnu fut introduit aux Tuileries, et conduit dans le cabinet du roi.

Il resta avec Louis XVIII jusqu'à une heure du matin.

On ignore complétement ce qui se passa dans cette entrevue.

Le lendemain, M. Clausel de Coussergues proposa, à la chambre des pairs, de porter un acte d'accusation contre M. Decazes, comme complice de l'assassinat du duc de Berry.

Ainsi, en même temps que le parti napoléonien et libéral semait contre les Bourbons les vers que nous avons cités, multipliait les copies du procès Maubreuil, le parti ultra attaquait, par les mêmes moyens, le duc d'Orléans et M. Decazes, chacun sapant et détruisant au profit d'un quatrième parti qui devait bientôt faire son apparition sous le manteau du carbonarisme; nous voulons parler du parti républicain, dont Napoléon, mourant à Sainte-Hélène, avait annoncé le prochain avénement.

Mais, avant d'aborder cette question, un dernier mot sur Louvel. Dieu nous garde, à quelque parti qu'il appartienne, de glorifier l'assassin! Nous voulons seulement, au point de vue historique, consigner la différence qui existe entre un meurtrier et un autre meurtrier.

Nous avons dit que Louvel avait disparu d'abord au coin de la rue de Richelieu, puis sous l'arcade Colbert.

Là, il était sur le point d'échapper, lorsqu'un fiacre, en lui barrant le chemin, le força de ralentir sa course. Pendant ce moment d'hésitation, le factionnaire qui avait jeté son fusil pour le poursuivre, et qui l'avait perdu de vue, l'aperçut de nouveau, et, redoublant de rapidité, le rejoignit et le saisit à bras-le-corps, tandis qu'un garçon de café l'arrêtait de son côté en le prenant au collet.

Une fois pris, l'assassin ne se défendit par aucun nouvel effort. On eût dit que, pour la conscience de ce qu'il devait à sa propre conservation, il avait fui, mais que cette première tentative de fuite lui suffisait, et que, le laissât-on libre, c'était fini, il n'abuserait pas de sa liberté.

Louvel fut conduit au corps de garde établi sous le vestibule de l'Opéra.

— Misérable! s'écria M. de Clermont-Lodève, qui a pu te porter à commettre un pareil crime?

— Le désir de délivrer la France d'un de ses plus cruels ennemis.

— Qui t'a payé pour accomplir ce crime?

— Payé! s'écria Louvel en relevant la tête, payé!

Puis, avec un sourire de dédain :

— Croyez-vous donc, ajouta-t-il, qu'on fasse ces choses-là pour de l'argent?

Le jugement de Louvel fut déféré à la chambre des pairs.

Le 5 juin, Louvel comparut devant la haute cour. Le lendemain 6, il fut condamné à mort.

Quatre mois avaient été employés à lui chercher des complices, mais on n'avait pu lui en découvrir aucun.

Ramené à la Conciergerie, une heure après le prononcé de l'arrêt, un des gardiens de Louvel s'approcha de lui.

— Vous devriez, dit cet homme au condamné, qui, pendant tout son procès, avait conservé le plus grand calme et même la plus grande mesure, vous devriez, lui dit cet homme, faire demander un prêtre.

— A quoi bon? demanda Louvel.

— Mais pour tranquilliser un peu votre conscience.

— Oh! ma conscience est tranquille, et me dit que j'ai fait ce que je devais faire.

— Votre conscience peut se tromper. Croyez-moi donc, réconciliez-vous avec Dieu : c'est un conseil que je vous donne.

— Et, si je me confesse, croyez-vous que cela me mènera en paradis?

— Peut-être! la miséricorde du Seigneur étant infinie.

— Le prince de Condé, qui vient de mourir, croyez-vous qu'il y soit, en paradis?

— On doit le croire, c'était un prince si parfaitement bon!

— En ce cas, j'ai envie d'aller l'y rejoindre; cela m'amuserait bien de faire enrager ce vieil émigré.

La conversation fut interrompue par M. de Sémonville; celui-ci venait visiter le prisonnier pour tirer de lui quelques aveux.

Voyant que c'était impossible :

— Avez-vous désir de quelque chose? demanda-t-il à Louvel.

— Monsieur le comte, répondit le condamné, depuis que je suis en prison, je couche sur de très-gros draps; pour ma dernière nuit, je voudrais bien en avoir de fins.

Ce désir fut accompli. Louvel eut des draps fins, et, dans ces draps fins, dormit d'un sommeil parfaitement tranquille, de neuf heures à six heures du matin.

Le 7, à six heures du soir, il sortit de la Conciergerie; c'était au moment de ces fameux troubles de juin dont nous dirons un mot tout à l'heure.

Les rues étaient encombrées; il y avait des spectateurs jusque sur les toits.

Il était coiffé d'un chapeau rond; il avait un pantalon gris; une redingote bleue était attachée sur ses épaules.

Les journaux annoncèrent, le lendemain, que ses traits étaient altérés et sa démarche affaiblie.

Il n'en est rien : Louvel était un assassin de la famille des Ravaillac et des Alibaud, c'est-à-dire un homme au cœur robuste. Louvel monta à l'échafaud sans forfanterie, aussi bien que sans faiblesse, et mourut comme meurent les hommes qui ont fait d'avance à une idée le sacrifice de leur vie.

Son cachot était le dernier de la Conciergerie, à droite, au fond du corridor; c'est le même où ont été enfermés Alibaud, Fieschi et Meunier.

LXIII

Le carbonarisme. — Ses fondateurs. — Son organisation et son but. — La haute vente et le comité directeur. — Conspiration de Béfort.

Disons, à cette date de 1821, quelques mots du carbonarisme, sur lequel, dans ses longues conversations avec moi, Dermoncourt, — cet ancien aide de camp de mon père, dont le nom a si souvent été prononcé dans la première partie de ces Mémoires, — a pu me donner quelques détails curieux et inconnus. Dermoncourt fut un des principaux chefs de la conspiration de Béfort.

Vous vous rappelez les troubles de juin, la mort du jeune Lallemand, qui, tué en se sauvant, fut accusé, après sa mort, d'avoir voulu désarmer un soldat de la garde royale.

On croyait pouvoir accuser impunément celui qui n'était plus qu'un cadavre.

Mais son père répondit pour lui.

Il est vrai que la censure, — c'est parfois cependant une chose bien infâme que la censure! — il est vrai que la censure empêcha la lettre de ce pauvre père de paraître dans les journaux.

M. Laffitte fut obligé de prendre cette lettre, de la porter à la Chambre, et de la lire pour qu'elle fût connue.

La voici; c'était celle que M. Lallemand père avait envoyée aux journaux, et que les journaux avaient refusé de publier :

« Monsieur,

» Hier, mon fils fut frappé à mort par un soldat de la garde royale; aujourd'hui, il est diffamé par *le Drapeau blanc, la Quotidienne* et le *Journal des Débats*. Je dois à sa mémoire de repousser le fait allégué par ces journaux. Ce fait est faux! Mon fils n'a pas tenté de désarmer un garde royal; il marchait sans armes lorsqu'il a reçu par derrière le coup dont il est mort.

» LALLEMAND. »

La conspiration militaire du 19 août avait été la suite des troubles de juin. Les principaux membres de la loge des *Amis de la Vérité* étaient compromis dans cette conspiration. Ils se dispersèrent.

Deux de ces affiliés partirent pour l'Italie : c'étaient MM. Joubert et Dugier.

Ils arrivèrent à Naples, au milieu de la révolution de 1820, où les patriotes furent si misérablement trahis par le vicaire général François.

Ils se mêlèrent à cette révolution, et furent affiliés aux carbonari italiens.

Dugier revint à Paris occupant un grade élevé dans cette société, encore inconnue chez nous.

Cette institution avait vivement frappé Dugier; il en avait cru l'établissement possible en France. Il exposa au conseil administratif de la loge des *Amis de la Vérité* les principes et le but de cette société. Cette exposition produisit une impression profonde sur ceux qui l'écoutaient. Dugier avait rapporté avec lui les règlements de la société italienne, il fut chargé de les traduire. Il accomplit cette tâche; mais le caractère de mysticisme religieux qui faisait la base de ce règlement n'était point applicable en France. On adopta l'institution en la dépouillant de détails qui, à cette époque, l'eussent rendue impopulaire, et M. Buchez, — ce même homme, qui, au 15 mai, eût pu faire oublier Boissy-d'Anglas, — et MM. Bazard et Flottard furent chargés de poser à la charbonnerie française les bases d'une organisation mieux appropriée à l'état des esprits et de l'opinion.

Le 1er mai 1821, trois jeunes gens inconnus alors, trois hommes dont le plus vieux n'avait pas trente ans, s'assirent, pour la première fois, au fond d'un des plus pauvres quartiers de la capitale, dans une chambre qui était loin de présenter à son propriétaire même la médiocrité dorée dont parle Horace, autour d'une table ronde, et, là, graves ou plutôt sombres, car ils n'ignoraient pas à quelle œuvre terrible ils se livraient, et, là, dis-je, ils jetèrent les premiers fondements de cette charbonnerie qui changea la France de 1821 et de 1822 en un vaste volcan, lequel jeta inopinément ses flammes sur les points les plus opposés, à Béfort, à la Rochelle, à Nantes et à Grenoble.

Et, chose étrange! l'œuvre que préparaient ainsi les trois chimistes révolutionnaires n'indiquait aucun but; c'était un code pour les futurs conspirateurs; mais libre à eux de conspirer pour qui ils voudraient, pourvu qu'ils se conformassent au règlement de ce code.

Voici quel était le considérant général :

« Attendu que force n'est pas droit, et que les Bourbons ont été ramenés par l'étranger, les charbonniers s'associent pour rendre à la nation française le libre exercice du droit, qu'elle a, de choisir le gouvernement qui lui convient. »

Rien n'était défini, comme on voit ; mais, de fait, la souveraineté nationale venait d'être décrétée.

Et cependant elle ne devait être proclamée que trente-sept ans plus tard, — pour être, presque aussitôt sa naissance, frappée au cœur !...

C'est ainsi qu'il arrive de ces beaux aloès qui ne fleurissent que tous les cinquante ans, et qui dépérissent dès qu'ils ont produit leur fleur, fleur brillante mais fatale, puisque non-seulement elle est stérile, mais encore mortelle.

On connaît la division de la charbonnerie en haute vente, ventes centrales et ventes particulières.

Chacune de ces ventes ne pouvait contenir plus de vingt affiliés. On échappait ainsi à l'article du code pénal qui frappait sur les sociétés composées de plus de vingt personnes.

La haute vente fut composée des sept fondateurs de la charbonnerie.

Ces sept fondateurs étaient : Bazard, Dugier, Flottard, Buchez, Carriol, Joubert et Limperani.

Chaque carbonaro devait avoir chez lui un fusil et cinquante cartouches.

Il devait sans cesse, à toute heure du jour et de la nuit se tenir prêt à obéir aux ordres qui lui viendraient des chefs supérieurs.

En même temps que s'organisait la charbonnerie, et que s'établissait une vente supérieure composée des sept membres que nous avons nommés, quelque chose du même genre, mais moins actif, moins décidé, moins vivant, se constituait à la Chambre.

C'était ce que l'on appela le *comité directeur;* le titre indiquait le but.

Ce comité directeur se composait du général la Fayette, de Georges la Fayette, son fils, de Manuel, de Dupont (de l'Eure), de Corcelles père, de Voyer-d'Argenson, de Jacques Kœchlin, du général Thiars, et de MM. Mérilhou et Chevalier.

Dans les questions militaires, le comité s'adjoignait les généraux Corbineau et Tarayre.

Le comité directeur et la haute vente se mirent en communication.

Pendant quelque temps, les réunions n'eurent pour objet que des discussions générales; les jeunes carbonari se défiaient des vieux libéraux au moins autant que ceux-ci se défiaient d'eux à leur tour. Les carbonari accusaient les libéraux de faiblesse et d'hésitation; les libéraux accusaient les carbonari d'imprudence et de légèreté : ils eussent dû simplement s'accuser, les uns d'être jeunes, les autres d'être vieux.

Aussi, les carbonari avaient-ils organisé toute la conjuration de Béfort, sans en dire un mot au comité directeur.

Cependant Bazard était lié avec la Fayette : il connaissait le général, son ardent désir de popularité. Or, la popularité, en 1821, était dans l'opposition. Plus on était avancé, plus on était populaire. Bazard répondit du général, et demanda d'être autorisé à réclamer son concours. Il obtint cette autorisation.

La Fayette avait cela d'admirable, c'est que, sans initiative personnelle, il cédait à la première pression, et marchait alors en avant plus loin et plus droit que qui ce fût au monde.

On révéla à la Fayette le secret de la haute vente. On lui offrit d'y entrer. La Fayette accepta, fut reçu et devint un des chefs actifs de la conspiration de Béfort.

Cette fois, il risquait sa tête, ni plus ni moins que le dernier des conjurés.

Les plus hardis de la Chambre le suivirent, et s'engagèrent avec lui.

C'étaient Voyer-d'Argenson, Dupont (de l'Eure), Manuel, Jacques Kœchlin, de Corcelles père.

La récompense de leur dévouement ne devait pas se faire attendre. La révolution faite, on adoptait les bases de la constitution de l'an III. Cinq directeurs étaient nommés, et ces cinq directeurs étaient la Fayette, Jacques Kœchlin, de Corcelles père, Voyer-d'Argenson et Dupont (de l'Eure).

Le carbonarisme avait son côté militaire ; il était même plutôt militaire que civil. On comptait fort sur l'armée dans tous les mouvements que l'on voulait tenter, et l'on avait raison. L'armée, abandonnée par le roi, maltraitée par les princes, sacrifiée à des corps privilégiés, l'armée était aux trois quarts acquise à l'opposition. Des ventes avaient été créées dans la plupart des régiments, et tout était si bien prévu, que les changements de garnison eux-mêmes n'étaient que des moyens de propagande. En quittant la ville où il venait de passer trois mois, six mois, un an, le président de la vente militaire recevait la moitié d'une pièce d'argent, dont l'autre moitié était envoyée, d'avance, dans la ville où se rendait le régiment, à un membre de la haute vente ou d'une vente centrale. Les deux moitiés de pièce se rajustaient, et les conspirateurs étaient en communication.

Les soldats, de cette façon, étaient devenus de simples commis voyageurs, chargés de répandre la révolution par toute la France.

Aussi, voyez, toutes les conspirations qui éclatent sont moitié militaires, moitié civiles.

Vers le milieu de 1821, tout est disposé pour un soulèvement à Bordeaux comme à Béfort, à Neuf-Brisach comme à la Rochelle, à Nantes comme à Grenoble, à Colmar comme à Toulouse.

La France est couverte d'un immense réseau d'affiliés, et la révolution circule, inaperçue mais vivante, au milieu de la société, de l'est au couchant, du nord au midi.

De Paris, c'est-à-dire de la vente supérieure, partent tous les ordres qui vont animer et entretenir la propagande, comme, aux pulsations du cœur, part du cœur le sang qui vivifie toute la machine humaine.

Tout était prêt. On avait reçu l'avis que, grâce à l'influence de quatre jeunes gens déjà compromis dans la conspiration du 19 août, le 29ᵉ de ligne, régiment de trois bataillons, et dont les trois bataillons tenaient à la fois garnison dans les places de Béfort, de Neuf-Brisach et de Huningue, étaient acquis à la charbonnerie.

Ces quatre jeunes gens étaient : le garde du corps Lacombe, le lieutenant Desbordes, les sous-lieutenants Bruc et Pegulu, auxquels s'étaient adjoints un avocat nommé Petit-Jean, et un officier à demi-solde nommé Roussillon.

En outre, Dermoncourt, qui avait été mis à la demi-solde, et qui demeurait au bourg de Widensollen, distant d'une lieue de Neuf-Brisach, s'était engagé à entraîner dans l'insurrection le régiment de chasseurs à cheval caserné à Colmar.

Voilà pour le côté militaire.

Le côté civil de la conspiration était remué et conduit par MM. Voyer-d'Argenson et Jacques Kœchlin, qui, possédant des usines aux environs de Mulhouse et de Béfort, avaient une grande influence sur les ouvriers, d'ailleurs presque tous mécontents du gouvernement, qui avait rendu aux nobles leurs anciens priviléges, aux prêtres leur ancienne influence, et prêts à entrer dans tous les soulèvements où la main d'un homme supérieur à eux voudrait les pousser.

Ainsi, vers la fin de 1821, voici les nouvelles qui arrivaient à la haute vente de Paris :

A Huningue, à Neuf-Brisach et à Béfort, on avait le 29ᵉ de ligne, dont répondaient les lieutenants Carrel, de Gromety et Levasseur ; — à Colmar, on avait les chasseurs, dont répondait Dermoncourt ; — à Strasbourg, on avait un foyer dans les deux régiments d'artillerie, et dans le bataillon des pontonniers ; à Metz, dans un régiment du génie, et surtout dans l'École d'application ; enfin, à Épinal, dans un régiment de cuirassiers.

De leur côté, MM. Kœchlin et Voyer-d'Argenson répondaient d'un soulèvement, non-seulement à Mulhouse, mais encore sur toute la ligne du Rhin, où des ventes particulières étaient établies, et présentaient un total de plus de dix mille affiliés, parmi les militaires en retraite, les bourgeois, les douaniers, les forestiers, tous hommes décidés, d'ailleurs, et prêts à payer de leur personne.

Vers ce temps, ma pauvre mère, en faisant tous ses calculs, nous trouva si pauvres, que, se rappelant notre ami Dermoncourt, et songeant qu'il avait peut-être conservé quelques relations avec le gouvernement, elle se décida à lui écrire pour le prier de faire des demandes à l'endroit de cette solde arriérée de vingt-huit mille cinq cents francs, due à mon père sur les années VII et VIII de la République.

La lettre arriva à Dermoncourt vers le 20 ou 22 décembre, c'est-à-dire huit jours avant celui où la conspiration devait éclater.

Il répondit poste pour poste, et, le 28 décembre, nous reçumes de lui la lettre suivante :

« Ma bonne madame Dumas,

» Quelle diable d'idée vous est donc poussée que je pouvais avoir conservé quelques relations avec ce tas de gueux qui manipulent nos affaires en ce moment-ci ? Non, grand Dieu ! je suis en demi-solde, et ne suis pour rien, ni par le sabre, ni par la plume, dans tout ce qui se passe. Par conséquent, ma chère dame, ne comptez sur moi que pour ce qui dépend de moi, c'est-à-dire pour ce qui dépend d'un pauvre hère qui touche, pour prix de quarante ans de services, trois ou quatre misérables mille francs par an ; mais comptez sur le bon Dieu, qui, s'il regarde ce qui se passe ici-bas, doit être fort en colère de voir la façon dont marchent les choses. Or, comme, de deux choses l'une, ou il n'y a pas de bon Dieu, ou cela ne peut pas durer ainsi, et que, je le sais, vous croyez au bon Dieu, fiez-vous à lui. Un jour ou l'autre, les choses changeront. Demandez à votre fils, qui doit être un grand garçon maintenant, et il vous dira qu'il y a quelque part dans un auteur latin, nommé Horace, je crois, qu'après la pluie vient le beau temps. Gardez donc votre parapluie ouvert encore pendant quelques jours, et, si le beau temps vient, fermez-le, et comptez sur moi.

» Ayez bon espoir ; sans l'espoir, qui reste au fond de leur cœur, tous les honnêtes gens n'auraient plus qu'à se brûler la cervelle.

» Baron DERMONCOURT. »

La lettre disait peu de chose, et cependant elle disait beaucoup ; ma mère comprit qu'il se tramait quelque chose, et que Dermoncourt était du complot.

Le surlendemain du jour où nous avions reçu cette lettre, voici ce qui se passait à Béfort : suivant le plan des conjurés, le signal partait à la fois de Neuf-Brisach et de Béfort ; à la même heure et le même jour, ou plutôt la même nuit, les deux places prenaient les armes, et arboraient le drapeau tricolore. — Le soulèvement devait avoir lieu dans la nuit du 29 au 30 décembre.

Le gouvernement provisoire serait proclamé à Béfort, puis, ensuite, à Colmar.

Ce gouvernement, nous l'avons déjà dit, se composait de Jacques Kœchlin, du général la Fayette et de Voyer-d'Argenson.

Vingt-cinq ou trente carbonari parisiens avaient reçu l'ordre de partir pour Béfort.

Ils s'étaient mis en route sans hésiter, et devaient arriver le 28 dans la journée.

Le 28, au moment où Joubert, qui les a précédés à Béfort, se dispose à sortir de la ville pour aller au-devant d'eux, il rencontre M. Jacques Kœchlin.

M. Kœchlin le cherchait pour lui apprendre une singulière nouvelle : c'est que M. Voyer-d'Argenson, qui devait former, avec lui et le général la Fayette, le triumvirat révolutionnaire, est bien venu, mais s'est enfermé dans ses usines de la vallée, derrière Massevaux ; que, là, il ne veut recevoir personne, et garde pour lui les instructions qu'il apportait.

— Eh bien, mais que faire ? demande Joubert.

— Écoutez, dit M. Kœchlin, moi, je vais à Massevaux ; je me charge de d'Argenson ; j'en tirerai pied ou aile ; vous, tâchez, par un moyen quelconque, de presser l'arrivée de la Fayette.

Sur ce, les deux conjurés se quittent. L'un, M. Kœchlin, court, comme il l'a dit, à Massevaux, petit village hors de route, à sept lieues à peu près de Béfort, et à égale distance de Colmar; l'autre, Joubert, court jusqu'à Lure, petite ville située sur la route de Paris, à une vingtaine de lieues de Béfort.

Là, il arrête une calèche dans laquelle il reconnaît deux figures amies : ce sont celles de deux frères, de deux grands artistes, de deux vrais patriotes, Henri et Ary Scheffer; avec eux est M. de Corcelles fils.

En deux mots, Joubert les met au courant de ce qui se passe.

Ary Scheffer, ami intime du général la Fayette, rebroussera chemin, et ira le chercher à son château de la Grange.

Les autres reviendront à Béfort avec Joubert, et annonceront que le mouvement est retardé.

En effet, les journées du 29 et du 30 se passent à attendre inutilement.

Dans la nuit du 29 au 30, le général Dermoncourt s'impatiente. A dix heures du matin, il envoie à Mulhouse un sous-chef d'atelier de M. Kœchlin, nommé Rusconi, ancien officier de l'armée d'Italie, et qui a suivi l'empereur à l'île d'Elbe : on saura sans doute quelque chose par M. Kœchlin.

Rusconi part à dix heures du matin; fait, par une pluie battante, neuf fortes lieues de pays, et arrive à dix heures du soir chez M. Kœchlin, qu'il trouve en grande soirée avec dix de ses amis. Il le prend à part, et s'informe auprès de lui où en est la conspiration.

M. d'Argenson ne veut pas bouger; on n'a pas encore de nouvelles de la Fayette; on croit que c'est Manuel qui l'a retenu. En attendant, que le général Dermoncourt se tienne tranquille : on lui fera dire à quelle heure il doit se déclarer.

— Mais, demande le messager, pour qui se déclarera-t-il?

— Ah! voilà l'embarras! répond M. Kœchlin; les uns veulent Napoléon II, ce sont les généraux; les autres veulent Louis-Philippe, c'est Manuel; le général la Fayette, enfin, veut la République... Mais renversons d'abord les Bourbons, et tout se débrouillera ensuite.

Rusconi repart aussitôt, loue un char à bancs, marche toute

la nuit, arrive à Colmar à dix heures du matin, et, de Colmar, se rend, à pied, à Widensollen : il trouve le général prêt à agir.

Rien ne s'était fait pendant son absence.

Voici ce qui se passait :

Ary Scheffer avait trouvé la Fayette à la Grange.

Le général, qui était de la Chambre, et dont l'absence pouvait être remarquée, si elle se prolongeait, n'avait voulu, disait-il, arriver à Béfort qu'au moment décisif. Il promettait de partir le même soir, mais à une condition : c'est que M. Ary Scheffer pousserait jusqu'à Paris, déterminerait Manuel et Dupont (de l'Eure), les deux derniers membres du gouvernement provisoire, à venir prendre part au mouvement ; il ramènerait aussi le colonel Fabvier, homme de tête et de cœur, lequel prendrait le commandement des bataillons insurgés.

Ary Scheffer part pour Paris, rencontre Manuel, Dupont (de l'Eure) et Fabvier, reçoit la promesse de Manuel et de Dupont (de l'Eure) de partir la même nuit, prend le colonel Fabvier dans sa voiture et se remet en route, suivi par Manuel et Dupont (de l'Eure), et suivant la Fayette.

Pendant que cette file de voitures, qui apporte au grand galop la révolution, brûle la route de Paris ; tandis que M. Jacques Kœchlin, précédé de Joubert et de Carrel, se rend à Béfort ; tandis que le colonel Pailhès, qui ignore l'arrivée de Fabvier, se prépare à prendre le commandement des troupes ; tandis que Dermoncourt, son cheval sellé, attend le signal, le sous-lieutenant Manoury, un des principaux affiliés, échange son tour de garde avec un de ses camarades, et s'installe à la principale porte de la ville, en même temps que les autres initiés préviennent leurs amis que le moment est arrivé, et que, selon toute probabilité, le soulèvement aura lieu dans la nuit du 1er au 2 janvier 1822.

Or, on était arrivé au soir du 1er janvier.

Quelques heures encore, et tout éclatait !

Sur ces entrefaites, la nuit arrive.

A huit heures, l'appel se fait.

Après l'appel, l'adjudant sous-officier Tellier fait faire le cercle à tous les sergents-majors, et leur ordonne de se rendre dans les chambres. Là, chaque compagnie mettra les pierres aux fusils, fera les sacs, et se tiendra prête à marcher.

Quant aux sergents-majors, ils reviendront souper avec Manoury.

A vingt pas de l'endroit où souperont Manoury et ses sergents-majors, le colonel Pailhès, descendu à l'hôtel de la *Poste*, dîne avec une vingtaine de conjurés, et, comme le maître de la poste est un des premiers conspirateurs, on ne se gêne pas, et la salle du souper est décorée avec les drapeaux tricolores, les cocardes et les aigles.

En effet, qu'a-t-on à craindre? Aucun officier n'habite la caserne; il est dix heures du soir, et à minuit la conjuration éclate.

Hélas! qui sait combien de malheurs inattendus peuvent, en deux heures, s'échapper de cette boîte de Pandore qu'on appelle le hasard?...

Un sergent dont le congé de semestre est expiré la veille, et qui, par conséquent, absent depuis six mois, ignore tout, un sergent arrive à Béfort, dans la soirée du 1er janvier, juste à temps pour répondre à l'appel, et assister aux préparatifs qui se font.

Les préparatifs faits, il veut donner à la fois une preuve d'exactitude et de zèle à son capitaine ; en conséquence, il se rend chez lui, et lui annonce que le régiment est prêt.

— Prêt à quoi? demande le capitaine.
— Mais à marcher.
— A marcher où?
— Sur l'endroit où on le dirigera.
Le capitaine regarde le sergent.
— Que dites-vous? demande-t-il.
— Capitaine, je dis que les sacs sont faits, et que les pierres sont aux fusils.
— Vous êtes ivre ou fou, dit le capitaine; allez vous coucher.

Le sergent va se retirer, en effet, quand un autre officier arrête le sergent, l'interroge avec plus de détails, et acquiert, par la précision des réponses du sous-officier, la conviction que le fait est vrai.

Comment un pareil ordre a-t-il été donné sans que les deux capitaines en aient été instruits?

— Par qui l'ordre a-t-il été donné?... Par le lieutenant-colonel, sans doute.

— Sans doute, répète machinalement le sergent.

Les deux capitaines se lèvent, et se rendent chez le lieutenant-colonel.

Le lieutenant-colonel est à la fois aussi surpris et aussi ignorant qu'eux.

L'ordre vient probablement de M. Toustain, lieutenant de roi, et commandant d'armes de la place de Béfort.

Tous trois vont chez M. Toustain.

Celui-ci ne comprend rien au rapport qu'on lui fait. Tout à coup une idée l'éclaire.

Il y a un complot!

Les deux capitaines se rendront à l'instant aux casernes, pour faire défaire les sacs, ôter les pierres des fusils, et consigner les soldats.

Pendant ce temps, le lieutenant de roi visitera les postes.

Les deux officiers se rendent en toute hâte aux casernes, et M. Toustain commence son inspection.

Un des premiers postes qu'il visite est la porte gardée par Manoury.

En s'en approchant, il aperçoit sous la voûte, à la lueur de la lanterne qui l'éclaire, un groupe de quatre personnes.

Ce groupe lui paraît suspect; il l'aborde.

Ce sont quatre jeunes gens habillés en bourgeois.

Le lieutenant de roi les interroge.

— Qui êtes-vous, messieurs? leur demande-t-il.

— Des bourgeois des environs, mon commandant.

— Comment vous appelez-vous?

Soit insouciance, soit surprise, soit qu'ils ne voulussent pas mentir, les quatre jeunes gens disent leurs noms.

C'est Desbordes, Bruc, Pegulu et Lacombe.

On se rappelle que tous quatre avaient été de la conspiration du 19 août. Leurs noms, répétés par les journaux, sont parfaitement connus du lieutenant de roi; il appelle le chef du poste, Manoury, lui ordonne d'arrêter les quatre jeunes gens, les remet à sa garde, prend cinq hommes, et sort avec eux pour éclairer l'entrée des faubourgs.

A peine le lieutenant de roi a-t-il fait cent pas, qu'il aperçoit, en effet, vingt-cinq ou trente personnes qui paraissent fuir. Plusieurs de ces personnes sont en uniforme. Parmi elles, il reconnaît un officier du 29e; M. Toustain marche sur lui, étend la main pour le saisir au collet; mais cet officier lui lâche, à bout portant, un coup de pistolet en pleine poitrine, si bien en pleine poitrine, que la balle frappe juste sur la croix de Saint-Louis, qu'elle brise, mais qui l'aplatit.

Néanmoins, le choc est tel, que le lieutenant de roi tombe à la renverse.

Mais presque aussitôt il se relève, et, comme, avec ses cinq hommes, il ne peut rien faire contre trente, il rentre dans la ville, et s'arrête au corps de garde pour y prendre Bruc, Lacombe, Desbordes et Pegulu.

Mais tous quatre ont disparu. Manoury, un des officiers, leur a rendu la liberté, et a disparu avec eux.

Le lieutenant de roi marche droit à la caserne, se met à la tête du bataillon, le conduit sur la place, et envoie sa compagnie de grenadiers pour garder la porte de France, et arrêter quiconque essayerait d'entrer ou de sortir.

Au reste, il est déjà trop tard, et tous les conjurés sont hors de la ville.

En quittant ses deux chefs, le sous-officier qui a tout dénoncé rencontre l'adjudant Tellier, le même, on se le rappelle, qui a donné l'ordre de faire les sacs et de mettre les pierres aux fusils. Il lui rapporte ce qui vient de se passer, et la démarche qu'il a faite. Tellier comprend que tout est perdu; il court à l'hôtel de la *Poste*, ouvre la porte, et, au milieu du souper, jette ces mots terribles :

— Tout est découvert!

Deux officiers, Peugnet et Bonnillon, doutent encore; ils offrent de se rendre à la caserne, et s'y rendent en effet.

Dix minutes après, ils reviennent courant : la nouvelle est vraie ; on n'a que le temps de fuir.

On fuit.

Voilà comment le lieutenant de roi a rencontré, hors de la porte de France, Peugnet et ses camarades; car c'est Peugnet qu'il a voulu arrêter, et qui a tiré le coup de pistolet dont la balle s'est aplatie sur la croix de Saint-Louis.

A peine Pailhès et ses convives ont-ils quitté l'hôtel, que Carrel et Joubert y arrivent. Ils viennent, à leur tour, annoncer que la conspiration est découverte.

Ils ne trouvent plus, dans la salle à manger, que Guinard et Henri Scheffer, prêts à la quitter eux-mêmes.

Mais ils ne sont pas du pays, et ne savent où aller.

Guinard, Henri Scheffer et Joubert montent en voiture, et prennent la route de Mulhouse.

M. de Corcelles fils et Bazard sont partis à la rencontre de la Fayette, et lui feront rebrousser chemin.

Près de Mulhouse, Carrel quitte ses trois compagnons, prend un cheval, et revient vers Neuf-Brisach, où est son bataillon.

A la porte de Colmar, il rencontre sur sa route Rusconi, le même qui, la veille, a été à Mulhouse.

Le général Dermoncourt attendait toujours, et avait placé Rusconi en faction pour lui apporter des nouvelles.

Rusconi reconnaît Carrel, et apprend de lui que tout est découvert, et que les conjurés sont en fuite.

— Mais où allez-vous? lui demande Rusconi.

— Ma foi, je vais à Neuf-Brisach, reprendre mon service.

— Ce n'est pas prudent, ce me semble.

— J'aurai l'oreille au guet, et, à la première alerte, je décampe... Avez-vous de l'argent?

— J'ai cinq cents louis destinés à l'affaire; prenez-en cinquante.

— Donnez; et vous, prenez mon cheval, et allez prévenir le général.

L'échange se fait, Carrel continue sa route à pied, et Rusconi gagne au galop la campagne du général.

Le général se levait.

Rusconi lui apprend tout cet avortement de Béfort. Dermoncourt doute jusqu'au bout.

— Eh bien, dit-il, ce qui a manqué à Béfort peut réussir à Neuf-Brisach.

— Mais, général, dit Rusconi, peut-être la nouvelle est-elle déjà répandue, et les mesures sont-elles prises pour tout déjouer?

— Alors, va à Colmar prendre langue; moi, je vais à Neuf-Brisach : rendez-vous ici dans deux heures.

Chacun part de son côté. Arrivé à Colmar, Rusconi entre au café *Blondeau*, et s'informe.

Tout est su.

Pendant qu'il s'informe, un magistrat, ami du général Dermoncourt, fait prévenir Rusconi que deux mandats d'amener sont lancés, un contre lui, un contre le général.

Rusconi n'en demande pas davantage, et repart à l'instant même pour Widensollen.

Il arrive à minuit. Le général était couché tranquillement; il était allé à Neuf-Brisach et s'était assuré que toute tentative de soulèvement était devenue impossible, après ce qui venait de se passer à Béfort.

A la nouvelle que lui apportait Rusconi, et sur les instances de sa femme, le général Dermoncourt se décida à quitter Widensollen, et à se rendre à Heiteren.

Là, il trouva un asile chez un de ses cousins, ancien ordonnateur de l'armée.

Deux heures après le départ du général et de Rusconi, les gendarmes et le procureur du roi s'étaient présentés à Widensollen.

Le général fut prévenu de cet incident par le jardinier. La baronne Dermoncourt faisait supplier son mari de fuir sans perdre un instant.

Il s'agissait de traverser le Rhin.

On décida que, le lendemain, on simulerait une partie de chasse dans les îles situées en face de Geiswasser.

Geiswasser est un petit village situé de ce côté-ci du Rhin, et habité par des pêcheurs et des douaniers.

Le prétexte était d'autant meilleur que les îles sont fort giboyeuses, et que le général Dermoncourt avait, avec M. Kœchlin, de Mulhouse, loué une partie de ces îles pour la chasse.

On partit avant le jour, avec chiens et fusils. Pendant la nuit, on avait fait prévenir les bateliers : on les trouva donc prêts.

Vers neuf heures du matin, par un brouillard qui empêchait qu'on ne vît à dix pas de distance, on descendit dans les barques, et l'on ordonna aux bateliers de gagner le milieu du fleuve.

On aborda sur une de ces îles.

Seulement, Rusconi et Dermoncourt restèrent dans la barque, tandis que ceux qui n'avaient rien à craindre faisaient semblant de se mettre en chasse.

— Maintenant, mes amis, dit le général aux bateliers, j'ai affaire de l'autre côté du Rhin... Il faut que vous ayez l'obligeance de m'y conduire.

Les bateliers se regardèrent en riant.

— Volontiers, général, dirent-ils.

Un quart d'heure après, Rusconi et Dermoncourt étaient dans le Brisgaw.

En mettant le pied sur les terres du grand-duc de Bade, Dermoncourt tira de sa poche une pincée de louis, et la donna aux bateliers.

— Merci, général, dirent les bateliers; mais, en vérité, il n'y avait pas besoin de cela. On est bon Français, et l'on ne veut pas qu'un brave comme vous soit fusillé.

Ces bateliers savaient les nouvelles de Béfort, et se doutaient bien qu'ils conduisaient, non pas des chasseurs, mais des fugitifs.

Le général se retira à Fribourg, et de Fribourg à Bâle.

Le 5 ou le 6 de janvier, nous lûmes sur les journaux tous les détails de la conspiration. Le nom de Dermonconrt s'y trouvait dans des conditions si actives, que nous ne doutâmes point que, s'il était arrêté, le compte de sa demi-solde ne fût définitivement réglé.

Ces détails nous expliquèrent sa lettre, et nous firent comprendre sur quel beau temps il comptait après la pluie.

Au lieu de remonter au beau fixe, le baromètre était descendu pour nous à la tempête.

Ma pauvre mère fut donc forcée de laisser son parapluie ouvert, comme le lui disait Dermoncourt. Seulement, le parapluie était tellement délabré, qu'il ne pouvait plus nous garantir de l'averse.

Ce qui signifie, en abandonnant la parabole, que nous étions arrivés au bout de nos ressources.

Il est vrai qu'il me restait l'espoir.

Quel espoir?

Je vais vous le dire.

LXIV

Ce que j'espérais. — Déception. — M. Deviolaine est nommé conservateur des forêts du duc d'Orléans. — Sa froideur à mon endroit. — Demi-promesse. — Premier nuage sur mes amours. — Je vais passer trois mois chez mon beau-frère, à Dreux. — Quelle nouvelle j'apprends à mon retour. — Muphti. — Les murs et les haies. — Le pavillon. — La paume. — Pourquoi je renonce à y jouer. — La noce sous le bois.

Cet espoir, c'était celui que de Leuven allait faire jouer nos vaudevilles et nos mélodrames.

M. de Leuven père, voyant qu'on ne l'inquiétait aucunement depuis qu'il était en France, avait pris le parti de se risquer et de revenir à Paris.

Adolphe, naturellement, suivait son père.

Ce départ, qui, en toute autre circonstance, m'eût désespéré, me comblait de joie dans les conditions où nous nous trouvions. — De Leuven emportait nos chefs-d'œuvre. Nul doute que les directeurs des différents théâtres auxquels ils étaient destinés, ne les accueillissent avec enthousiasme!

Grâce à nos deux vaudevilles et à notre drame, nous détournions une branche de ce Pactole qui, dès 1822, arrosait les terres de M. Scribe. Je m'embarquais sur cette branche avec ma mère, et j'allais rejoindre de Leuven à Paris.

Là s'ouvrait pour moi une carrière semée de roses et de billets de banque.

On comprend avec quelle anxiété j'attendis les premières lettres d'Adolphe.

Ces premières lettres tardèrent à arriver. C'était déjà un sujet d'inquiétude.

Enfin, un matin, le facteur, ou plutôt la factrice — une vieille femme, nommée la mère Colombe — se dirigea vers la maison. Elle tenait à la main une lettre; cette lettre était de l'écriture d'Adolphe et portait le timbre de Paris.

Les directeurs — Adolphe ne pouvait dire pourquoi — ne mettaient pas à se disputer nos chefs-d'œuvre l'empressement que nous étions en droit d'attendre d'eux.

Cependant, Adolphe ne perdait pas l'espoir d'obtenir des lectures.

S'il n'en obtenait pas, il faudrait confier les manuscrits à des examinateurs, ce qui était fort humiliant!

Malgré les lueurs d'espérance qui flottaient encore sur le papier, le ton général de l'épître était lamentable.

Au reste, Adolphe promettait de me tenir exactement au courant de ses démarches.

J'attendis une seconde lettre.

Cette seconde lettre mit plus d'un mois à venir.

Oh! cette fois, il restait bien peu d'espoir.

Le Dîner d'amis, emprunté à M. Bouilly, n'offrait pas une intrigue suffisante; *le Major de Strasbourg* ressemblait au *Soldat laboureur*, qu'on venait de représenter avec le plus grand succès aux Variétés.

Quant aux *Abencérages*, il y avait, dans chacun des théâtres du boulevard, un mélodrame reçu sur le même sujet, à l'un depuis dix ans, à l'autre depuis quinze, à l'autre depuis vingt ans.

En supposant donc que le nôtre fût reçu, cela, comme on voit, nous rejetait bien loin.

Cependant, tout espoir n'était pas encore perdu pour *le Dîner d'amis*, et pour *le Major de Strasbourg*.

Après avoir tenté vainement les abords du Gymnase et des Variétés, on pouvait essayer de la Porte-Saint-Martin, de l'Ambigu-Comique et de la Gaieté.

Mais, quant aux malheureux *Abencérages*, il en fallait faire son deuil.

Je versai sur eux une larme aussi amère que celle que Boabdil versa sur Grenade, et, plein de sinistres pressentiments, j'attendis la troisième lettre.

Humiliation complète! nous avions été refusés partout!

Mais Adolphe avait plusieurs pièces en train avec Théaulon, avec Soulié et avec Rousseau. Il allait tâcher de se faire jouer, et, une fois joué, il userait de l'influence que lui donnerait son succès pour exiger la réception de l'une de nos pièces.

La consolation était médiocre, l'attente chanceuse.

Je demeurai fort abattu.

Sur ces entrefaites se produisit un événement, qui, dans toute autre circonstance, m'eût rendu l'espoir.

M. Deviolaine venait d'être nommé conservateur des forêts du duc d'Orléans; il quittait Villers-Cotterets, et allait à Paris prendre la direction de l'administration forestière.

Il avait deux moyens de m'être utile: ou en m'appelant dans ses bureaux, ou en me plaçant dans le service actif.

Malheureusement, depuis l'affaire de madame Lebègue, j'étais en froid avec la famille.

Cela n'empêcha pas ma mère, qui voyait dans l'une ou l'autre de ces deux carrières un avenir pour moi, de faire une démarche près de M. Deviolaine.

On se souvient que M. Deviolaine, sans être un vieux soldat, ne savait point farder la vérité. Il répondit à ma mère:

— Oui, sans doute, si votre gueux d'Alexandre n'était pas un paresseux, on pourrait faire quelque chose pour lui; mais je vous avoue que je n'y ai pas confiance. D'ailleurs, après les propos qui ont été tenus, je ne dis pas par lui, mais que tout au moins il n'a pas démentis, tout le monde me ferait la guerre ici.

Ma mère insista. C'était un dernier espoir qui lui échappait.

— Eh bien, c'est bon, dit M. Deviolaine, laissez passer quelque temps là-dessus, et, plus tard, on verra.

J'attendais le retour de ma mère avec la même impatience que j'avais attendu les lettres d'Adolphe.

La réponse n'était guère plus satisfaisante.

Deux jours auparavant, nous avions reçu une lettre de mon beau-frère, receveur à Dreux : il m'invitait à aller passer un mois ou deux chez lui.

Hélas! nous commencions à être si pauvres, que l'économie que devait produire mon absence faisait presque compensation à la douleur que mon départ causait à ma mère.

Et cependant, c'était ma première absence; ma mère et moi ne nous étions jamais quittés, que pour ce fameux voyage de Béthisy, pendant lequel l'abbé Fortier m'avait donné mes premières leçons de chasse.

Puis il y avait aussi de par la ville une autre personne dont il était cruel de me séparer.

On devine de qui je veux parler.

Quoique notre liaison durât depuis plus de trois ans, y compris une bonne année de surnumérariat, j'aimais toujours beaucoup Adèle, et bien rarement pendant cette période, presque inouïe dans la vie d'un amour, l'azur de notre firmament avait été troublé par quelque léger nuage.

Cependant, depuis quelque temps, la pauvre fille était triste.

C'est que, si je n'avais pas encore dix-neuf ans, elle en avait déjà vingt; c'est que notre amour, charmant jeu d'enfants, non-seulement ne promettait rien à son avenir, mais encore le compromettait. Comme on ne doutait pas de la pureté de nos relations, deux ou trois partis s'étaient présentés; mais, soit qu'ils ne lui convinssent pas, soit qu'elle en fît le sacrifice à nos amours, Adèle les avait refusés. — Ne lui arriverait-il pas le même désappointement qu'à certain héros de notre connaissance, notre compatriote presque? Après avoir méprisé perche, carpe et anguille, ne serait-elle pas forcée de souper avec quelques grenouilles? La perspective n'était pas joyeuse; de là venait sa mélancolie.

Pauvre Adèle!

Je compris que ce départ, qui était urgent pour moi, était nécessaire pour elle. Nous pleurâmes beaucoup, elle plus que moi, et c'était tout simple qu'elle versât plus de larmes, devant être consolée la première.

Mon départ fut donc arrêté.

C'était vers le mois de juillet 1822.

Seulement, je me gardai encore huit jours, — huit jours et huit nuits! — une dernière semaine de bonheur; car mes pressentiments me disaient que, cette semaine, c'était la dernière.

Le moment vint, il fallut partir.

Nous nous jurâmes bien de ne pas nous oublier une heure, nous nous promîmes de nous écrire au moins deux fois par semaine. Hélas! nous n'étions pas assez riches pour nous permettre le luxe d'une lettre par jour.

Enfin, nous nous dîmes adieu!

Adieu cruel! C'était plus que l'adieu des corps; c'était l'adieu des cœurs.

Comment allai-je de Villers-Cotterets à Dreux?... Expliquez cela : moi qui me rappelle les moindres détails de ma jeunesse, de mon enfance même, il me serait impossible de le dire! Il est évident que je passai par Paris, puisque c'est la route directe; mais comment ne me souviens-je pas d'être passé par Paris?

M'y suis-je ou non arrêté? y ai-je ou n'y ai-je pas vu Adolphe? Je n'en ai pas la moindre mémoire.

Je sais que je quittai Villers-Cotterets, et que je me trouvai à Dreux!

Si quelque chose pouvait me distraire de ma préoccupation, c'était ce séjour près de ma sœur et de mon beau-frère. — Victor, je l'ai déjà dit, était un charmant esprit, plein de verve, de mots, d'inattendu. Mais, hélas! j'avais dans le cœur deux vides qu'il était bien difficile de combler.

Je restai deux mois à Dreux. J'y ouvris la chasse.

On m'avait raconté l'histoire d'un lièvre à trois pattes, espèce d'animal enchanté que tous les chasseurs avaient vu, que tous les chasseurs connaissaient, que tous les chasseurs avaient tiré ; mais, après chaque coup de fusil, le drôle secouait ses oreilles, et n'en courait que mieux.

Ce lièvre était d'autant plus connu, je dirai presque d'autant plus populaire, qu'il était, à peu près, le seul sur tout le territoire.

Nous n'avions pas fait, le 1er septembre, un quart de lieue hors de la maison, qu'un lièvre me part. Je le mets en joue, je tire, il roule.

Mon chien me le rapporte : c'était le lièvre à trois pattes !

Les chasseurs de Dreux se réunirent pour me donner un grand dîner.

La mort de ce lièvre fantastique, et quelques coups doubles sur des perdrix rouges, me firent dans le département d'Eure-et-Loir une réputation qui dure encore aujourd'hui.

Cependant, tous ces honneurs rendus, quoiqu'ils touchassent à l'apothéose, ne purent me faire rester au delà du 15 septembre.

Les lettres d'Adèle étaient devenues de plus en plus rares.

Enfin elles avaient cessé tout à fait.

Le 15 septembre, je partis.

Par où ? comment ? Passai-je par Paris ? Je ne me souviens pas plus du retour que du départ.

Je me retrouve à Villers-Cotterets, en face de ces mots qui saluent mon arrivée :

— Tu sais qu'Adèle Dalvin se marie ?

— Non, je ne le savais pas, mais je m'en doutais, répondis-je.

Oh ! que les élégies de Parny sur l'inconstance d'Éléonore ; que les complaintes de Bertin sur l'infidélité d'Eucharis ; oh ! que tout cela, mon Dieu ! me parut fade, quand j'essayai de le relire avec une véritable blessure dans le cœur !

Hélas ! pauvre Adèle ! ce n'était pas un mariage d'amour qu'elle faisait : elle épousait un homme qui avait plus du double de son âge; il avait vécu longtemps en Espagne, et en avait rapporté une petite fortune.

Adèle faisait un mariage de raison.

La nuit même de mon retour, je résolus de revoir Adèle.

On sait de quelle façon j'entrais.

Je fis, comme d'habitude, glisser le pêne de la serrure, j'ouvris la porte, je retrouvai Muphti, qui me fit une telle fête, qu'il faillit me dénoncer par sa joie; puis, le cœur bondissant comme jamais il n'avait bondi, j'escaladai le mur, et franchis les deux haies.

Je faillis me trouver mal en me revoyant dans le jardin.

Je m'appuyai contre un arbre, et je repris ma respiration.

Puis je m'acheminai vers le pavillon.

Mais, à mesure que je m'approchais, et que je pouvais distinguer dans l'obscurité, je sentais mon cœur se serrer.

Les contrevents, au lieu d'être fermés, étaient tout grands ouverts; la fenêtre, au lieu d'être close, était entr'ouverte.

Je vins m'appuyer à l'appui de la croisée : tout était sombre à l'intérieur.

Je poussai les deux battants, j'enjambai l'appui.

La chambre était solitaire.

J'étendis les mains du côté du lit; le lit était vide.

Il était évident qu'Adèle avait deviné que je viendrais, qu'elle avait déserté la chambre, en me laissant la facilité d'y pénétrer, pour que son intention me fût bien manifeste.

Oh! oui, je devinai... je compris tout.

A quoi bon nous revoir, puisque c'était fini entre nous?

Je m'assis sur le lit, et je vous remerciai, mon Dieu! de nous avoir donné les larmes, nous ayant imposé la douleur.

Le mariage était fixé à quinze jours de là.

Pendant ces quinze jours, je restai à peu près enfermé à la maison. Le dimanche seulement, j'allai dans le parc, mais au jeu de paume. J'aimais beaucoup ce jeu, comme tous les jeux d'adresse; j'y avais acquis une certaine supériorité; j'étais, en outre, d'une grande force musculaire, de sorte que je tirais dans toute la longueur du jeu, et parfois même au delà de ses limites; cette force me rendait l'effroi des tierceurs. Ce jour-là, où j'avais besoin de combattre par une grande fatigue physique les émotions de mon cœur, je me livrai à cet exercice avec une espèce de frénésie.

Une balle, renvoyée par moi à hauteur d'homme, atteignit un des joueurs, et le renversa; c'était le fils du brigadier de gendarmerie : on le nommait Savard.

Nous courûmes à lui; par bonheur, la balle avait porté sur le haut de l'épaule, un peu au-dessus du biceps, à l'endroit où la chemise se fronce.

Six pouces plus haut, je l'atteignais à la tempe, et je le tuais roide.

Je jetai ma raquette, et je renonçai à la paume; jamais je n'y ai joué depuis.

Je revins à la maison, et je cherchai une distraction en travaillant.

Mais j'essayai vainement de me mettre à la besogne; on travaille avec le cœur et l'esprit combinés : Adolphe avait emporté mon esprit; Adèle était en train de briser mon cœur.

Le jour du mariage approchait; ce jour-là, je ne voulus pas rester à Villers-Cotterets. J'arrangeai une partie de pipée avec un vieux camarade à moi, un des compagnons de ma jeunesse, un peu délaissé, depuis que de la Ponce et Adolphe avaient pris place, non-seulement dans mes affections, mais encore dans ma vie.

C'était un bourrelier nommé Arpin.

Dès le soir, nous allâmes préparer notre arbre; c'était dans un charmant taillis, à un quart de lieue à peu près de ce joli village d'Haramont, dont j'ai tenté, dans *Ange Pitou* et dans *Conscience l'innocent*, de faire un lieu célèbre.

Au pied de cet arbre, dont nous taillâmes toutes les branches pour faire entrer nos gluaux, nous construisîmes une hutte en branchages, et nous couvrîmes les branchages de fougères.

Le lendemain, avant le jour, nous étions à notre poste; le soleil, en se levant, éclaira notre arbre tendu, et trouva la chasse commencée.

Étrange chose! cette chasse à laquelle, plus jeune, j'avais

trouvé tant de plaisir, que souvent je passais sans sommeil la nuit qui la précédait, cette chasse n'avait plus la puissance de distraire mon cœur de l'angoisse qui le serrait.

O douleur, sublime mystère dans l'accomplissement duquel l'homme s'élève et l'âme grandit! douleur, sans laquelle il n'y aurait pas de poésie, car la poésie est faite presque toujours d'une part de joie, d'une part d'espérance et de deux parts de douleur! douleur, qui seule laisses ta trace dans la vie; sillon mouillé de larmes, où pousse la Prière, c'est-à-dire la mère de ces trois nobles filles, de ces trois sœurs célestes qu'on appelle la Foi, l'Espérance et la Charité! sois bénie par le poëte, ô douleur!

Nous avions emporté du pain et du vin; nous avions déjeuné et dîné; la chasse était abondante, et donnait que c'eût été tout plaisir dans un autre moment. On était arrivé à la fin de la journée, à l'heure où le merle siffle, où le rouge-gorge chante, où les premières ombres descendent avec le silence dans l'intérieur des bois, quand tout à coup je fus tiré de ma rêverie, — si l'on peut appeler rêverie ce chaos informe d'une pensée sur laquelle la lumière n'a pas été faite, — quand je fus tiré de ma rêverie par le son aigu d'un violon, et par de joyeux éclats de rire. Violon et éclats de rire s'approchaient, et je commençai bientôt à entrevoir sous les arbres un ménétrier et une noce venant d'Haramont, et allant à Villers-Cotterets; tout cela suivait un petit chemin de traverse, et devait passer à vingt pas de moi : jeunes filles à robe blanche, jeunes gens à habit bleu ou noir, avec de gros bouquets et de longs rubans!

Je mis la tête hors de notre hutte, et je poussai un cri.

Cette noce, c'était la noce d'Adèle! La jeune fille au voile blanc et au bouquet d'oranger qui marchait la première, donnant le bras à son mari, c'était elle!

Sa tante demeurait à Haramont. Après la messe, on était allé déjeuner chez la tante; on avait pris, le matin, par la grande route; on revenait, le soir, par le chemin de traverse.

Ce chemin de traverse, je l'ai dit, aboutissait à vingt pas de notre hutte.

Ce que j'avais fui venait me chercher!

Adèle ne me vit pas; elle ne sut pas qu'elle passait près de moi : elle était appuyée à l'épaule de celui à qui elle appartenait maintenant devant les hommes et devant Dieu; et lui, le bras passé autour de sa taille, la tenait enlacée.

Je suivis longtemps des yeux cette file de robes blanches qui, dans l'ombre naissante, semblait une procession de fantômes.

Puis, quand elle eut disparu, je soupirai.

Mon premier rêve venait de s'évanouir, ma première illusion venait de s'éteindre!

LXV

Je quitte Villers-Cotterets pour être deuxième ou troisième clerc à Crépy. — Maître Lefèvre. — Son caractère. — Mes voyages à Villers-Cotterets. — Le *Pèlerinage à Ermenonville.* — Athénaïs. — Nouveaux envois à Adolphe. — Désir immodéré de faire un voyage à Paris. — Comment ce désir s'accomplit. — Voyage. — Hôtel des *Vieux-Augustins.* — Adolphe. — *Sylla.* — Talma.

Pendant mon absence, on était venu m'offrir une place de deuxième ou troisième clerc, je ne sais plus bien, chez M. Lefèvre, notaire à Crépy.

Cette place était bien avantageuse : on était nourri et logé.

Ainsi, ma nourriture était devenue une telle charge pour ma pauvre mère, qu'elle consentait, pour la seconde fois, à se séparer de moi afin d'économiser cette nourriture.

On me fit mon petit paquet — pas beaucoup plus gros que celui d'un Savoyard qui quitte les montagnes — et je partis.

Il y avait trois lieues et demie de Villers-Cotterets à Crépy. Je fis le chemin à pied, et j'arrivai un beau soir chez M. Lefèvre.

M. Lefèvre était, à cette époque, un assez bel homme, de trente-quatre à trente-cinq ans, très-brun de cheveux, très-pâle de visage, très-usé de corps. On reconnaissait en lui l'homme qui a longtemps vécu à Paris, et qui a pris beaucoup de ses plaisirs permis, mais encore plus de ses plaisirs défendus.

Quoique confiné dans une petite ville de province, M. Lefèvre était ce que l'on pourrait appeler un notaire de la haute école; grandes façons avec les clients, grandes manières avec nous, gestes élégants et dominateurs avec tout le monde. M. Lefèvre semblait dire à tous ceux que leurs affaires amenaient chez lui : « Appréciez l'honneur que je vous fais, à vous et à votre ville, en descendant à être notaire dans un chef-lieu de canton, quand j'aurais pu être notaire à Paris. »

Il y avait surtout chez M. Lefèvre une chose qui me ravissait d'admiration : c'est qu'il faisait huit ou dix voyages par an dans la capitale, comme on disait à Crépy, et que jamais il ne s'abaissait à prendre la diligence; quand l'envie de la locomotion lui prenait, il appelait le jardinier.

— Pierre, disait-il, je pars demain, ou ce soir, pour Paris; qu'à telle heure les chevaux de poste soient au cabriolet!

Pierre partait; à l'heure dite, les chevaux arrivaient, éveillant tout le quartier avec leurs grelots; le postillon, qui n'avait pas encore abdiqué la queue poudrée et la veste bleue à revers rouges et à boutons d'argent, se mettait lourdement en selle avec ses grosses bottes; M. Lefèvre, enveloppé d'un grand manteau, s'étendait nonchalamment dans la voiture, prenait une prise de tabac dans une boîte d'or, laissait tomber de ses lèvres ce mot : « Allez! » et, sur ce mot, le fouet claquait, les grelots tintaient, et, pour trois ou quatre jours, la voiture disparaissait à l'angle de la rue.

Jamais M. Lefèvre ne disait ni le jour ni l'heure de son retour; il revenait à l'improviste, et aimait à surprendre son monde.

C'était, du reste, un assez brave homme que M. Lefèvre; froid, exigeant, mais juste; refusant rarement les congés qu'on lui demandait, mais ne pardonnant pas, comme on le verra, les congés qu'on prenait sans les lui demander.

La mère de mon beau-frère habitait Crépy; c'était pour moi une entrée tout ouverte dans le monde de cette petite ville.

Hélas! hélas! quelle différence avec ce triple monde de Villers-Cotterets dont j'ai parlé, et surtout avec notre charmant petit monde à nous!

Toute cette bonne famille Millet, chez laquelle nous étions venus chercher un asile pendant la première invasion, avait disparu; la mère, les deux frères, les deux sœurs, tout cela avait quitté Crépy, et habitait Paris.

J'y ai revu la mère et la sœur aînée; elles étaient dans la misère.

Je m'ennuyais fort au sein de l'ancienne capitale du Valois! si fort, qu'il m'arrivait bien souvent, le samedi soir, de prendre mon fusil, et de m'en aller, en chassant, coucher à Villers-Cotterets, chez ma mère; puis, le lundi matin, à six heures, je reprenais mon fusil, et, toujours chassant, je rentrais chez maître Lefèvre pour l'ouverture de l'étude.

Cela dura trois mois ainsi. J'avais une jolie chambre prenant jour sur un jardin plein de fleurs; le soleil du soir donnant dans cette chambre; du papier, de l'encre et des plumes à foison sur ma table; bonne nourriture, assez bon visage, et cependant je sentais qu'il me serait impossible de vivre ainsi.

Dans une de mes excursions dominicales, je tournai vers Ermenonville. — Ermenonville est situé à six lieues de Crépy, à peu près; mais qu'étaient-ce que six lieues pour des jambes comme les miennes!

Je visitai la terre historique de M. de Girardin, le Désert, l'île des Peupliers, le tombeau de l'inconnu. Le côté poétique du pèlerinage ranima un peu ma pauvre muse engourdie, papillon blême et mal vivant, sortant de sa chrysalide en janvier, au lieu d'en sortir en mai.

Je me mis au travail. J'écrivis moitié prose, moitié vers, et sous l'inspiration d'une charmante jeune fille de la société, nommée Athénaïs, — laquelle n'en sut jamais rien, — un mauvais pastiche des *Lettres à Émilie*, par Demoustier, et des *Voyages du chevalier Bertin*.

L'œuvre finie, je l'envoyai à Adolphe. Puisque je ne pouvais pas arriver par le théâtre, peut-être arriverais-je par la librairie.

Cela était baptisé du titre essentiellement nouveau de *Pèlerinage à Ermenonville.*

Adolphe, tout naturellement, n'en put tirer aucun parti ; il le perdit, ne le retrouva jamais, et fit bien.

Il me serait impossible de m'en rappeler un mot.

Au reste, Adolphe ne réussissait pas mieux que moi. Toutes ses espérances, à lui aussi, tombaient les unes après les autres, et il m'écrivait que nous n'arriverions jamais qu'ensemble.

Mais, pour arriver, il fallait partir ; et comment partir de Crépy pour Paris, avec l'état de mes finances, qui ne s'élevait jamais — dans mes beaux jours de recettes maternelles — au delà de huit ou dix francs ?

Il y avait donc impossibilité matérielle.

Mais les mystères de la Providence sont infinis.

Un samedi du mois de novembre, M. Lefèvre nous annonça, à sa manière habituelle, — en ordonnant à Pierre de faire venir les chevaux pour le lendemain sept heures du matin, — un de ses voyages mensuels à Paris.

Presque en même temps qu'il donnait cet ordre, à la fin du dîner, comme d'habitude encore, la cuisinière entra et annonça qu'un de mes amis me demandait.

Je sortis. C'était Paillet, mon ancien maître clerc ; comme moi, il avait quitté maître Mennesson.

Il habitait momentanément sa ferme de Vez, où il avait un logement au haut d'une tour près de laquelle la tour de madame Marlborough, si célèbre qu'elle soit, est bien peu de chose.

C'est, en effet, une tour merveilleuse, que cette tour de Vez, reste inébranlable de quelque château fort du XIIe siècle ; vieux nid de vautour, habité aujourd'hui par les corbeaux.

Paillet était venu à cheval, pour savoir le prix des grains, je crois. Il était bien, de temps en temps, premier clerc en province ou second clerc à Paris ; mais son état réel, son véritable état, était d'être propriétaire.

Nous allâmes faire un tour du côté des remparts.

J'étais en train de lui conter toutes mes douleurs, auxquelles ce cher ami, qui m'aimait de tout son cœur, compatissait de son mieux, quand tout à coup je me frappai le front.

— Ah! mon cher, m'écriai-je, une idée!...
— Laquelle?
— Allons passer trois jours à Paris.
— Et ton étude?
— M. Lefèvre part lui-même demain pour Paris; il reste habituellement deux ou trois jours dehors; dans deux ou trois jours, nous serons revenus.

Paillet fouilla dans ses poches, et en tira vingt-huit francs.
— Voilà, dit-il, tout ce que je possède; et toi?
— Moi, j'ai sept francs.
— Vingt-huit et sept, trente-cinq! Comment diable veux-tu que nous allions à Paris avec cela? Nous avons déjà pour trente francs de voiture, rien qu'à aller et revenir.
— Attends donc, j'ai un moyen...
— Lequel?
— Tu as ton cheval?
— Oui.
— Nous mettons nos habits dans un portemanteau, nous prenons nos vestes de chasse et nos fusils, et nous nous en allons en chassant; en route, nous mangeons le gibier, et nous ne dépensons rien.
— Comment cela?
— C'est bien simple : d'ici à Dammartin, n'est-ce pas, nous tuons un lièvre, deux perdrix et une caille?
— J'espère que nous tuerons mieux que cela.
— Moi aussi, je l'espère bien, mais je cote au plus bas. Nous arrivons à Dammartin, nous faisons rôtir le derrière de notre lièvre, nous mettons le devant en civet, nous buvons, nous mangeons.
— Et après?
— Après?... Nous payons notre vin, notre pain et notre assaisonnement avec les deux perdrix, et nous donnons la caille pour boire au garçon... Il ne faut donc s'inquiéter que de ton cheval. Eh bien, avec trois francs par jour, on en verra le jeu.

— Mais pour qui diable nous prendra-t-on?

— Pardieu! pour des écoliers en vacances.

— Mais nous n'avons qu'un fusil!

— C'est ce qu'il nous faut; un seul de nous deux chasse, l'autre le suit à cheval; de cette façon, il y a seize lieues d'ici à Paris, cela ne nous en fait que huit à chacun.

— Et les gardes champêtres?

— Ah! le bel empêchement! Celui de nous deux qui est à cheval les aperçoit de loin; il en prévient celui qui chasse. Le cavalier descend de son cheval, le chasseur y monte, pique des deux, et, avec un temps de galop, sort du terroir. Quant au cavalier, le garde champêtre vient à lui, et le trouve cheminant, les mains dans ses poches. « Que faites-vous là, monsieur? — Moi?... Vous le voyez bien. — N'importe, dites... — Je me promène. — Tout à l'heure, vous étiez à cheval. — Oui. — Et maintenant vous êtes à pied. — Oui... Est-ce défendu, après qu'on s'est promené à cheval, de se promener à pied? — Non, mais vous n'étiez pas seul. — C'est possible. — Votre compagnon chassait. — Croyez-vous? — Parbleu! le voilà là-bas à cheval avec son fusil. — Mon cher monsieur, s'il est là-bas à cheval avec son fusil, courez après lui, et tâchez de l'arrêter. — Mais je ne peux pas courir après lui et l'arrêter, puisqu'il est à cheval, et que je suis à pied. — En ce cas, vous ferez mieux, mon ami, d'aller jusqu'au premier village et de boire une bouteille de vin à notre santé. » Sur ce, toi ou moi, nous allongeons au brave homme une pièce de vingt sous, que nous passons dans les profits et pertes; le garde champêtre nous tire sa révérence, s'en va boire à notre santé, et nous continuons notre chemin.

— Tiens! tiens! tiens! dit Paillet, ce n'est pas mal imaginé cela... On m'a dit que tu faisais des pièces?

Je poussai un soupir.

— C'est justement pour aller demander à de Leuven des nouvelles des pièces que j'ai faites, que je veux aller à Paris... Eh bien, une fois à Paris...

— Oh! interrompit Paillet, une fois à Paris, j'ai un petit hôtel, rue des Vieux-Augustins, où je descends d'habitude, et où l'on me connaît; une fois à Paris, je ne suis donc pas inquiet.

— Alors, est-ce dit?

— Ma foi, oui!... ce sera drôle.

— Partons-nous pour Paris?

— Nous partons.

— Eh bien, alors, mieux que cela; au lieu de partir demain, partons ce soir! Nous irons coucher à Ermenonville, et, demain soir, en partant de bon matin d'Ermenonville, nous pouvons être à Paris.

Partons ce soir.

Nous rentrâmes : Paillet, à l'hôtel, pour faire seller son cheval; moi, chez maître Lefèvre, pour prendre mon fusil, et m'habiller en chasseur.

Une chemise, une redingote, un pantalon et une paire de bottes, furent envoyés par l'intermédiaire du troisième clerc à Paillet, qui en bourra un portemanteau; après quoi, j'allai, mon fusil sur l'épaule, attendre Paillet à l'extrémité de la ville.

Paillet parut bientôt.

Il était trop tard pour chasser; nous ne songeâmes tous deux qu'à gagner du pays. Je sautai en croupe.

Deux heures après, nous étions à Ermenonville.

C'était la deuxième ou troisième fois que je venais à l'hôtel de la *Croix;* autant que je puis me le rappeler, je n'étais pas une excellente pratique; mais, enfin, je n'y avais pas de mauvais antécédents, au contraire.

Nous fûmes bien reçus.

Une omelette, une bouteille de vin et du pain à discrétion constituèrent notre souper.

Le lendemain, notre compte, cheval compris, se montait à six francs; restaient vingt-neuf.

Nous nous regardâmes, Paillet et moi, d'un air qui voulait dire : « Hein! comme cela s'en va, l'argent! » Et, après deux ou trois mouvements de tête des plus philosophiques, nous nous remîmes en route, piquant droit sur Dammartin, où nous devions déjeuner.

Mais le déjeuner ne nous inquiétait pas; il était dans le canon de notre fusil, et nous saurions bien l'en faire sortir.

C'était une terre très-giboyeuse et parfaitement gardée que celle d'Ermenonville; aussi, à peine eûmes-nous fait un quart de lieue, qu'en six coups de fusil, j'avais tué deux lièvres et trois perdrix.

Je dois l'avouer en toute humilité, ces deux lièvres et ces trois perdrix appartenaient à M. de Girardin-Brégy.

Aussi, comme mon chien apportait la troisième perdrix, Paillet donna-t-il le signal convenu.

Le garde champêtre apparaissait à l'horizon, se découpant en vigueur sur le ciel blanchâtre et cotonneux, tel qu'un de ces bergers ou de ces campagnards aux grosses guêtres que Decamps ou Jadin mettent dans leurs paysages, comme un point de comparaison avec quelque orme isolé et tordu.

La manœuvre était indiquée d'avance. En un instant, je fus à cheval, piquant des deux, et emportant avec moi les pièces de conviction.

Le dialogue entre Paillet et le garde champêtre fut long et animé; mais il se termina comme je l'avais prévu. Paillet tira majestueusement une pièce de vingt sous de la bourse commune, et le total des dépenses fut porté à sept francs.

Là était la perte; mais, comme profit, nous avions deux lièvres et trois perdrix.

Paillet me rejoignit; je restai à cheval, et il se mit en chasse à son tour.

Nous alternâmes ainsi. A dix heures du matin, nous étions à Dammartin, avec trois lièvres et huit perdrix.

Sur deux gardes champêtres qui nous avaient abordés de nouveau, l'un avait majestueusement refusé les vingt sous, l'autre les avait bassement acceptés.

Nos fonds étaient donc réduits à vingt-sept francs.

Mais nous avions fait plus de la moitié du chemin; mais nous avions trois lièvres et huit perdrix!

Comme je l'avais prévu, nous en fûmes quittes pour un lièvre et trois perdrix, et encore fûmes-nous généreux. Nous eussions pu nous faire rendre notre monnaie en alouettes.

A onze heures, nous nous remettions en route, et nous marchions en droite ligne sur Paris, où nous entrâmes à dix heures et demie du soir : moi à pied, et Paillet à cheval, avec quatre lièvres, douze perdrix et deux cailles.

Nous avions, au cours de la Halle, pour trente francs de gibier.

En arrivant à l'hôtel des *Vieux-Augustins*, Paillet se fit reconnaître, et posa ses conditions.

Il s'agissait, dit-il à notre hôte, d'un pari considérable que nous avions fait avec des Anglais.

Nous avions parié d'aller à Paris, et d'en revenir, sans dépenser un sou.

En conséquence, nous voulions, pour gagner le pari, traiter avec notre hôte de notre chargement de gibier.

Moyennant nos quatre lièvres, nos douze perdrix et nos deux cailles, notre hôte s'engageait à nous nourrir et à nous coucher deux jours et deux nuits, nous, notre cheval et notre chien.

En outre, au départ, il devait nous munir d'un pâté et d'une bouteille de vin.

A ces conditions, notre hôte déclara qu'il faisait une bonne affaire, et nous offrit un certificat par lequel il attesterait que, chez lui du moins, nous n'avions pas dépensé un sou. Nous le remerciâmes en lui disant que nos Anglais nous croiraient sur parole.

Nous nous orientâmes, Paillet et moi, et nous allâmes prendre un bain.

Avec toute l'économie possible, il nous fallut prélever sur notre reliquat une somme de trois francs cinquante ; nous nous trouvâmes donc réduits à vingt-trois francs cinquante centimes.

Nous avions dépensé un peu moins du tiers de notre avoir ; mais nous étions arrivés, et nous avions la table et le lit assurés pour quarante-huit heures.

Malgré la fatigue de la journée, je dormis mal : j'étais à Paris.

J'enviais mon chien, qui, couché sur ma descente de lit, tranquille d'imagination, éreinté de corps, et insoucieux de l'endroit où il se trouvait, ne fit qu'un somme.

Le lendemain, je m'éveillai à sept heures.

En un tour de main, je fus prêt.

De Leuven demeurait rue Pigalle, n° 14. C'était à une lieue à peu près de la rue des Vieux-Augustins; mais, bah! qu'importait?

J'avais bien fait dix ou douze lieues la veille, sans compter les tours et détours, je pouvais bien en faire une le lendemain.

Je me mis en route. Paillet avait ses affaires; moi, j'avais les miennes. Nous ne nous trouverions probablement qu'à dîner, et même peut-être seulement le soir.

Je sortis de la rue des Vieux-Augustins, par le côté de la rue Croix-des-Petits-Champs; je marchai droit devant moi. Je vis un passage où s'engouffraient beaucoup de gens, et d'où sortaient beaucoup d'autres. Je descendis sept ou huit marches : je me crus perdu. Je voulus remonter, mais j'eus honte. Je continuai mon chemin, je tombai dans la rue de Valois.

Je venais, du premier coup, de faire connaissance avec le plus hideux passage de Paris, le passage de la rue Neuve-des-Bons-Enfants.

Je traversai un autre passage qui se trouvait devant moi, et je me trouvai dans le Palais-Royal. J'en fis le tour; la moitié des boutiques étaient encore fermées.

Je m'arrêtai devant le Théâtre-Français, et je vis sur l'affiche :

DEMAIN LUNDI

SYLLA

Tragédie en cinq actes, en vers, de M. DE JOUY.

Je jurai bien que, d'une façon ou de l'autre, dussé-je porter atteinte à la bourse commune, je verrais *Sylla*.

D'autant plus qu'on lisait en grosses lettres sur ladite affiche :

M. TALMA REMPLIRA LE ROLE DE SYLLA.

Cependant, comme mieux valait y aller par l'entremise d'Adolphe, je m'informai immédiatement du gisement de la rue Pigalle, et je me mis en route.

Après bien des tours et des détours, j'arrivai à mon but vers neuf heures du matin.

Adolphe n'était pas encore levé; mais son père se promenait dans le jardin.

J'allai à lui. Il s'arrêta, me laissant venir, la main étendue vers moi.

— Eh bien, me dit-il, vous voilà donc à Paris?
— Oui, monsieur de Leuven.
— Pour longtemps?
— Pour deux jours.
— Que venez-vous faire?
— Je viens voir deux personnes : Adolphe et Talma.
— Ah çà! vous êtes donc devenu millionnaire, que vous faites de pareilles folies?

Je racontai à M. de Leuven la façon dont nous avions fait la route, Paillet et moi.

Il me regarda un instant.

— Vous arriverez, vous, me dit-il, vous avez de la volonté. Allons, courez éveiller Adolphe; il vous conduira chez Talma, qui vous donnera des billets; puis vous reviendrez déjeuner ensemble ici.

C'était bien là mon affaire. Je pris des renseignements sur la topographie intérieure de la maison, et je me lançai.

Je n'ouvris que deux portes avant de trouver la porte d'Adolphe : l'une était celle de Gabriel Arnault; l'autre celle de Louis Arnault. Je m'étais égaré dans l'appartement du premier étage.

Louis me remit dans le bon chemin; j'arrivai enfin chez Adolphe.

Adolphe dormait à lui seul comme dormaient les Sept Dormants.

Mais, eussé-je eu affaire à Épiménides, je l'eusse éveillé.

Adolphe se frottait les yeux, et ne voulait pas me reconnaître.

— Allons, lui dis-je, c'est moi, c'est bien moi; réveillez-vous, habillez-vous, et allons chez Talma.

— Chez Talma! quoi faire? Auriez-vous, par hasard, une tragédie à lui lire?

— Non, mais j'ai des billets à lui demander.

— Que joue-t-il donc?

Je tombai de mon haut. Adolphe, habitant Paris, ignorait ce que jouait Talma!

Mais à quoi pensait-il, le malheureux?

Ce n'était pas étonnant qu'il n'eût pas encore placé mon *Pèlerinage à Ermenonville*, et fait jouer nos pièces!

Adolphe se leva et s'habilla. À onze heures, nous sonnions à la maison de la rue de la Tour-des-Dames.

Mademoiselle Mars, mademoiselle Duchesnois et Talma y demeuraient porte à porte.

Talma était à sa toilette; mais Adolphe était un familier de la maison : on l'introduisit.

J'étais de la suite d'Adolphe, comme Hernani de celle de Charles-Quint; j'entrai tout naturellement derrière Adolphe.

Talma avait la vue très-courte; je ne sais pas s'il me vit ou s'il ne me vit pas.

Il se lavait la poitrine; il avait la tête à peu près rasée; ce qui me préoccupa beaucoup, attendu que j'avais dix fois entendu dire que, dans *Hamlet*, à l'apparition du spectre paternel, on voyait les cheveux de Talma se dresser sur sa tête.

Il faut le dire, l'aspect de Talma, dans ces conditions, était assez peu poétique.

Cependant, quand il se redressa, quand, le torse nu, le bas du corps enveloppé d'une espèce de grand manteau de laine blanche, il prit un des pans de ce manteau qu'il tira sur son épaule et dont il se voila à moitié la poitrine, il y eut dans ce mouvement quelque chose d'impérial qui me fit tressaillir.

De Leuven lui exposa notre demande. Talma prit une espèce de stylet antique, au bout duquel était une plume, et nous signa un billet de deux places.

C'était un billet de sociétaire.

Outre le billet de service qu'ils recevaient les jours où ils jouaient, les sociétaires avaient le droit de signer tous les jours deux places.

Alors, Adolphe lui dit qui j'étais.

A cette époque, j'étais le fils du général Alexandre Dumas, c'était tout; mais, enfin, c'était déjà quelque chose.

D'ailleurs, Talma se rappelait avoir rencontré mon père chez Saint-Georges.

Il me tendit la main.

J'avais grande envie de la lui baiser. Avec mes idées de théâtre, Talma était un dieu pour moi, dieu inconnu, c'est vrai, inconnu comme Jupiter l'était à Sémélé, mais dieu qui m'apparaissait le matin, et qui allait se révéler le soir.

Nos deux mains se touchèrent.

O Talma! si tu eusses eu vingt ans de moins, ou que j'eusse eu vingt ans de plus!

Tout l'honneur fut pour moi, Talma! moi, je savais le passé; toi, tu ne pouvais pas deviner l'avenir.

Si on t'avait dit, Talma, que la main que tu venais de toucher écrirait soixante ou quatre-vingts drames dans chacun desquels — toi qui cherchas des rôles toute ta vie — tu eusses trouvé un rôle dont tu eusses fait une merveille, n'est-ce pas que tu n'eusses point laissé partir ainsi le pauvre jeune homme tout rougissant de t'avoir vu, tout fier de t'avoir touché la main?

Mais comment eusses-tu vu en moi, Talma, puisque je n'y voyais pas moi-même?

LXVI

Le billet de spectacle. — Le café du *Roi*. — Auguste Lafarge. — Théaulon. — Rochefort. — Ferdinand Langlé. — Les gens qui ne dînent pas et les gens qui dînent. — La première entrée de Talma. — Comment Talma n'a-t-il pas fait d'élève ? — *Sylla* et la censure. — La loge de Talma. — Une course de fiacre, après minuit. — Retour à Crépy. — M. Lefèvre m'explique comme quoi une mécanique, pour bien marcher, a besoin de tous ses rouages. — Je lui donne ma démission de troisième clerc.

Je revins chez de Leuven serrant mon billet dans ma poche. Avec la possibilité de m'en procurer un autre, je ne l'eusse pas donné pour cinq cents francs !

D'ailleurs, j'étais tout fier d'aller au Théâtre-Français avec un billet signé *Talma*.

Nous déjeunâmes.

De Leuven faisait de grandes difficultés pour venir au spectacle : il avait un rendez-vous avec Scribe, un rendez-vous avec Théaulon, un rendez-vous avec je ne sais plus quelle autre célébrité encore, dans la soirée.

Son père haussa les épaules, et de Leuven n'objecta plus rien. Il fut convenu que nous irions ensemble aux Français; seulement, comme je voulais voir le Musée, le Jardin des Plantes et le Luxembourg, il me donna rendez-vous à sept heures au café du *Roi*.

Le café du *Roi* faisait le coin de la rue de Richelieu et de la rue Saint-Honoré.

Nous aurons à en parler longuement plus tard.

Après le déjeuner, je pris ma course en commençant par le Musée. A six heures, j'avais accompli à pied la tournée du provincial — c'est-à-dire qu'entré dans les Tuileries par la grille de la rue de la Paix, j'avais passé sous la voûte, visité le Musée, suivi les quais, fait le tour extérieur et intérieur de Notre-Dame, fait grimper Martin à son arbre, et, avec mon titre d'étranger, qu'un aveugle ou un malintentionné pouvait seul me contester, j'avais forcé la porte du Luxembourg.

A six heures, je rentrai à l'hôtel, où je retrouvai Paillet. Nous dînâmes fort bien, ma foi! Notre hôte était un homme de conscience, et il nous donna en potage, en filet aux olives, en rosbif et en pommes de terre à la maître d'hôtel, la valeur de deux lièvres et de quatre perdrix que nous absorbions sous d'autres formes.

J'insistai inutilement pour faire venir Paillet aux Français avec nous; Paillet était un ancien second clerc parisien, il avait des amis, ou même encore peut-être des amies d'autrefois à revoir; il refusa l'offre, si pressante qu'elle fût, et je partis pour le café du *Roi*, ne comprenant pas qu'on eût quelque chose de plus pressé à faire que de voir Talma, et, si on l'avait vu, que de le revoir.

J'arrivai au rendez-vous quelques instants avant Adolphe. Paillet avait prévu que j'aurais peut-être à faire quelque dépense indispensable : il avait généreusement tiré trois francs de la bourse commune, et me les avait donnés.

C'étaient vingt francs cinquante centimes qui restaient à la masse.

J'entrai au café du *Roi*, je m'assis à une table; je calculai ce qui pourrait me coûter de moins cher à prendre; je pensai que ce serait un petit verre, et, comme, pour avoir le droit d'attendre, il fallait, à moins d'être un habitué de l'établissement, demander quelque chose, je demandai un verre d'eau-de-vie.

Or, jamais je n'ai pu boire une goutte de cette abominable liqueur; seulement, forcé de demander, je n'étais pas forcé de boire.

A peine étais-je assis, que je vis un des habitués — et je jugeai que c'était un habitué, attendu que je ne vis absolument rien sur la table devant laquelle il était assis lui-même, — se lever et venir à moi. Je jetai un cri d'étonnement et de joie : c'était Lafarge.

Mais Lafarge ayant fait un pas de plus encore vers la misère;

Lafarge avec une redingote luisante aux coudes, un pantalon luisant aux genoux.

— Ah çà! mais je ne me trompe pas, c'est bien vous? me dit-il.

— C'est parfaitement moi. Asseyez-vous donc là.

— Volontiers. Demandez un second petit verre.

— Pour vous?

— Oui.

— Prenez le mien, mon cher. Je ne bois jamais d'eau-de-vie.

— Pourquoi donc en avoir demandé, alors?

— Mais parce que je ne voulais pas attendre Adolphe ici sans demander quelque chose.

— Adolphe va venir?

— Oui. Nous allons ensemble voir *Sylla*.

— Comment! vous allez voir cette ordure-là?

— Une ordure, *Sylla*? Mais c'est un énorme succès!

— Oui, succès de perruque.

— Succès de perruque? répétai-je sans comprendre.

— Sans doute! Otez à Sylla la mèche de Napoléon, et la pièce n'allait pas jusqu'à la fin.

— Mais il me semble cependant que M. de Jouy est un grand poëte.

— Pour la province, c'est possible, mon cher; mais, ici, nous sommes à Paris, et nous voyons la chose autrement.

— Si ce n'est pas un grand poëte, c'est au moins un homme d'infiniment d'esprit.

— Oui, peut-être avait-il de l'esprit sous l'Empire; mais, vous comprenez, mon cher, l'esprit de 1809 n'est pas l'esprit de 1822.

— Je croyais cependant que *l'Ermite de la Chaussée-d'Antin* avait été fait sous la Restauration.

— Oui, certainement; mais vous vous figurez donc que *l'Ermite de la Chaussée-d'Antin* était de M. de Jouy?

— Sans doute, puisque c'est signé de lui.

— Oh! la belle raison!

— De qui est-ce donc, alors?

— Pardieu! c'est de Merle.

— Qu'est-ce que Merle?

— Tenez, c'est ce monsieur que vous voyez là-bas, avec une grande redingote et un chapeau à larges bords. Il a dix fois l'esprit de M. de Jouy.

— Mais, alors, s'il a dix fois l'esprit de M. de Jouy, pourquoi n'a-t-il pas le quart de sa réputation?

— Ah! parce que, voyez-vous, mon cher, les réputations, vous saurez cela plus tard, ce n'est ni l'esprit ni le talent qui les font, ce sont les coteries... Demandez donc du sucre; l'eau-de-vie me fait mal, quand je la bois pure. — Garçon! du sucre.

— Mais, si l'eau-de-vie vous fait mal, pourquoi en buvez-vous?

— Que voulez-vous! dit Lafarge, quand on passe sa vie au café, il faut bien boire quelque chose.

— Vous passez donc votre vie au café?

— Mais à peu près: c'est là que je travaille le mieux.

— Au milieu du bruit et des conversations?

— J'y suis habitué. Théaulon travaille comme cela, Francis travaille comme cela, Rochefort travaille comme cela, nous travaillons tous comme cela. — N'est-ce pas, Théaulon?

Un homme de trente à trente-cinq ans qui écrivait avec rapidité, sur papier grand format, quelque chose qui semblait être du dialogue, leva, à cette interpellation, sa tête pâle, rougie aux pommettes, et jeta sur nous un regard bienveillant.

— Oui... Quoi? demanda-t-il. Ah! c'est vous, Lafarge? Bonsoir.

Et il se remit à travailler.

— C'est Théaulon? demandai-je.

— Oui; voilà un homme d'esprit et de facilité! seulement, il gaspille son esprit, il abuse de sa facilité. Savez-vous ce qu'il fait là?

— Non.

— Il fait une comédie en cinq actes, en vers.

— Comment! il fait des vers ici, au café?

— D'abord, ici, mon cher, ce n'est pas un café; c'est une

espèce de club littéraire; tous ceux que vous voyez là sont des auteurs ou des journalistes.

— En effet, dis-je à Lafarge, je n'ai jamais vu un café où l'on consomme si peu, et où l'on écrive tant.

— Diable! vous vous formez; c'est presque un mot que vous venez de faire là, savez-vous?

— Eh bien, en faveur du presque-mot que je viens de faire, nommez-moi quelques-uns de ces messieurs.

— Ah! mon cher, ce serait inutile; il faut être Parisien pour connaître certaines réputations toutes parisiennes.

— Mais je vous assure, mon cher Auguste, qu'à cet endroit-là, je ne suis pas aussi provincial que vous le croyez.

— Connaissez-vous Rochefort?

— Oui. N'a-t-il pas fait de très-jolies chansons, et deux ou trois vaudevilles qui ont eu du succès?

— Justement!... Eh bien, c'est ce grand maigre qui joue aux dominos...

— Les deux joueurs sont aussi maigres l'un que l'autre.

— Ah! c'est vrai!... c'est celui dont la figure joue toujours, et ne gagne jamais.

Un *tic* habituel à Rochefort motivait cette plaisanterie de la part de son ami Lafarge.

J'ai dit *motivait*, et non pas *excusait*.

— Et celui qui fait sa partie?

— C'est Ferdinand Langlé.

— Ah! l'amant de la petite Fleuriet?

— L'amant de la petite Fleuriet!... En vérité, vous dites cela comme un Parisien!... Qui vous a donc si bien renseigné?

— Parbleu! Adolphe... Mais il me semble qu'il ne vient pas vite.

— Vous êtes donc bien pressé?

— Dame! il me semble que c'est tout naturel : je n'ai jamais vu Talma.

— Eh bien, mon cher, hâtez-vous de le voir.

— Pourquoi cela?

— Parce qu'il *s'avachit* horriblement.

— Comment, il *s'avachit!* Qu'entendez-vous par là?

— Je veux dire qu'il vieillit, qu'il s'encroûte.

— Ah çà! mais les journaux disent qu'il n'a jamais été plus jeune de talent, qu'il n'a jamais été plus beau de physionomie.

— Vous croyez donc à ce que disent les journaux?

— Dame!

— Vous en ferez un jour, mon cher, du journalisme.

— Eh bien, après?...

— Eh bien, quand vous en ferez, vous verrez comment cela se fait.

— Et?...

— Et vous ne croirez plus à ce que disent les journaux, voilà tout!

En ce moment, la porte s'ouvrit, et Adolphe passa la tête.

— Vite, vite! dit-il; si nous ne nous pressons pas, nous trouverons la toile levée.

— Ah! c'est vous, enfin!

Je m'élançai vers Adolphe.

— Vous oubliez de payer, me dit Lafarge.

— Ah! c'est vrai. — Garçon, combien?

— Un petit verre, quatre sous; six sous de sucre, dix.

Je tirai dix sous de ma poche, et les jetai sur la table, et puis, allégé de cinquante centimes, je me précipitai hors du café.

— Vous étiez avec Lafarge? me dit Adolphe.

— Oui... Mais qu'a-t-il donc?

— Comment, qu'a-t-il?

— Il m'a dit que M. de Jouy était un crétin, et Talma un Cassandre.

— Pauvre Lafarge! me dit Adolphe; il n'avait peut-être pas dîné.

— Pas dîné! En est-il donc réduit là?

— A peu près.

— Ah! dis-je, voilà qui m'explique bien des choses!... MM. de Jouy et Talma dînent tous les jours, et ce malheureux Lafarge ne peut pas leur pardonner cela.

Hélas ! que j'ai vu de critiques depuis, qui, comme Lafarge, ne pouvaient pardonner à ceux qui dînaient.

Moi, j'avais dîné, et même très-bien ; de sorte que j'avais au moins autant d'indulgence dans l'estomac que de curiosité dans l'esprit.

Nous entrâmes. La salle était comble, quoique la pièce en fût à quelque chose comme sa huitième représentation.

Nous eûmes une peine horrible à nous placer : nos places n'étaient pas numérotées.

Adolphe donna royalement quarante sous à l'ouvreuse, qui se démena si bien, qu'elle nous trouva, au milieu de l'orchestre, un vide où nous nous glissâmes comme deux coins, dont nous avions à peu près la forme et le moelleux.

Il était temps, comme me l'avait dit Adolphe. A peine étions-nous placés, qu'on leva la toile.

Il est étrange, n'est-ce pas, que je vienne parler de *Sylla* au public de 1851.

Qu'est-ce que *Sylla* ? va me dire toute une génération.

O Hugo ! comme tes vers sur Canaris sont vrais ! comme ils me reviennent à la mémoire ! comme, malgré moi, ils coulent sous ma plume !

> Canaris ! Canaris ! nous t'avons oublié !
> Lorsque sur un héros le temps s'est replié,
> Quand ce sublime acteur a fait pleurer ou rire,
> Et qu'il a dit le mot que Dieu lui donne à dire ;
> Quand, venus au hasard des révolutions,
> Les grands hommes ont fait leurs grandes actions,
> Qu'ils ont jeté leur lustre étincelant ou sombre,
> Et qu'ils sont, pas à pas, redescendus dans l'ombre,
> Leur nom s'éteint aussi ! Tout est vain, tout est vain !
> Et jusqu'à ce qu'un jour le poëte divin,
> Qui peut créer un monde avec une parole,
> Les prenne et leur rallume au front une auréole,
> Nul ne se souvient d'eux, et la foule aux cent voix,
> Qui, rien qu'en les voyant, hurlait d'aise autrefois,
> Hélas ! si par hasard devant elle on les nomme,
> Interroge et s'étonne, et dit : « Quel est cet homme ? »

Non! c'est vrai, M. de Jouy n'était ni un héros, quoiqu'il se fût bravement battu dans l'Inde, ni un grand homme, quoiqu'il eût fait *l'Ermite de la Chaussée-d'Antin* et *Sylla;* mais M. de Jouy était un homme d'esprit, mieux encore, un homme de talent.

C'était ma conviction alors. Trente ans se sont écoulés depuis cette soirée où j'ai vu Talma apparaître à mes yeux sur la scène. Je viens de relire *Sylla*, et c'est mon opinion aujourd'hui.

Sans doute, M. de Jouy avait habilement tiré parti, et de la ressemblance historique, et de la ressemblance physique. L'abdication de *Sylla* rappelait l'abdication de l'empereur; la tête de Talma, le masque de Napoléon. Sans doute, le succès d'enthousiasme qu'obtint l'ouvrage fut là; ses cent représentations eurent leur source là. Mais il y avait quelque chose derrière le masque de l'acteur et l'allusion de la tragédie; il y avait de beaux vers, de grandes situations, un dénoûment audacieux de simplicité.

Je sais bien que souvent les beaux vers d'une époque ne sont pas les beaux vers d'une autre; — on le dit du moins; — mais ce sont de beaux vers de tous les temps, les quatre vers que le poëte met dans la bouche de Roscius, ce Talma des derniers jours de Rome, et qui eût pu voir tomber la république romaine, comme Talma avait vu tomber la république française :

> Ah! puisse la nature épargner aux Romains
> Ces sublimes esprits au-dessus des humains!
> Trop de maux, trop de pleurs attestent le passage
> De ces astres brûlants nés du sein de l'orage!

Ce sont de beaux vers encore, les vers que le proscripteur, arrêtant de sa main puissante la proscription qui va toucher César, répond à Ophéla, quand Ophéla lui dit :

> Oserais-je, à mon tour, demander à Sylla
> Quel pouvoir inconnu, quelle ombre protectrice,
> Peut dérober César à sa lente justice?

SYLLA.

J'ai pesé comme vous ses vices, ses vertus,
Et mon œil dans César voit plus d'un Marius!
Je sais de quel espoir son jeune orgueil s'enivre;
Mais Pompée est vivant, César aussi doit vivre.
Parmi tous ces Romains à mon pouvoir soumis,
Je n'ai plus de rivaux, j'ai besoin d'ennemis,
D'ennemis libres, fiers, dont la seule présence
Atteste mon génie ainsi que ma puissance;
L'histoire à Marius pourrait m'associer,
César aura vécu pour me justifier!

Quand je vis Talma entrer en scène, je jetai un cri de surprise. Oh! oui, c'était bien le masque sombre de l'homme que j'avais vu passer dans sa voiture, la tête inclinée sur sa poitrine, huit jours avant Ligny, et que j'avais vu revenir le lendemain de Waterloo.

Beaucoup ont essayé depuis, avec le prestige de l'uniforme vert, de la redingote grise et du petit chapeau, de reproduire cette médaille antique, ce bronze moitié grec, moitié romain; mais nul, ô Talma! n'a eu ton œil plein d'éclairs, avec cette calme et sereine physionomie sur laquelle la perte d'un trône et la mort de trente mille hommes n'avaient pu imprimer un regret ni la trace d'un remords.

Qui n'a pas vu Talma ne saurait se figurer ce que c'était que Talma; c'était la réunion de trois suprêmes qualités, que je n'ai jamais retrouvées depuis dans un même homme: la simplicité, la force et la poésie; il était impossible d'être plus beau de la vraie beauté d'un acteur, c'est-à-dire de cette beauté qui n'a rien de personnel à l'homme, mais qui change selon le héros qu'il est appelé à représenter; il est impossible, dis-je, d'être plus beau de cette beauté-là que ne l'était Talma. Mélancolique dans *Oreste*, terrible dans *Néron*, hideux dans *Glocester*, il avait une voix, un regard, des gestes pour chaque personnage.

Les acteurs se plaignent que rien d'eux ne survit à eux-mêmes. O Talma! j'étais un enfant lorsque, dans cette solennelle soirée où je vous voyais pour la première fois, vous entrâtes en scène, ouvrant du geste cette haie de sénateurs, vos clients; eh bien, de cette première scène, pas un de vos gestes ne s'est effacé, pas une de vos intonations ne s'est perdue... O Talma! je vous vois encore à ces quatre vers de Catilina :

> Sur d'obscurs criminels qu'épargne ta clémence,
> Je me tais; mais mon zèle éclaire ma prudence;
> Le nom de Clodius sur la liste est omis,
> C'est le plus dangereux de tous tes ennemis!

je vous vois encore, Talma! — et puisse votre grande ombre m'entendre et tressaillir de joie de ne pas être oubliée, — je vous vois encore franchir lentement, le sourire de l'ironie aux lèvres, la distance qui vous séparait de l'accusateur; je vous vois encore lui poser la main sur l'épaule, et, drapé comme la plus belle statue d'Herculanum et de Pompéi, je vous entends lui dire de cette voix vibrante qui va chercher les fibres les plus secrètes du cœur :

> Je n'examine pas si ta haine enhardie
> Poursuit dans Clodius l'époux de Valérie;
> Et si Catilina, par cet avis fatal,
> Prétend servir ma cause ou punir un rival...

O Talma! comment cette parole incisive et sonore à la fois n'a-t-elle pas germé dans le cœur de quelques-uns de ceux qui vous entouraient? C'étaient donc des terres bien ingrates et bien desséchées que celles que cette époque antipoétique, qu'on appelle l'Empire, vous avait laissées à défricher, pour que, vous abattu, il n'ait rien poussé de grand, de large, de touffu, sur cet espace que vous avez, pendant trente ans, foulé avec la sandale romaine ou le cothurne grec? ou bien, est-ce que l'ombre du génie, dans son absorbante puissance, est mortelle comme celle de l'upas ou du mancenillier?

Je voudrais pouvoir suivre jusqu'au bout, — et ce serait un hommage rendu à ce prodigieux talent, — je voudrais pouvoir suivre Talma dans le double développement de la création et des détails du rôle de Sylla.

Mais à quoi bon? qui s'occupe de pareille chose aujourd'hui? qui s'amuse à chercher dans son souvenir, trente ans après qu'elle est éteinte, l'intonation avec laquelle un grand acteur disait tel vers, tel hémistiche, tel mot? Qu'importe à M. Guizard, à M. Léon Faucher, au président de la République, de quelle façon Talma répondait à Lænas, envoyé par le peuple romain pour savoir de Sylla le chiffre des condamnés, et lui demandant :

Combien en proscris-tu, Sylla?

qu'importe à ces messieurs de savoir de quelle façon Talma répondait :

Je ne sais pas!

C'est tout au plus s'ils se souviennent de l'intonation avec laquelle M. le général Cavaignac a prononcé ces quatre mêmes mots, quand on lui a demandé combien il envoyait sans jugement de transportés hors de France.

Et cependant, à l'heure où j'écris, il n'y a que deux ans que le dictateur de 1848 a prononcé ces quatre mots qui méritent bien de tenir dans l'histoire leur place près de ceux de Sylla.

Mais, après avoir été tour à tour simple, grand, magnifique, où Talma était réellement sublime, c'était dans la scène d'abdication.

Cette abdication de Sylla rappelait, il est vrai, celle de Fontainebleau, et, nous le répétons, nous ne doutons pas que, sur la partie vulgaire du public, cette ressemblance entre le dictateur moderne et le dictateur antique n'ait produit un immense effet. C'était l'avis aussi de la censure de 1821, qui coupait ces vers, dans lesquels elle croyait reconnaître tour à tour Bonaparte, premier consul, et Napoléon, empereur.

Voici pour Bonaparte :

...C'était trop pour moi des lauriers de la guerre;
Je voulais une gloire et plus rare et plus chère.

Rome, en proie aux fureurs des partis triomphants,
Mourante sous les coups de ses propres enfants,
Invoquait à la fois mon bras et mon génie :
Je me fis dictateur, je sauvai la patrie!

Voici pour Napoléon :

J'ai gouverné le monde à mes ordres soumis,
Et j'impose silence à tous mes ennemis!
Leur haine ne saurait atteindre ma mémoire,
J'ai mis entre eux et moi l'abîme de ma gloire.

Quand on relit, au bout de dix ans, au bout de vingt ans, au bout de trente ans, les vers qu'a défendus la censure, ou même les pièces qu'elle a supprimées, on est toujours émerveillé de la stupidité des gouvernements, qui, aussitôt qu'une révolution a tranché les sept têtes de cette hydre littéraire, s'empresse de les ramasser et de les recoudre au tronc qui faisait semblant d'être mort, mais qui se gardait bien de mourir. Comme si la censure avait jamais empêché un des ouvrages qu'elle a proscrits d'être joué! comme si la censure avait pu étouffer *Tartufe, Mahomet, le Mariage de Figaro, Charles IX, Pinto, Marion Delorme* et *Antony!* Non, quand une de ces œuvres vivaces est repoussée du théâtre où sa place est marquée, elle attend, debout et calme, que ceux qui l'ont proscrite tombent ou meurent, et, quand ils sont tombés ou morts, quand elle voit ses persécuteurs rouler du trône ou descendre dans la tombe, elle, la fille immortelle et sereine du génie, elle entre, souveraine et géante, dans l'enceinte d'où l'avaient proscrite les nains qui ont disparu, et repousse du pied leur couronne oubliée, qu'elle trouve trop étroite pour sa tête.

La toile tomba au milieu d'immenses bravos.

J'étais étourdi, ébloui, fasciné.

Adolphe me proposa d'aller remercier Talma dans sa loge. Je le suivis à travers cet inextricable dédale de corridors qui se tordent dans l'intérieur du Théâtre-Français, et qui aujourd'hui n'ont malheureusement plus de terres australes pour moi.

Jamais client à la porte du véritable Sylla n'a senti battre son cœur de battements plus vifs et plus multipliés que moi à la porte de celui qui venait de le représenter.

De Leuven poussa cette porte. La loge du grand artiste s'ouvrit ; elle était pleine d'hommes que je ne connaissais pas, et qui tous avaient un nom ou devaient en avoir un.

C'était Casimir Delavigne, qui achevait les dernières scènes de *l'École des Vieillards* ; c'était Lucien Arnault, qui venait de faire jouer son *Régulus* ; c'était Soumet, encore tout fier de son double succès de *Saül* et de *Clytemnestre* ; c'était Népomucène Lemercier, ce boudeur paralysé dont le talent était estropié comme le corps, qui, de son côté sain, faisait *Agamemnon, Pinto, Frédégonde*, de son côté malade, *Christophe Colomb, la Panhypocrisiade, Cahin-Caha* ; c'était Delrieu, poursuivant, depuis 1809, la reprise d'*Artaxercès* ; c'était Viennet, dont les tragédies faisaient quinze ou vingt ans du bruit dans les cartons, pour aller vivre, agoniser et mourir en une semaine, pareilles à ce Gordien dont le règne dura deux heures, et le supplice trois jours ; c'était, enfin, le héros de la soirée, M. de Jouy, avec sa grande taille, sa belle tête blanchie, ses yeux à la fois spirituels et bienveillants, et, au milieu d'eux tous, Talma avec sa simple robe blanche, dont il venait de dépouiller la pourpre, sa tête, dont il venait d'enlever la couronne, et ses deux mains gracieuses et blanches, avec lesquelles il venait de briser la palme du dictateur.

Je restai à la porte, bien humble, bien rougissant.

— Talma, dit Adolphe, c'est nous qui venons vous remercier.

Talma me chercha des yeux en clignant les paupières.

Il m'aperçut contre la porte.

— Ah ! ah ! dit-il, avancez donc !

Je fis deux pas vers lui.

— Eh bien, dit-il, monsieur le poëte, êtes-vous content ?

— Je suis mieux que cela, monsieur... je suis émerveillé !

— Eh bien, il faut revenir me voir, et me redemander d'autres places.

— Hélas! monsieur Talma, je quitte Paris, demain ou après-demain, au plus tard.

— C'est fâcheux! vous m'auriez vu dans *Régulus*.... Vous savez que j'ai fait mettre au répertoire *Régulus* pour après-demain, Lucien?

— Oui, je vous remercie, dit Lucien.

— Comment! vous ne pouvez pas rester jusqu'à après-demain au soir?

— Impossible! il faut que je retourne en province.

— Que faites-vous en province?

— Je n'ose pas vous le dire. Je suis clerc de notaire...

Et je poussai un profond soupir.

— Bah! dit Talma, il ne faut pas désespérer pour cela! Corneille était clerc de procureur! Messieurs, je vous présente un futur Corneille.

Je rougis jusqu'aux yeux.

— Touchez-moi le front, dis-je à Talma, cela me portera bonheur!

Talma me posa la main sur la tête.

— Allons, soit! dit-il. Alexandre Dumas, je te baptise poëte au nom de Shakspeare, de Corneille et de Schiller!... Retourne en province, rentre dans ton étude, et, si tu as véritablement la vocation, l'ange de la Poésie saura bien aller te chercher où tu seras, t'enlever par les cheveux, comme le prophète Habacuc, et t'apporter là où tu auras affaire.

Je pris la main de Talma, que je cherchai à baiser.

— Allons, allons! dit-il, ce garçon-là a de l'enthousiasme, on en fera quelque chose.

Et il me secoua cordialement la main.

Je n'avais plus rien à faire là. Une plus longue station dans cette loge pleine de célébrités eût été embarrassante et ridicule; je fis un signe à Adolphe, et nous sortîmes.

J'aurais volontiers sauté au cou d'Adolphe dans le corridor.

— Oh! oui, lui dis-je, soyez tranquille, je viendrai à Paris, je vous en réponds!

Nous descendîmes par le petit escalier tournant, condamné aujourd'hui; nous sortîmes par le corridor noir, nous longeâmes la galerie de Nemours, et nous nous trouvâmes sur la place du Palais-Royal.

— La, maintenant, dit Adolphe, vous savez votre chemin : la rue Croix-des-Petits-Champs, la rue Coquillère, la rue des Vieux-Augustins. Bonsoir, je vous quitte; il est tard, et il y a loin d'ici à la rue Pigalle... A propos, vous savez, nous déjeunons à dix heures et nous dînons à cinq.

Et Adolphe tourna le coin de la rue de Richelieu, et disparut.

Il était tard, en effet; tout était éteint, et quelques rares passants attardés traversaient la place du Palais-Royal.

Quoi qu'en eût dit Adolphe, je ne savais pas du tout mon chemin; aussi fus-je très-embarrassé, quand je me trouvai seul.

Puis, il faut bien que je l'avoue, j'étais assez inquiet de me trouver dans les rues de Paris à une heure si avancée; j'avais entendu raconter une foule d'attaques nocturnes, de vols et d'assassinats, et, avec mes cinquante sous dans ma poche, je tremblais d'être dévalisé.

Il y eut alors dans mon âme un combat entre le courage et la crainte.

La crainte l'emporta.

J'appelai un fiacre.

Le fiacre vint à moi, j'ouvris la portière.

— Monsieur sait qu'il est minuit passé? me dit le cocher.

— Parbleu! si je le sais, répondis-je.

Et tout bas :

— C'est bien pour cela que je prends un fiacre, ajoutai-je.

— Où va notre bourgeois?

— Rue des Vieux-Augustins, hôtel des *Vieux-Augustins*.

— Hein?... fit le cocher.

Je répétai.

— Monsieur est bien sûr que c'est là qu'il veut aller?

— Parbleu!

— En ce cas, en route!

Et, fouettant ses chevaux, en même temps qu'il faisait entendre ce roulement de la langue familier aux cochers, il mit ses chevaux au galop.

Vingt secondes après, il s'arrêta, descendit de son siége, et vint m'ouvrir la portière.

— Eh bien?... lui demandai-je.

— Eh bien, nous sommes arrivés, notre bourgeois: rue des Vieux-Augustins, hôtel des *Vieux-Augustins.*

Je levai le nez, et reconnus en effet la maison.

Je compris alors l'étonnement du cocher en voyant un grand gaillard de vingt ans, qui ne paraissait nullement paralysé, prendre un fiacre à la place du Palais-Royal pour aller rue des Vieux-Augustins.

Mais, comme il eût été trop ridicule d'avouer que j'ignorais la distance qui séparait les deux localités:

— C'est bien, dis-je d'une voix ferme. Combien vous dois-je?

— Oh! que vous le savez bien, notre bourgeois!

— Si je le savais, je ne vous le demanderais pas.

— C'est cinquante sous, quoi!

— Cinquante sous? m'écriai-je désespéré d'avoir fait si inutilement une pareille dépense.

— Dame! notre bourgeois, c'est le tarif.

— Cinquante sous pour venir du Palais-Royal ici?

— J'ai prévenu monsieur qu'il était minuit passé.

— Tenez, dis-je, voici vos cinquante sous.

— Est-ce qu'il n'y a rien pour boire, notre bourgeois?

Je fis un mouvement pour étrangler le misérable; mais il était fort et vigoureux; je réfléchis que ce serait peut-être lui qui m'étranglerait, et je m'arrêtai. Je sonnai, la porte s'ouvrit, et je rentrai.

J'avais un profond remords d'avoir dilapidé mon argent, surtout en songeant que, Paillet n'eût-il rien dépensé de son côté, il ne nous restait plus que vingt francs cinquante centimes.

Paillet avait été à l'Opéra, et avait dépensé huit francs dix sous.

Il nous restait douze francs.

Nous nous regardâmes avec une certaine inquiétude.

— Écoute, me dit-il, tu as vu Talma; moi, j'ai entendu *la Lampe merveilleuse;* c'est tout ce que tu désirais voir, c'est tout ce que je désirais entendre; si tu m'en crois, au lieu de partir après-demain, nous partirons demain.

— C'est justement ce que j'allais te proposer.

— Eh bien, ne perdons pas de temps. Il est une heure du matin; dormons le plus vite possible jusqu'à six heures; mettons-nous en route à sept, et allons coucher, si nous pouvons, à Nanteuil.

— Bonsoir.

— Bonsoir...

Un quart d'heure après, nous dormions à qui mieux mieux.

Le lendemain, ou plutôt le même jour, à huit heures, nous avions dépassé la Villette; à trois heures, nous dînions à Dammartin, dans les mêmes conditions que nous y avions déjeuné; à sept heures, nous soupions à Nanteuil, et, le mercredi, à une heure, chargés de deux lièvres et de six perdrix, — résultat des économies que nous avions faites sur notre chasse de la veille et du jour, — nous entrions à Crépy, en donnant nos derniers vingt sous à un pauvre.

Nous nous séparâmes, Paillet et moi, à l'entrée de la grande place. Je rentrai chez maître Lefèvre par l'allée, et je montai à ma chambre pour faire un changement de toilette.

Par la fenêtre, j'appelai Pierre, et je lui demandai des nouvelles de M. Lefèvre.

M. Lefèvre était revenu dans la nuit.

Je donnai mon gibier à la cuisinière, je rentrai dans l'étude, et je me glissai à ma place.

Mes trois compagnons d'étude étaient chacun à la sienne.

Personne ne me demanda rien. On crut que je venais de faire une de mes excursions habituelles, mais que seulement cette excursion s'était prolongée un peu au delà des limites ordinaires.

Je m'informai si M. Lefèvre avait fait quelque question à mon endroit.

M. Lefèvre avait demandé où j'étais; ces messieurs lui avaient répondu qu'ils l'ignoraient, et tout s'était borné là.

Je tirai ma besogne de mon pupitre, et je me mis à travailler.

Quelques instants après, M. Lefèvre parut.

Il alla au maître clerc, lui donna quelques instructions, et rentra dans son cabinet, sans même avoir paru remarquer ma présence, ce qui me fit croire qu'il avait fort remarqué mon absence.

L'heure du dîner arriva. Nous nous mîmes à table; tout se passa comme d'habitude; seulement, après le dîner, comme je me levais pour me retirer :

— Monsieur Dumas, me dit M. Lefèvre, je voudrais causer un instant avec vous.

Je compris que l'orage approchait, et je résolus de tenir ferme.

— Volontiers, monsieur, répondis-je.

Le maître clerc et le saute-ruisseau, qui partageaient avec moi la table du patron, se retirèrent discrètement.

M. Lefèvre m'indiqua une chaise en face de son fauteuil, de l'autre côté de la cheminée.

Je m'assis.

Alors M. Lefèvre releva la tête comme un cheval fait sous la martingale, mouvement qui lui était habituel, croisa sa jambe droite sur sa jambe gauche, secoua cette jambe jusqu'à ce que la pantoufle tombât, prit sa tabatière d'or, y huma une pincée de poudre, la respira majestueusement, puis, avec une voix d'autant plus menaçante qu'elle avait une certaine douceur :

— Monsieur Dumas, dit-il en grattant son pied droit avec sa main gauche, ce qui était son habitude la plus chérie, monsieur Dumas, avez-vous quelques idées de mécanique?

— Non, en théorie, monsieur; oui, en pratique.

— Eh bien, cela suffira pour que vous compreniez ma démonstration.

— J'écoute, monsieur.

— Monsieur Dumas, pour qu'une machine, quelle qu'elle

soit, fonctionne régulièrement, il faut qu'aucun de ses rouages ne s'arrête.

— C'est évident, monsieur.

— Eh bien, monsieur Dumas, je ne vous en dis pas davantage ; je suis le mécanicien, vous êtes une des roues de la machine ; voilà deux jours que vous vous êtes arrêté, et voilà par conséquent deux jours que votre coopération individuelle manque au mouvement général.

Je me levai.

— Très-bien, monsieur, lui dis-je.

— Au reste, ajouta M. Lefèvre d'un ton un peu moins dogmatique, l'avertissement n'est que provisoire.

— Vous êtes trop bon, monsieur, je le prends, moi, pour définitif.

— Oh! alors, fit M. Lefèvre, c'est encore mieux. Il est sept heures du soir, il fait nuit et le temps est mauvais ; mais vous partirez quand vous voudrez, mon cher Dumas. Du moment où vous n'êtes plus ici comme troisième clerc, vous y êtes comme ami, et, en cette qualité, plus de temps vous y resterez, plus vous me ferez plaisir.

Je saluai gracieusement M. Lefèvre, et je me retirai dans ma chambre.

C'était une grande résolution prise, c'était un grand dessein arrêté ; désormais, mon avenir était à Paris, et j'étais décidé à tout faire au monde pour quitter la province.

Je passai une partie de la nuit à rêver, et, avant de m'endormir, tout mon plan fut fait.

LXVII

Je reviens chez ma mère. — Le mou de veau. — Pyrame et Cartouche. — Intelligence du renard, plus développée que celle du chien. — Mort de Cartouche. — Différents traits de gloutonnerie de Pyrame.

Le lendemain, je fis mon petit paquet, et je partis.

Je n'étais pas sans inquiétude, je ne dirai pas sur la manière dont ma mère allait me recevoir, — pauvre mère! son premier mouvement en me revoyant était toujours la joie, — mais sur la douleur qu'allait lui causer mon renvoi de chez M. Lefèvre.

Aussi, au fur et à mesure que je me rapprochais de Villers-Cotterets, mon pas se ralentissait-il. D'habitude, je mettais deux heures à faire les trois lieues et demie qui séparent Villers-Cotterets de Crépy, attendu que je faisais la dernière lieue en courant; cette fois, ce fut tout le contraire : la dernière lieue fut la plus longue à franchir.

Je revenais en chassant, comme c'était mon habitude encore. Aussi à peine mon chien, à trois cents pas de distance, eut-il flairé la maison, qu'il s'arrêta un instant, leva le nez, et partit comme un trait. Cinq secondes après qu'il eut disparu dans l'allée, je vis paraître ma mère sur le seuil de la porte.

Le courrier qui me précédait lui avait annoncé mon arrivée.

C'était son sourire habituel; toute la tendresse de son cœur s'était épanouie à mon approche, et fleurissait sur son visage.

Je me jetai dans ses bras.

O amour de mère! amour éternellement bon, éternellement dévoué, éternellement fidèle, véritable diamant perdu au milieu de toutes ces pierres fausses dont la jeunesse fait la parure de son bonheur, limpide et pure escarboucle qui brille dans la joie comme dans la douleur, la nuit comme le jour!

Les premiers moments ne furent donc qu'à la joie de nous revoir; puis, enfin, ma mère me demanda comment il se faisait qu'au lieu de revenir le samedi pour passer le dimanche avec elle et partir le lundi, je revinsse le jeudi.

Je n'osai lui raconter la mésaventure qui m'était arrivée.

Je lui dis que, les affaires n'étant pas très-nombreuses à l'étude, j'avais obtenu un congé de quelques jours, que je venais passer auprès d'elle.

— Mais, me fit observer ma mère, je te vois avec ta veste et ton pantalon de chasse.

— Oui; eh bien?

— Comment se fait-il que tu n'aies rien dans ta carnassière?

Ce n'était pas mon habitude, en effet, de rentrer la carnassière vide.

— J'étais si pressé de te voir, bonne mère, qu'au lieu de chasser, j'ai suivi la grande route, c'est-à-dire le plus court chemin.

Je mentais.

Si j'eusse avoué la vérité, j'eusse dit : « Hélas ! bonne mère, j'étais tellement préoccupé de savoir quel effet produirait sur toi la nouvelle qu'il me reste à t'annoncer, que, dans ma préoccupation, j'ai oublié la chasse, cette passion pour laquelle autrefois j'oubliais tout ! »

Mais, en lui disant cela, il fallait dire la nouvelle, et c'était ce que je voulais retarder autant que possible.

Un incident vint me tirer d'embarras, en faisant diversion aux idées qui préoccupaient ma mère en ce moment.

J'entendis hurler mon chien.

Je courus à la porte.

La maison voisine de la nôtre était celle d'un boucher nommé Mauprivez.

A la devanture de l'étal de ce boucher régnait une longue traverse de bois émaillée, de distance en distance, de crocs de fer auxquels on suspendait divers échantillons de viande.

En sautant après un mou de veau, Pyrame s'était pris comme fait une carpe à un hameçon, et était resté suspendu.

Voilà pourquoi Pyrame hurlait, et, on le voit, ce n'était pas sans cause.

Je le saisis à bras-le-corps, je le dépendis, et il se sauva dans l'écurie, la gueule tout ensanglantée.

Si jamais j'écris l'histoire des chiens qui m'ont appartenu Pyrame tiendra une digne place en face de Milord.

Qu'on me permette donc de laisser en suspens l'intérêt qui se rattache naturellement à mon retour, pour m'occuper un peu de Pyrame, lequel, malgré son nom prédestiné aux mésaventures amoureuses, n'a jamais eu, à ma connaissance, que des mésaventures gastronomiques.

Pyrame était un grand chien marron, de haute race française, qu'on m'avait donné tout petit avec un renardeau du même âge que lui, et que le garde qui me l'avait donné — c'était le pauvre Choron de la Maison-Neuve — avait fait nourrir par la même mère.

Souvent je m'étais amusé à voir se développer les différents instincts de ces deux animaux, placés dans la cour en face l'un de l'autre, dans deux niches parallèles.

Pendant les trois ou quatre premiers mois, une familiarité presque fraternelle avait régné entre Cartouche et Pyrame; je n'ai pas besoin de dire que Cartouche, c'était le renard, et que Pyrame, c'était le chien.

Je n'ai pas besoin de dire non plus que le nom de Cartouche avait été donné au renard par allusion à ses instincts de vol et de déprédation.

Ce fut Cartouche qui, quoique le plus faible en apparence, commença de déclarer la guerre à Pyrame; cette déclaration de guerre eut lieu à propos de quelques os qui se trouvaient dans la délimitation du territoire de Cartouche, et dont Pyrame tenta subrepticement de s'emparer.

La première fois que Pyrame tenta cette piraterie, Cartouche grogna; la seconde fois, il montra les dents; la troisième fois, il mordit.

Cartouche était d'autant plus excusable qu'il restait éternellement à la chaîne, tandis que Pyrame avait ses heures de liberté. Cartouche, restreint à une promenade très-circonscrite, ne pouvait donc, au delà de la longueur de sa chaîne, rendre à Pyrame les mauvais procédés dont Pyrame, abusant de sa liberté, se rendait coupable à son égard.

A propos de cette captivité, je fus à même d'apprécier la supériorité de l'intelligence du renard sur celle du chien. Tous deux étaient gourmands à la troisième puissance, avec cette différence que Pyrame était plus glouton, et Cartouche plus friand.

Quand chacun d'eux tendait sa chaîne dans toute sa longueur, il pouvait atteindre à la distance de quatre pieds, à peu près, de l'ouverture de leur niche. Mettez dix pouces pour la longueur de la tête de Pyrame, quatre pouces pour le museau pointu de Cartouche, et vous aurez ce résultat, qu'en tendant sa chaîne, Pyrame pouvait atteindre un os à quatre pieds six pouces de sa niche, et Cartouche exécuter la même opération à quatre pieds quatre pouces de la sienne.

Eh bien, si je mettais cet os à six pieds, c'est-à-dire hors de la portée de l'un et de l'autre, Pyrame se contentait de tendre sa chaîne de toute la force de ses robustes épaules; mais, ne pouvant la rompre, il demeurait les yeux sanglants et fixes, la gueule ouverte et baveuse, essayant de temps en temps, par des cris plaintifs, de conjurer la distance, ou, par des secousses désespérées, de briser sa chaîne.

Si on ne lui eût pas ôté l'os, ou si on ne le lui eût pas donné, il fût devenu hydrophobe; mais il n'eût jamais, par un moyen ingénieux, amené à lui cette proie qu'il ne pouvait atteindre.

Quant à Cartouche, c'était autre chose. Les premiers essais étaient les mêmes, et par conséquent aussi infructueux que ceux de Pyrame. Mais ensuite il réfléchissait, passait une de ses pattes sur son museau; puis, tout à coup, comme illuminé par une idée subite, il se retournait, ajoutant la longueur de son corps à la longueur de sa chaîne, attirait l'os dans le cercle de sa royauté, à l'aide d'une de ses pattes de derrière, se retournait, prenait l'os, et rentrait dans sa cabane, d'où il ne le rejetait que net et poli comme de l'ivoire.

Pyrame vit dix fois Cartouche opérer cette manœuvre; Pyrame poussait des rugissements de jalousie en écoutant les dents de son camarade crier sur l'os que celui-ci était en train de ronger; mais jamais, je le répète, Pyrame n'eut l'intelligence d'en faire autant que lui, et de se servir de sa patte de derrière, comme d'un croc, pour attirer la pâture placée hors de sa portée.

Dans mille autres cas, l'intelligence de Cartouche était supérieure, comme dans celui-ci à l'intelligence de Pyrame, quoique son éducabilité demeurât toujours inférieure. Mais on sait une chose, c'est que, chez les animaux, comme chez les hommes, l'éducabilité, non-seulement n'est pas toujours, mais même n'est presque jamais en harmonie avec l'intelligence.

On me demandera d'où venait cette injustice de tenir continuellement Cartouche à l'attache, tandis que Pyrame avait ses heures de liberté? C'est que Pyrame n'était gourmand que par besoin, tandis que Cartouche était destructeur par instinct. Un jour, il rompit sa chaine, passa de notre cour dans la basse-cour du voisin Mauprivez. En moins de dix minutes, il avait étranglé dix-sept poules et deux coqs.

Dix-neuf fois homicide! il fut impossible de faire valoir en sa faveur des circonstances atténuantes : il fut condamné à mort, et exécuté.

Pyrame resta donc seul maître de la place, ce qui, à la honte de son cœur, parut lui faire un sensible plaisir.

Son appétit même sembla augmenter dans la solitude,

Cet appétit, à la maison, était un défaut; mais, en chasse, c'était un vice. Presque toujours, la première pièce que je lui tuais devant le nez, si c'était une pièce de menu gibier, perdrix, perdreau ou caille, était une pièce perdue. Sa large gueule s'ouvrait, et, grâce à un mouvement rapide d'aspiration, la pièce de gibier disparaissait dans le gosier de Pyrame. Bien rarement arrivais-je assez à temps pour apercevoir, en lui rouvrant la gueule, les dernières plumes de la queue de l'animal disparaissant au fond de son gosier.

Alors, un coup de cravache vigoureusement appliqué sur les reins du coupable le corrigeait pour le reste de la chasse, et il était rare qu'il retombât dans la même faute; mais, entre une chasse et l'autre, il avait presque toujours eu le temps d'oublier la correction précédente, et c'était une nouvelle dépense de lanières à faire.

Deux autres fois, cependant, les gloutonneries de Pyrame avaient mal tourné pour lui.

Un jour, nous chassions, de Leuven et moi, dans les marais de Pondron. C'était sur un emplacement où l'on avait fait une double récolte dans l'année. La première récolte avait été celle d'un petit taillis d'aunes. Le propriétaire du terrain, après avoir coupé son taillis, l'avait ébranché, scié et mis en corde.

Puis il s'était occupé de la seconde récolte, qui était celle du foin.

Cette récolte, on était en train de la faire.

Seulement, comme c'était l'heure du déjeuner, les faucheurs

avaient déposé leurs faux, les uns ci, les autres là, et déjeunaient auprès d'une petite rivière dans laquelle ils trempaient leur pain dur.

L'un d'eux avait déposé la sienne contre un de ces tas de bois carrés, hauts de deux pieds et demi à peu près, disposés par stère ou demi-stère.

Une bécassine me part; je la tire et la tue, et elle tombe derrière le tas de bois contre lequel est déposée la faux.

C'était la première pièce que je tuais de la journée, par conséquent celle que Pyrame avait l'habitude de gaspiller.

Aussi, avec une intelligence parfaite, à peine voit-il la bécassine, arrêtée dans son vol, tomber verticalement derrière le tas de bois, qu'il s'élance par-dessus ce tas de bois, pour tomber aussitôt qu'elle, et ne pas perdre de temps.

Comme je savais d'avance que c'était une pièce de gibier perdue, je ne me pressais pas trop d'aller entrevoir, dans les profondeurs du gosier de Pyrame, les plumes de la queue de ma bécassine, lorsque, à mon grand étonnement, je ne vois pas plus reparaître Pyrame que s'il fût tombé dans un gouffre invisible, creusé derrière le tas de bois.

Mon fusil rechargé, je me décidai à approfondir ce mystère.

Pyrame était retombé de l'autre côté du tas de bois, le cou sur la pointe de la faux; cette pointe, entrée à la droite du pharynx, par la partie antérieure du cou, sortait de quatre pouces par la partie supérieure.

Le malheureux Pyrame n'osait bouger, et perdait tout son sang; la bécassine, intacte, était à six pouces de son nez.

Nous le soulevâmes, Adolphe et moi, de manière à produire le moins de déchirement possible; nous le portâmes à la rivière, nous le lavâmes à grand eau; puis je lui fis une compresse avec mon mouchoir, plié en seize, compresse que nous assujettîmes, autour de son cou, avec le foulard d'Adolphe. Ensuite, voyant passer un paysan d'Haramont, conduisant un âne porteur de deux paniers, nous mîmes Pyrame dans un de ces paniers, et nous le fîmes transporter à Haramont, où, le lendemain, je le fis prendre dans une petite voiture.

Pyrame fut huit jours entre la vie et la mort. Pendant un

mois, il porta sa tête de côté, comme le prince Tuffiakine. Enfin, six semaines après, il avait repris l'élasticité de ses mouvements, et paraissait avoir complétement oublié cette terrible catastrophe.

Seulement, toutes les fois qu'il apercevait une faux, il faisait un immense détour pour ne pas se trouver en contact avec le dangereux instrument.

Un autre jour, il revint à la maison, le corps troué comme une écumoire. En se promenant seul dans la forêt, il avait pris sa belle, et il avait sauté à la gorge d'un chevreuil; le chevreuil avait crié; un garde, qui était à deux cents pas peut-être, était accouru; mais, avant que le garde eût franchi cette distance de deux cents pas, le chevreuil était à moitié dévoré.

Cependant, en voyant approcher le garde, en entendant ses jurements, Pyrame comprit qu'il allait se passer quelque chose de grave entre lui et cet homme vêtu de bleu. Il prit ses deux jambes de devant à son cou, les deux autres à son derrière, et partit à grande vitesse. Mais, comme dit Vendredi, de robinsonesque mémoire : « Petit plomb à moi courir plus vite que toi! » Le petit plomb du garde courut plus vite que Pyrame, et Pyrame revint à la maison criblé de *huit*.

On sait l'événement qui lui était arrivé dix minutes après mon retour.

A huit jours de là, il rentra tenant à la gueule un mou de veau.

Un couteau lui tremblait dans le corps.

Derrière lui, un des fils Mauprivez parut.

— Ah çà! dit-il, ce n'est donc pas assez que votre gueux de Pyrame emporte notre boutique pièce à pièce, il faut qu'il emporte aussi mon couteau?

Voyant que Pyrame emportait un mou de veau, le fils Mauprivez lui avait lancé le couteau que les bouchers passent d'ordinaire à leur ceinture; mais, comme le couteau était entré de trois ou quatre pouces dans la cuisse de Pyrame, Pyrame avait emporté la viande et le couteau.

Mauprivez rattrapa son instrument; mais, quant au mou de veau, il était déjà dévoré.

Juste au moment où, par tous ces méfaits successifs, Pyrame avait encouru, non-seulement notre réprobation particulière, mais encore la réprobation générale, une occasion avantageuse s'offrit de m'en défaire.

Comme cette occasion revêtit pour moi toutes les formes du miracle, qu'on me permette de ne pas anticiper sur les événements, et de raconter le miracle à son jour et à son heure.

Occupons-nous, pour le moment, de ce retour inattendu de l'enfant prodigue à la maison maternelle, retour dont Pyrame et Cartouche nous ont épisodiquement écartés.

LXVIII

Espoir en Laffitte. — Espoir déçu. — Projets nouveaux. — M. Lecornier. — Comment et à quelles conditions je m'étais habillé à neuf. — Bamps, tailleur, rue du Helder, 12. — Bamps à Villers-Cotterets. — Je visite avec lui notre propriété. — Pyrame suit un boucher. — Un caprice d'Anglais. — Je vends Pyrame. — Mes premiers cent francs. — L'emploi qu'ils ont. — Bamps repart pour Paris. — Crédit ouvert.

Quoique j'eusse répondu à ma mère que mon retour n'était que provisoire, comme disait M. Lefèvre, elle s'était bien doutée, au fond, que ce retour était définitif.

Son doute se changea en certitude, quand elle se vit passer le dimanche, le lundi, le mardi, sans que je parlasse de retourner à Crépy; mais, pauvre mère! elle ne me dit pas un mot de cette catastrophe; il lui en avait tant coûté de se séparer de moi, que, puisque Dieu m'avait renvoyé à elle, elle me rouvrait maternellement sa porte, ses bras et son cœur.

Au reste, j'avais quelque espoir : Adolphe m'avait promis de faire faire pour moi des démarches auprès de M. Laffitte, le banquier; si M. Laffitte m'accordait une place dans ses bureaux, où l'on était occupé de dix heures à quatre heures, il nous resterait toute la soirée et toute la matinée pour travailler.

D'ailleurs, ne restât-il pas de temps, on en ferait. Le principal était d'être à Paris, l'important était d'allumer notre pauvre chandelle au foyer universel, immense, éblouissant, qui éclairait le monde.

Quinze jours après mon retour de Crépy, je reçus une lettre d'Adolphe. Les demandes avaient échoué, les bureaux de M. Laffitte regorgeaient d'employés; on parlait de faire une épuration.

Dès lors, je résolus de mettre en pratique, à la première occasion, le projet que j'avais arrêté pendant la dernière nuit d'insomnie que j'avais passée chez M. Lefèvre.

Ce projet était parfaitement simple, et, par sa simplicité même, il me paraissait propre à réussir.

Je choisissais, dans le portefeuille de mon père, une douzaine de lettres du maréchal Jourdan, du maréchal Victor, du maréchal Sébastiani, de tous les maréchaux qui vivaient encore enfin, et avec lesquels mon père avait été en relations. Je réunissais une petite somme. Je partais pour Paris; je faisais des démarches auprès de ces anciens amis de mon père; ils en faisaient de leur côté, et c'était bien le diable si quatre ou cinq maréchaux de France, dont un était ministre de la guerre, n'arrivaient pas, en réunissant leurs influences, à trouver une place de douze cents francs au fils de leur ancien compagnon d'armes.

Mais tout cela, qui a l'air simple et naïf, au premier coup d'œil, comme une pastorale de Florian, était d'une exécution assez difficile. La petite somme, si petite qu'elle fût, n'était point aisée à réunir; d'ailleurs, une dépense que j'avais faite inconsidérément à Crépy vint compliquer la situation.

A Crépy, je m'étais lié avec un jeune homme qui avait habité Paris : on le nommait Lecornier. C'était le frère de cette gracieuse personne dont j'ai consigné le prénom dans un de mes précédents chapitres, — vous vous le rappelez, quoiqu'il n'ait été prononcé qu'une fois, ce charmant nom d'Athénaïs, qui veut dire Athènes, Minerve, Pallas, chose que bien certainement ignorait celle qui le portait.

Donc, honteux d'aller dans le monde aristocratique de Crépy avec mes vieux habits de Villers-Cotterets, j'avais obtenu, comme j'étais absolument de la même taille que Lecornier, qu'il écrivît à son tailleur de me faire un habit, un gilet et un pantalon.

Lecornier avait écrit; j'avais envoyé mes vingt francs à valoir sur la fourniture, et, quinze jours après, le tailleur m'avait expédié les effets avec la facture de cent cinquante-cinq francs, sur laquelle les vingt francs que j'avais envoyés étaient portés en à-compte.

Il était convenu que le reste de la facture se payerait par vingt francs, et mois par mois.

Le tailleur se nommait Bamps, et logeait rue du Helder, n° 12.

On voit, au chiffre de la fourniture, que, quoique Bamps logeât dans le quartier fashionable, ce n'était ni un Chevreuil ni un Staub; non, c'était un industriel à prix doux, égaré hors du quartier latin, où il eût dû toujours rester.

Mais, par cela même qu'il faisait de petites affaires, Bamps avait d'autant plus besoin de leur petit produit.

Quelque économie que j'eusse appelée à mon aide, je n'avais pu, le mois suivant, mettre de côté les vingt francs promis.

Ne les ayant pas, je n'avais donc pu les envoyer.

Cette première infraction à notre traité avait inspiré des inquiétudes à Bamps. — Cependant Bamps connaissait Lecornier comme appartenant à une famille, sinon riche, du moins aisée; Lecornier tenait, avec une exactitude scrupuleuse, ses engagements envers lui; il devait donc attendre, avant de manifester son souci.

Le second mois arriva. Il y avait même impossibilité de ma part, et, en conséquence, redoublement d'inquiétude de la part de Bamps.

Sur ces entrefaites, j'avais quitté Crépy — on sait dans quelles circonstances — et j'étais revenu à Villers-Cotterets.

Cinq ou six jours après mon départ, Bamps, de plus en plus inquiet, avait écrit à Lecornier.

Lecornier avait répondu en indiquant ma nouvelle adresse.

Il en résulta qu'un jour, — vers le commencement du troisième mois depuis la fourniture, — comme je flânais sur le seuil de la porte, une heure sonnant au clocher de la ville, la diligence venant de Paris s'arrêta sur la place, et il en descendit un voyageur qui fit au conducteur deux ou trois questions, s'orienta, et vint droit à moi.

Je devinai une partie de la vérité. Bamps marchait les genoux en dehors comme Duguesclin, et il fallait certainement être homme d'armes ou tailleur pour marcher ainsi.

Je ne m'étais pas trompé : l'inconnu vint droit à moi, et se fit connaître ; c'était Bamps.

Il s'agissait de jouer quelque chose comme la scène de don Juan et de M. Dimanche ; ce qui était d'autant plus difficile que je n'avais jamais lu *Don Juan*.

Cependant l'instinct suppléa à l'instruction.

Je reçus Bamps à merveille ; je le présentai à ma mère, à laquelle, par bonheur, j'avais touché quelques mots de cette première dette ; je le fis rafraîchir, et lui proposai de s'asseoir, ou, à son choix, de venir visiter notre propriété.

Dans la situation de Bamps, le choix était fait d'avance : il préféra visiter *notre propriété*.

Maintenant, qu'était-ce que cette propriété dont le lecteur m'a déjà entendu parler, mais qu'il a certainement oubliée?

Cette propriété, c'était cette maison de M. Harlay dont ma mère payait la rente viagère depuis quelque chose comme quarante ans !

M. Harlay était mort pendant mon séjour chez maître Lefèvre ; mais, comme s'il en eût fait le pari, il était mort le jour anniversaire de sa naissance, lequel terminait triomphalement sa quatre-vingt-dixième année !

Malheureusement, cette mort ne nous avait pas porté un grand profit. Ma mère avait emprunté, sur la maison et le jardin, à peu près la valeur de la maison et du jardin ; de sorte que, par cet héritage, nous n'étions ni plus riches ni plus pauvres ; et même, comme il y avait eu certains droits à payer, je me hasarderai à dire que nous étions plus pauvres, au lieu d'être plus riches.

Mais Bamps ignorait ces détails. Je lui proposai donc, comme je l'ai dit, de venir faire un tour dans nos propriétés.

Il accepta. Je détachai Pyrame, et nous sortîmes.

Au bout de cinquante pas, Pyrame nous quitta pour suivre un boucher qui passait avec une moitié de mouton sur son épaule.

Je consigne ce fait qui, tout insignifiant qu'il paraît au premier abord, ne fut pas sans influence sur ma destinée. Car que serait-il arrivé de moi et de Bamps, si ce boucher, nommé Valtat, n'avait point passé, et si Pyrame ne l'avait pas suivi?

Nous continuâmes notre chemin, sans nous occuper de Pyrame. A tout moment, l'homme coudoie un grand événement sans le voir et sans le sentir.

Nous fûmes bientôt arrivés. La maison de M. Harlay, devenue la nôtre, était située elle-même sur la place de la Fontaine, à deux cents pas, peut-être, de celle que nous habitions.

J'avais pris les clefs : j'ouvris les portes, et nous commençâmes par visiter l'intérieur de la maison.

Il n'était pas propre à inspirer une grande confiance : tout y avait vieilli avec le bonhomme qui venait d'y mourir, lequel se serait bien gardé d'y faire une seule réparation, attendu, disait-il, qu'elle durerait toujours bien autant que lui.

Elle avait duré autant que lui, c'était vrai; mais, néanmoins, il était temps qu'il mourût.

S'il eût tardé seulement un an ou deux à prendre ce parti, c'était lui qui durait plus que la maison.

L'intérieur de notre pauvre propriété offrait donc l'aspect du plus triste abandon, du plus complet délabrement.

Les parquets étaient défoncés, les papiers déchirés, les carreaux cassés.

Bamps secouait la tête, et, dans son baragouin, moitié alsacien, moitié français :

— Z'èdre en pien maufais édat, disait-il. Ah! mon Tieu! mon Tieu!

Bien certainement j'eusse offert à Bamps la maison en échange de sa facture, qu'il n'en aurait pas voulu.

Quand la maison fut visitée :

— Allons voir le jardin maintenant, dis-je à Bamps.

— Il édre-dil en auzi maufais édat que la maison, le chartin? demanda-t-il.

— Dame!... tout cela est un peu abandonné; mais maintenant que c'est à nous...

— Il fa valloir peaucoub d'archent pour endredenir cette fieille gargotte, fit judicieusement observer Bamps.

— Bah! on en trouvera, répondis-je, si ce n'est pas dans notre poche, ce sera dans celle des autres.

— Pon! alors, si fous en droufez, dant mieux!

Nous avions traversé la cour, et nous entrions dans le jardin.

C'était au commencement d'avril; il venait de s'écouler deux ou trois belles journées, — vous savez, de ces journées qui, comme des servantes fidèles, plient le manteau blanc de l'hiver, et déplient la robe verte du printemps.

Or, le jardin, tout abandonné qu'il était comme les appartements, poursuivait son œuvre de vie, en opposition avec l'œuvre de mort de la maison.

La maison vieillissait tous les ans; tous les ans, le jardin rajeunissait.

On eût dit que les arbres, pour un bal donné par la forêt, s'étaient fait poudrer : pommiers et poiriers en blanc, pêchers et amandiers en rose.

Rien n'était jeune, rien n'était frais, rien n'était vivant comme ce jardin du mort.

Tout se réveillait avec cette nature, qui se réveillait elle-même; les oiseaux commençaient à chanter, et trois ou quatre papillons, trompés par ces fleurs et par ce premier rayon de soleil, voletaient encore engourdis; pauvres éphémères, nés le matin, et qui devaient mourir le soir!

— Eh bien, demandai-je à Bamps, que dites-vous du jardin?

— Ah! il édre drès-choli; c'èdre malheureux gu'il ne zoit bas tans la rue de Rifoli.

— Il y aura pour plus de cent écus de fruits, voyez-vous, dans ce jardin-là.

— Foui, s'il ne fient pas de maufaises chelées!

Nous fîmes le tour du jardin ; puis, lorsque je crus voir que la satisfaction l'emportait sur le doute, je ramenai Bamps à la maison.

Le dîner nous attendait. Je crois que le dîner fit passer Bamps de la satisfaction au doute.

— Eh pien, me dit-il, quand il eut pris sa tasse de café et sa goutte de cognac, nous allons un beu barler de nos betides avaires.

— Comment donc, mon cher Bamps ! volontiers.

Ma mère poussa un soupir.

— Foilà, continua Bamps, la vagdure, il édre de cent cinguante-zingue francs.

— Sur lesquels je vous en ai donné vingt.

— Zur lesquels vous m'en afre tonné fingt : restent cent drende-zingue. Sur ces cent drende-zingue, fous tefiez m'en tonner fingt par mois. Il y a teux mois t'écoulés : cela fait guarande que fous me tevez.

— Quarante juste, mon cher, vous comptez comme Barême.

— Foui, che gompde pien.

La situation devenait embarrassante. En ouvrant le comptoir de ma pauvre mère, et en le grattant jusqu'au dernier sou, on n'y eût certes pas trouvé les quarante francs réclamés. Juste en ce moment-là, la porte s'ouvrit.

— M. Dumas est-il ici ? demanda une voix des plus vulgaires.

— Oui, M. Dumas est ici, répondis-je de mauvaise humeur. Que lui voulez-vous ?

— Ce n'est pas moi qui lui veux.

— Et qui donc, alors ?

— Un Anglais qui est chez M. Cartier.

— Un Anglais ? répétai-je.

— Oui, un Anglais qui est très-pressé de vous voir.

C'était bien mon affaire ! si pressé que fut l'Anglais de me voir, il ne l'était pas autant que je l'étais, moi, de quitter Bamps.

— Mon cher Bamps, lui dis-je, je reviens; attendez-moi. A mon retour, nous finirons nos comptes.

— Refenez vite, il vaut que je rebarte ce soir.

— Soyez tranquille, je ne fais qu'aller et venir.

Je pris ma casquette, et je suivis le garçon d'écurie, qui avait déclaré à ma mère, fort surprise, qu'il avait ordre de ne pas revenir sans moi.

Cartier, chez lequel était l'Anglais qui me faisait demander, était un vieil ami de notre famille, aubergiste à la *Boule d'or*, hôtel situé à l'extrémité est de la ville, sur la route de Soissons. C'était chez lui qu'on prenait les diligences. Il n'y avait donc rien d'étonnant à ce que l'Anglais qui me faisait demander fût chez lui; ce qu'il y avait d'étonnant, c'est que cet Anglais me fît demander.

Lorsque je parus dans la cuisine, le père Cartier, qui se chauffait, selon son habitude, au coin du feu, s'approcha de moi.

— Viens vite, me dit-il; je crois que je vais te faire faire une bonne affaire.

— Ah! ma foi, elle sera la bienvenue, répondis-je; jamais je n'ai eu tant besoin de faire une bonne affaire.

— Alors, suis-moi.

Et Cartier, marchant devant moi, me conduisit à un petit salon où dînaient les voyageurs.

Au moment où nous ouvrîmes la porte, nous entendîmes une voix qui disait avec un accent anglais fortement prononcé :

— Prenez garde! master le hôte, le *dog* ne pas connaître moi, et sauver lui.

— Ne craignez rien, milord, répondit Cartier, j'amène son maître.

Pour tout aubergiste, un Anglais a droit au titre de milord; aussi n'épargne-t-on pas ce titre; il est vrai qu'en général on le fait payer.

— Ah! entrez, sir, dit l'Anglais, essayant de se soulever en appuyant les deux bras sur les bras de son fauteuil.

Il n'y put réussir.

Ce que voyant, je m'empressai de lui dire :

— Ne vous dérangez pas, monsieur, je vous prie.

— Oh! je ne dérange pas moâ, dit l'Anglais retombant dans son fauteuil avec un grand soupir.

Le temps qu'il mit à se soulever et à retomber dans son fauteuil avec ce mouvement d'élévation et d'affaissement dont peut donner l'idée une omelette soufflée qui crève, fut employé par moi à jeter vivement les yeux sur lui et autour de lui.

C'était un homme de quarante à quarante-cinq ans, d'un blond rouge, avec les cheveux coupés en brosse et les favoris taillés en collier ; il avait un habit bleu à boutons de métal, un gilet chamois, une culotte de casimir gris, avec des guêtres de pareille couleur, comme en portent les grooms.

Il était assis devant la table où il venait de dîner. Cette table offrait les débris d'un repas de six personnes.

Il pouvait peser de trois cents à trois cent cinquante livres.

A terre, assis mélancoliquement le derrière sur le parquet, était Pyrame ; autour de Pyrame gisaient, étincelantes, dix ou douze assiettes récurées avec cette propreté que je lui connaissais à l'endroit des assiettes sales.

Cependant, sur une dernière, restaient quelques reliefs non achevés.

C'étaient ces reliefs non achevés qui devaient être la cause de la mélancolie de Pyrame.

— Venez parler à moà, monsieur, s'il vos plaît, me dit l'Anglais.

Je m'approchai. Pyrame me reconnut, bâilla en signe de reconnaissance, se coucha sur son ventre pour se rapprocher de moi autant que possible, allongeant ses pattes sur le parquet, et son museau sur ses pattes.

— Me voici, monsieur, dis-je à l'Anglais.

— Bien ! fit-il.

Puis, après une pause :

— Le *dog* à vos, il plaît à moà, dit-il.

— C'est bien de l'honneur pour lui, monsieur.

— Et l'on a dit à moà que vos consentiriez peut-être à le vendre à moà, si je vos en priais fort bien.

— Il ne faudra pas m'en prier fort bien, monsieur ; je cherchais à m'en défaire, et, du moment où il vous fait plaisir...

— Oh ! oui, il fait plaisir à moà !

— Eh bien, prenez-le.

— Oh! je ne demande pas le *dog* pour rien.

Cartier me poussait le coude.

— Monsieur, lui dis-je, je vous ferai observer que je ne suis pas marchand de chiens; on m'a donné celui-ci, je vous le donne.

— Oui; mais il a coûté le nourriture à vos?

— Oh! la nourriture d'un chien n'est pas chère.

— N'importe, il est juste que je le paye, le nourriture... Combien y a-t-il de temps que vos ayez le *dog*?

— Deux ans, à peu près.

— Je vos devé son nourriture pendant deux ans.

Cartier continuait à me pousser le coude.

De mon côté, je commençais à comprendre que la nourriture du chien allait merveilleusement m'aider à payer l'habit du maître.

— Eh bien, soit, dis-je, vous me payerez sa nourriture.

— Estimez le nourriture.

— Que pensez-vous de cinquante francs par an?

— Oh! oh!

— Est-ce trop? demandai-je.

— Au contraire, je trouvé que ce n'être pas assez : le *dog*, il mangé beaucoup.

— Oui, c'est vrai, monsieur, je voulais même vous en prévenir.

— Oh! je l'ai vu, mais je aimé, moà, les animals et les gens qui mangé beaucoup; c'est qu'ils ont un bon estomac, et le bon estomac, il faisé le bon humour.

— Eh bien, alors, vous serez servi à votre guise.

— Vos disé donc que c'été dix napoléons?

— Non, monsieur, j'ai dit cinq napoléons.

Cartier me poussait de plus en plus le coude.

— Ah! cinq napoléons?... Vos ne voulé pas dix?

— Non, monsieur, et encore est-ce parce que cinq napoléons me tirent d'un grand embarras dans ce moment-ci.

— Volez-vos quinze napoléons? Je trouvé que le *dog*, il valé quinze napoléons.

— Mais non, mais non; donnez-moi cinq napoléons, et le chien est à vous.

— Comment il appelé lui, le *dog?*

— Pyrame.

— Pyrame! fit l'Anglais.

Pyrame ne bougea pas.

— Oh! continua l'Anglais, comment dites-vos qu'il appelé lui?

— Je vous ai dit Pyrame.

— Il n'avé pas bougé quand j'ai appelé lui.

— C'est qu'il n'est pas encore habitué à la prononciation.

— Oh! il habituera lui.

— Cela ne fait pas de doute.

— Vos croyez?

— J'en suis sûr.

— Bon! je rends grâce à vos, monsieur; voilà les cinq napoléons.

J'hésitais à les prendre; mais il y avait eu, dans l'accent anglais avec lequel avaient été prononcés les dernières paroles, une intonation qui m'avait si cruellement rappelé l'accent allemand de Bamps, que je me décidai.

— Je vous remercie, monsieur, lui dis-je.

— C'est moi qui remercié vos, au contraire, répondit l'Anglais en essayant de se lever de nouveau, tentative qui fut aussi malheureuse que la première.

Je lui fis un signe de la main, tout en saluant; il retomba dans son fauteuil, et je sortis.

— Ah çà! demandai-je au père Cartier, comment donc se fait-il que Pyrame soit tombé dans les mains d'un pareil maître?... Il est né coiffé, ce gaillard-là!

— C'est la chose la plus simple : Valtat m'apportait une moitié d'agneau; Pyrame a senti la chair fraîche, il a suivi Valtat. Valtat venait ici, Pyrame est venu ici. L'Anglais descendait de voiture; il a vu ton chien. On lui a recommandé l'exercice de la chasse; il m'a demandé si le chien était bon; je ai lui dit que oui. Il m'a demandé à qui était le chien; je lui ai dit qu'il était à toi. Il m'a demandé si tu consentirais à le vendre; je lui ai dit que j'allais t'envoyer chercher, et qu'il s'en informerait à toi-même. Je t'ai envoyé chercher... tu es venu... te voilà... Pyrame est vendu et tu n'en es pas fâché?

— Ma foi, non! Le gredin était si voleur, que j'aurais été obligé de le donner ou de lui casser la tête... Il nous ruinait!

Cartier fit un mouvement des épaules, qui voulait dire : « Ce n'est pas difficile! »

Puis, passant à un autre ordre d'idées :

— Te voilà donc revenu? me dit-il.

— Vous le voyez bien.

— Tu t'ennuyais à Crépy?

— Je m'ennuie partout.

— Que veux-tu donc faire?

— Parbleu! je veux aller à Paris.

— Et quand pars-tu?

— Peut-être plus tôt que vous ne croyez.

— Ne pars pas sans me donner ma revanche.

— Soyez tranquille!

Avant de partir pour Crépy, j'avais battu Cartier à plate couture au billard.

— D'ailleurs, repris-je, si je pars, comme je ne partirai que par votre voiture, vous m'arrêterez sur le marchepied.

— C'est dit... Mais, cette fois, ce sera une partie à mort.

— A mort!

— Il faudra que les cinq napoléons restent sur la place.

— Vous savez que je ne joue jamais d'argent, et, quant à mes cinq napoléons, ils ont leur emploi.

— Allons, c'est bien... Adieu.

— Au revoir.

Et je quittai Cartier, avec un engagement pris. On verra où me conduisit cet engagement.

En rentrant à la maison, je trouvai Bamps, qui commençait à s'impatienter. La première voiture allant à Paris passait par Villers-Cotterets à huit heures du soir : il en était sept.

— Ah! pon, dit-il, fous foilà!... Che ne gompdais blus sur fous.

— Comment! dis-je en imitant son jargon, fous ne gompdiez blus sur moi?

Puissance admirable de l'argent! je me moquais de Bamps, qui, une heure auparavant, me faisait frissonner de terreur.

Bamps fronça le sourcil.

— Nous tisons dong? fit-il.

— Nous disons que je vous dois vingt francs par mois; qu'il y a deux mois écoulés sans payement, et que, par conséquent, je vous dois quarante francs.

— Fous me tevez guarande vrancs.

— Eh bien, mon cher Bamps, les voici!

Et je jetai deux napoléons sur la table, en ayant soin de faire voir les trois autres au fond de ma main.

Ma pauvre mère me regarda avec le plus profond étonnement.

Je la rassurai d'un signe.

Le signe fit cesser la crainte, mais non l'étonnement.

Bamps examina ces deux napoléons, les frotta pour s'assurer qu'ils n'étaient pas faux, et les fit couler l'un après l'autre dans sa poche.

— Fous n'afre pesoin de rien? demanda-t-il.

— Non, merci, très-cher... D'ailleurs, je compte aller à Paris d'ici à peu de temps.

— Fous safez que je rediens fodre bradigue.

— Soyez tranquille, mon cher Bamps, c'est à la vie, à la mort! Mais, si vous voulez partir à huit heures?...

— Gomment, si je feux bartir? che grois pien!

— Eh bien, il n'y a pas de temps à perdre.

— Tiable! tiable!

— Vous savez où s'arrête la voiture?

— Foui.

— Eh bien, bon voyage.

— Atieu, monsir Toumas! Atieu, matame Toumas!... Atieu, atieu!

Et Bamps, enchanté non-seulement d'avoir touché quarante francs, mais encore d'être un peu rassuré sur sa créance, partit, en nous envoyant ses dernières bénédictions, de toute la vitesse de ses petites jambes.

Ma mère lui laissa le temps de refermer les deux portes.

— Mais, malheureux enfant, demanda-t-elle, où donc t'es-tu procuré de l'argent?

— Ma mère, j'ai vendu Pyrame.

— Combien?

— Cent francs.

— De sorte qu'il te reste soixante francs?

— A ton service, bonne mère.

— Je suis bien forcée de les prendre. J'ai deux cents francs à payer demain à l'entreposeur, et je n'en avais là que cent cinquante.

— Les voici... mais à une condition...

— Laquelle?

— C'est qu'au moment où je ferai mon voyage de Paris, tu me les rendras.

— Et avec quoi?

— Cela me regarde.

— Allons, soit... En vérité, je commence à croire que le bon Dieu est avec toi.

Sur quoi, nous allâmes nous coucher tous les deux, avec cette foi sainte qui ne m'a jamais abandonné.

Cependant, je doute que la foi de ma mère fût, à ce moment-là surtout, aussi robuste que la mienne.

LXIX

Ma mère est obligée de vendre ses terres et sa maison. — Ce qui nous reste. — Les Piranèses. — Un architecte à douze cents francs. — J'escompte mon premier billet. — Gondon. — Comment j'avais failli trépasser chez lui. — Les cinquante francs. — Cartier. — La partie de billard. — Comment six cents petits verres d'absinthe représentent douze fois le voyage de Paris.

Le moment approchait où ma pauvre mère serait bien forcée de prendre une résolution définitive.

Elle avait tant et si bien emprunté sur nos trente arpents de terre, loués à M. Gilbert de Soucy, et sur la maison que venait enfin de nous laisser M. Harlay, que la valeur de ces trente arpents et de la maison se trouvait à peu près absorbée par les emprunts. — Il fallait se décider à tout vendre.

Les trente arpents furent vendus à la criée, et rapportèrent trente-trois mille francs.

La maison fut vendue, à l'amiable, douze mille francs à ce même M. Picot qui m'avait fait faire mes premières armes à la chasse.

En tout quarante-cinq mille francs.

Nos dettes éteintes, les frais payés, il restait à ma mère deux cent cinquante-trois francs.

Comme quelques lecteurs optimistes pourraient croire que c'était de rente, je me hâte de dire que c'était de capital.

Il ne faut pas demander si ma pauvre mère fut triste en voyant un pareil résultat.

Jamais, nous ne nous étions, en réalité, trouvés si près de la misère.

Ma mère tomba dans un découragement profond.

Depuis la mort de mon père, nous avions constamment marché vers l'épuisement successif de toutes nos ressources.

La lutte avait été longue : de 1806 à 1823! Elle avait duré dix-sept ans; mais, enfin, nous étions vaincus.

Quant à moi, je ne m'étais jamais senti si gai et si confiant.

Je ne sais ce que j'ai fait de bon, soit dans ce monde, soit dans les autres mondes où j'ai vécu avant de vivre dans celui-ci, mais Dieu a pour moi des faveurs spéciales, et, dans toutes les situations graves où je me suis trouvé, il est venu visiblement à mon secours.

Aussi, mon Dieu! je confesse bien hautement et bien humblement votre nom en face des croyants comme en face des impies, et je n'ai pas même, en faisant cela, le mérite de la foi, j'ai simplement celui de la vérité.

Car, si vous m'étiez apparu, à cette époque où je vous invoquais, ô mon Dieu! et si vous m'aviez demandé : « Enfant, dis hardiment ce que tu veux, je n'eusse jamais osé implorer de votre bonté infinie la moitié des faveurs que vous m'avez accordées.

Ma mère m'annonça donc que, toutes nos dettes payées, il nous restait deux cent cinquante-trois francs.

— Eh bien, dis-je à ma mère, tu vas me donner les cinquante-trois francs; je partirai pour Paris, et, cette fois, je te promets de ne revenir que pour t'apporter une bonne nouvelle.

— Fais attention, mon pauvre enfant, dit ma mère, que c'est le cinquième de notre fortune que tu me demandes là.

— Tu te rappelles que tu me dois soixante francs?

— Oui; mais tu te rappelles que, lorsque je t'ai dit : « Avec quoi te rendrai-je ces soixante francs? » tu m'as répondu : « Cela me regarde. »

— Eh bien, cela me regarde en effet. — Veux-tu me donner les Piranèses qui sont là-haut dans le grand carton?

— Qu'est-ce que c'est que cela, les Piranèses?

— Ce sont ces grandes gravures noires que mon père a rapportées d'Italie.

— Qu'en feras-tu?

— J'en ai le placement.

Ma mère haussa les épaules d'un air de doute.

— Fais ce que tu voudras, dit-elle.

Il y avait, parmi les employés du dépôt de mendicité, un architecte nommé Oudet, qui avait la plus grande envie d'avoir nos Piranèses.

Je les lui avais toujours refusées, en lui disant qu'un jour viendrait où je les lui apporterais moi-même.

Le jour était venu.

Seulement, le jour était venu un mauvais jour.

Oudet n'avait pas d'argent.

C'était concevable. Oudet, comme architecte du château, avait cent francs par mois.

Il est vrai que je n'étais pas bien exigeant pour mes Piranèses, qui valaient bien cinq ou six cents francs; je ne demandais que cinquante francs.

Oudet offrait de me payer ces cinquante francs en trois mois.

En trois mois!... j'avais bien le temps d'attendre trois mois!
Je sortis de chez Oudet désespéré.

En sortant de chez Oudet, je rencontrai un autre de mes amis, nommé Gondon.

C'était un de mes amis de chasse surtout. Il avait une propriété à trois lieues de Villers-Cotterets, — à Cœuvre, pays de la belle Gabrielle, — et bien souvent nous avions passé là des semaines entières à chasser le jour, et à braconner la nuit.

Chez lui, un soir, j'avais failli mourir de la façon la plus ridicule de la terre.

C'était la veille d'une ouverture. Nous étions partis de Vilers-Cotterets, cinq ou six chasseurs, et nous étions venus nous établir chez Gondon, afin d'être à portée de nous mettre en chasse au point du jour.

Or, comme il n'y avait ni assez de chambres ni assez de lits pour tout le monde, on avait transformé le salon en un dortoir, aux quatre angles duquel on avait établi quatre lits, à l'aide de quatre matelats.

Les chandelles éteintes, la fantaisie prit à mes trois compagnons de se battre à coups de traversin.

Comme, je ne sais pourquoi, cette fantaisie ne me tenait pas comme les autres, je déclarai vouloir rester neutre.

Il en résulta qu'après un quart d'heure de combat entre les Autrichiens, les Russes et les Prussiens, — Autrichiens, Russes et Prussiens se firent alliés, et se réunirent pour tomber sur moi, qui représentais la France.

En conséquence, on se rua vers mon lit, et l'on se mit à me frapper avec les susdits traversins, comme, avec des fléaux, des batteurs en grange battent une gerbe.

Je tirai mon drap par-dessus ma tête, et j'attendis patiemment que l'orage fût passé, ce qui ne pouvait tarder, à la façon dont ils frappaient.

En effet, l'orage se calma.

Un des batteurs se retira, puis un autre.

Mais le troisième, qui était mon cousin Félix Deviolaine, soutenu sans doute par le sentiment de la parenté, continua de frapper malgré la retraite des autres.

Tout à coup, il s'arrêta, et je l'entendis regagner silencieusement son lit.

On eût dit qu'il venait de lui arriver quelque catastrophe dont il voulait dérober la connaissance à la société.

En effet, l'extrémité de son traversin opposée à celle qu'il tenait entre les mains venait de crever par la violence du coup, et toute la plume s'en était échappée.

Cette plume faisait montagne, juste à l'endroit où le drap qui protégeait ma tête faisait solution de continuité avec le traversin.

J'ignorais complétement l'événement.

Ne sentant plus frapper, ayant entendu mon dernier adversaire regagner son lit, je sortis doucement la tête, et, comme, depuis dix minutes, j'étouffais peu ou prou, selon que je serrais ou desserrais le drap, je respirai à pleins poumons.

J'avalai gros comme le bras de plumes.

La suffocation fut instantanée, presque complète. Je poussai un cri inarticulé, et, me sentant étrangler littéralement, je commençai à me rouler dans la chambre.

Mes compagnons crurent d'abord qu'à mon tour j'étais pris d'une fantaisie chorégraphique, comme ils avaient été pris d'une fantaisie guerrière ; mais ils entendirent enfin que les sons strangulés que je rendais portaient avec eux l'expression d'une vive douleur.

Gondon fut convaincu, le premier, qu'il se passait quelque chose de très-sérieux entre moi et un accident inconnu, avec lequel j'étais aux prises.

Félix, qui eût pu seul donner l'explication de mes culbutes et de mes sifflements, se tenait coi, et faisait semblant de dormir.

Gondon s'élança dans la cuisine, revint avec une chandelle, et éclaira la scène.

Je devais être d'un aspect fort grotesque, car, je dois le dire, l'éclat de rire fut universel.

En effet, si goulûment que j'eusse procédé, je n'avais pas avalé toute la plume et tout le duvet : une partie s'était attachée à mes cheveux crépus, et me donnait un faux air de ressemblance avec Polichinelle.

Ce faux air devenait un air véritable par le degré de rougeur auquel la strangulation que je subissais avait fait monter mon visage.

On jugea qu'il était urgent de me donner de l'eau.

Un de nos compagnons, nommé Labarre, courut en chemise à la pompe, et tira un pot d'eau qu'il m'apporta en riant.

Cette hilarité, au moment où mes tortures arrivaient à leur paroxysme, m'exaspéra. Je pris le pot par l'anse, et j'en lançai le contenu au derrière de Labarre.

L'eau était glacée.

Il résulta de cette température, peu en harmonie avec la chaleur naturelle du sang, de telles gambades et de tels spasmes de la part de l'aspergé, que, malgré toutes mes douleurs, l'envie de rire que j'avais donnée fut retournée. Je fis un effort différent de ceux que j'avais tentés jusque-là, et j'expectorai une portion de la plume et du duvet qui m'obstruaient le pharynx.

Dès ce moment, je fus sauvé.

Néanmoins, je crachai de la plume pendant huit jours, et je toussai pendant un mois.

Je demande pardon de la digression; mais, comme j'avais négligé d'inscrire cet important épisode de ma vie dans son ordre chronologique, on ne trouvera pas extraordinaire que j'aie saisi la première occasion qui s'est présentée de réparer cet oubli.

Je rencontrai donc Gondon en sortant de chez Oudet.

Il tenait cent francs dans sa main.

— Ah! pardieu! mon cher, lui dis-je, puisque vous êtes si riche, vous devriez bien prêter cinquante francs à Oudet.

— Pourquoi faire?

— Pour qu'il m'achète mes Piranèses.

— Vos Piranèses?

— Oui, je voulais partir pour Paris. Oudet m'avait offert de m'acheter mes Piranèses cinquante francs, et maintenant...

— Et maintenant, il ne veut plus?

— Au contraire, il en meurt d'envie; mais il n'a pas le sou, et ne peut me payer que dans trois mois.

— De sorte que ces cinquante francs vous font faute?

— Je crois bien.

— Et que vous voudriez les avoir?

— Parbleu!

— Attendez, peut-être allons-nous arranger cela.

— Oh! mon cher, tâchez.

— Il y a un moyen bien simple; je ne puis vous donner les cinquante francs, attendu que j'ai promis cent francs à mon tailleur pour aujourd'hui; mais qu'Oudet me fasse, à moi, un billet des cinquante francs, à trois mois, j'endosserai le billet, et je le donnerai au tailleur comme argent comptant.

Nous montâmes chez Oudet; Oudet fit le billet, et j'emportai l'argent en remerciant Gondon, et surtout Dieu, qui, avec sa bonté infinie, mettait sans cesse sur ma route le moyen de faire un pas de plus.

J'avais conduit Gondon jusque chez son tailleur. A la porte du tailleur, je rencontrai le père Cartier.

— Eh bien, garçon, me dit-il, te reste-t-il, sur la monnaie de ton chien, de quoi payer un petit verre à ton vieil ami?

— Oui, pourvu qu'il me le gagne au billard.

Et je fis sonner mes cinquante francs.

Je me retournai vers Gondon.

— Venez donc voir ce qui va se passer, lui dis-je.

— Allez devant; je vous rejoins... Chez Camberlin, n'est-ce pas?

— Chez Camberlin.

Camberlin, c'était le cafetier traditionnel; depuis la découverte du café et l'invention du billard, les Camberlin vendaient café, et tenaient billard de père en fils.

C'était chez Camberlin que mon grand-père allait tous les soirs faire sa partie de domino ou de piquet, jusqu'à ce que sa petite chienne Charmante vînt gratter à la porte, avec ses deux lanternes à la gueule.

C'était chez Camberlin que mon père et M. Deviolaine venaient vider leurs défis d'adresse au jeu, comme, sur un autre tapis vert, ils vidaient leurs défis d'adresse à la chasse.

C'était chez Camberlin, enfin, que, grâce à ces antécédents, j'avais pu, à peu près gratis, quand je perdais, commencer mon éducation de Philibert aîné, sous trois maîtres différents, qui avaient fini par me conduire à une force supérieure.

Ces trois maîtres étaient Cartier, avec lequel j'allais vider une vieille querelle; — Camusat, ce neveu d'Hiraux, qui rhabillait son oncle à la Râpée, quand on le lui expédiait de Villers-Cotterets en caleçon et en chemise; — et un nommé Gaillard, charmant garçon, joueur de première force à tous les jeux, qui, à ma grande satisfaction, avait remplacé, au dépôt de mendicité, M. Miaud, mon ancien rival..

J'étais donc devenu d'une force très-supérieure à celle de Cartier; mais, comme il n'en voulait pas convenir, il refusait invariablement les six points qu'invariablement je lui offrais avant de commencer la partie.

Au moment où nous essayions nos queues sur le billard, Gondon entra.

— Que prenez-vous, Gondon? lui dit Cartier. C'est Dumas qui paye.

— Je prends de l'absinthe; j'ai envie de bien dîner aujourd'hui.

— Ma foi, moi aussi, dit Cartier. Et toi ?

— Moi, vous savez que j'ai fait un vœu, c'est de ne prendre ni liqueur ni café.

A quel saint et à quelle occasion ai-je fait ce vœu ? Je n'en sais rien; mais, ce que je sais, c'est que je l'ai religieusement tenu.

— Nous disons donc deux petits verres d'absinthe, reprit Cartier continuant de goguenarder; tu en as pour tes six sous, garçon. Donne ton acquit.

En province, du moins à Villers-Cotterets, le petit verre d'absinthe coûtait trois sous.

— Mon cher Gondon, dis-je à mon tour, je ne ferai pas

d'autre prière que celle de mon oncle, le curé de Béthisy :
« Mon Dieu, ne soyez ni pour l'un ni pour l'autre, et vous allez voir un gaillard joliment rossé ! » Voulez-vous six points, père Cartier ?

— Allons donc ! fit dédaigneusement Cartier, en ramenant ma bille sur la jaune.

Nous jouions la russe, c'est-à-dire la partie à cinq billes, et en trente-six points. Je fis six fois la jaune, trois fois à la blouse de droite, trois fois à la blouse de gauche.

— Six fois six : trente-six ; première manche. Vos deux petits verres ne valent plus que trois sous, père Cartier.

— Quatre sous, tu veux dire.

— Non, attendu que je veux vous gagner la seconde manche.

— Allons donc !

— Voulez-vous six points ?

— Je te les rends, si tu veux.

— J'accepte ! Marquez-moi six points, Gondon ; j'ai mes projets sur le père Cartier, je veux qu'il contribue à mon voyage de Paris ; c'est chez lui qu'on prend les diligences.

A cette seconde manche, Cartier arriva jusqu'à douze.

A trente points, je tombai sur une série, j'en fis seize ; c'étaient quarante-six points au lieu de trente-six. Les six points restitués à Cartier, il m'en restait encore quatre que je pouvais lui offrir en retour.

Il les refusa avec sa dignité habituelle.

Mais Cartier était un homme démonté quand il avait perdu la première partie, d'autant plus démonté qu'alors il s'entêtait, et qu'une fois en train, il eût joué ses terres, son hôtel, ses casseroles et jusqu'aux poulets qui tournaient à sa broche.

Brave père Cartier ! il vit toujours ; à quatre-vingt-six ou quatre-vingt-sept ans, il est demeuré, entre ses deux enfants, d'une verdeur merveilleuse.

Je ne vais pas une fois à Villers-Cotterets que je ne lui fasse ma visite.

La dernière fois que je le vis, il y a un an à peu près, je lui fis compliment sur sa santé.

— Morbleu ! lui dis-je, mon cher Cartier, vous êtes comme

nos chênes, qui, lorsqu'ils ne poussent plus par en haut, poussent par en bas, et qui gagnent en racines ce qu'ils perdent en feuilles. Vous vivrez jusqu'au jour du jugement dernier.

— Oh! garçon, me dit-il, j'ai été bien malade; tu n'as donc pas su cela?

— Non, quand?

— Il y a trois ans et demi.

— Qu'avez-vous donc eu?

— J'ai eu mal aux dents.

— C'est votre faute, pourquoi avez-vous des dents à votre âge?

Ce jour-là, pauvre père Cartier! — je veux parler du jour de notre partie, — ce jour-là, pour me servir d'un terme de joueur, je lui arrachai une fameuse dent.

Nous jouâmes cinq heures de suite, et, toujours doublant, je lui gagnai *six cents petits verres d'absinthe.*

Nous y serions encore, et jugez quel océan d'absinthe Cartier me devrait, si Auguste ne fût venu le chercher.

Auguste était un des fils de Cartier; son père le craignait beaucoup; il mit un doigt sur sa bouche pour me recommander le silence. Je fus généreux comme Alexandre à l'endroit de la famille de Porus.

Je laissai Cartier libre, sans lui demander de gage.

Seulement, nous fîmes nos comptes, Gondon et moi.

Réduits en argent, les six cents petits verres d'absinthe produisaient un total de dix-huit cents sous, c'est-à-dire quatre-vingt-dix francs.

Je pouvais prendre douze fois la voiture de Paris, conducteur payé.

Ma mère avait bien raison de dire :

— Enfant, Dieu est avec toi.

Ma mère était fort inquiète quand je rentrai; elle savait de quelle folie j'étais capable, quand je m'étais chaussé une idée dans la tête. Ça fut donc avec une certaine inquiétude qu'elle me demanda d'où je venais.

D'ordinaire, quand je venais de chez Camberlin, je faisais

certaines façons avant de le lui avouer. Ma pauvre mère, devinant d'avance quelles passions devaient, un jour, bouillir dans ma tête, ma pauvre mère avait peur que le jeu ne fût une de ces passions-là.

Sur quelques autres points, elle devinait juste; mais sur celui-là, du moins, elle se trompait complétement.

Je lui contai donc ce qui venait d'arriver : comment les Piranèses avaient rapporté leurs cinquante francs, et comment M. Cartier s'était chargé du voyage.

Mais ces bénédictions du ciel portaient leur tristesse avec elles, car c'était notre séparation.

J'avais beau lui dire que cette séparation ne serait que momentanée, et qu'aussitôt que j'aurais une place de quinze cents francs, elle quitterait à son tour Villers-Cotterets, et viendrait me rejoindre; une place de quinze cents francs, c'était, aux yeux de ma mère, un eldorado fort difficile à découvrir.

LXX

Comment j'obtiens une recommandation auprès du général Foy. — M. Danré de Vouty décide ma mère à me laisser partir pour Paris. — Mes adieux. — Laffitte et Perregaux. — Les trois choses que maître Mennesson m'invite à ne point oublier. — Conseils de l'abbé Grégoire et dissertation avec lui. — Je quitte Villers-Cotterets.

Un matin, je dis à ma mère :

— As-tu quelque chose à faire dire à M. Danré? Je vais à Vouty.

— Que vas-tu faire chez M. Danré?

— Lui demander une lettre pour le général Foy.

Ma mère leva les yeux au ciel; elle se demandait d'où me venaient toutes ces pensées qui concouraient à un même but.

M. Danré était cet ancien ami de mon père, qui, ayant eu la main gauche mutilée à la chasse, s'était fait conduire chez nous. Là, on se le rappelle, l'ablation du pouce lui avait été très-habilement faite par le docteur Lécosse, et, comme ma mère avait eu les plus grands soins de lui pendant toute la durée de la maladie produite par cet accident, il nous portait dans son cœur, ma mère, ma sœur et moi.

C'était donc toujours avec un grand plaisir qu'il me voyait arriver, soit comme messager de maître Mennesson, son notaire, quand j'étais chez maître Mennesson, soit pour mon propre compte.

Cette fois, c'était pour mon propre compte.

Je lui exposai le motif de ma visite.

Lorsque le général Foy s'était mis sur les rangs pour la députation, les électeurs ne voulaient pas le nommer; mais M. Danré avait soutenu sa candidature, et, grâce à l'influence de M. Danré dans le département, le général Foy avait été élu.

On sait l'ascendant que l'illustre patriote avait pris à la Chambre.

Le général Foy n'était pas un orateur éloquent; c'était bien mieux que cela : c'était un cœur ardent, prêt à se mouvoir au souffle de toutes les nobles passions. Pas une haute question n'a passé devant lui, pendant tout le temps qu'il est resté à la Chambre, qu'il n'ait soutenu cette question, si elle était honorable, qu'il ne l'ait combattue, si elle était douteuse; il avait, à la tribune, des mots terribles, des ripostes de duel, des coups droits, presque toujours mortels à ses adversaires. Au reste, comme tous les hommes de cœur, il usa sa vie à cette lutte, la plus incessante et la plus acharnée de toutes : elle le tua en l'immortalisant.

Le général Foy, en 1823, était à l'apogée de la popularité, et, de ce faîte où il était parvenu, il donnait de temps en temps à M. Danré des signes de vie, lesquels prouvaient à l'humble fermier, qui, comme Philoctète, avait fait des souverains, mais n'avait pas voulu l'être, qu'il lui avait gardé une vive et reconnaissante amitié.

M. Danré ne répugna donc aucunement à me donner la lettre que je lui demandais : elle était des plus pressantes.

Puis, la lettre écrite, signée, cachetée, M. Danré s'informa de mes ressources pécuniaires. Je les lui mis sous les yeux, ainsi que les moyens ingénieux à l'aide desquels j'étais arrivé à ce résultat.

— Ma foi, dit-il, j'avais bien envie de t'offrir ma bourse; mais, en vérité, ce serait gâter l'ensemble de tes opérations. On n'arrive pas où tu es pour échouer; tu dois réussir avec tes cinquante francs, et je ne veux pas t'ôter le mérite de tout devoir à toi seul. Va donc en paix et avec courage! Si tu as absolument besoin de mes services, écris-moi de Paris.

— Ainsi vous avez bon espoir? dis-je à M. Danré.
— Excellent!
— Venez-vous jeudi à Villers-Cotterets?

Le jeudi était le jour du marché.

— Oui; pourquoi cela?
— Parce que je vous prierais, en ce cas, de faire partager cet espoir à ma mère; elle a une grande croyance en vous, et, comme chacun s'acharne à lui dire que je ne ferai jamais rien...

— Le fait est que tu n'as pas fait grand'chose, jusqu'à présent!

— Parce qu'on a voulu me pousser dans une voie qui n'était pas la mienne, cher monsieur Danré; mais vous verrez que, lorsqu'on me laissera faire librement ce à quoi je suis destiné, vous verrez que je deviendrai un grand travailleur.

— Prends garde! je m'y engagerai en ton nom vis-à-vis de ta mère.

— Vous le pouvez, je vous en réponds!

Le surlendemain, comme il était convenu, M. Danré vint à Villers-Cotterets, et vit ma mère. Je guettai son entrée; je laissai engager la conversation, et j'entrai à mon tour.

Ma mère pleurait, mais paraissait décidée.

En m'apercevant, elle me tendit la main.

— Tu es donc résolu à me quitter? dit-elle.

— Il le faut, ma mère; d'ailleurs, sois tranquille, si nous nous quittons cette fois-ci, ce ne sera pas pour longtemps.

— Oui, parce que tu échoueras, et que tu reviendras à Villers-Cotterets.

— Non, ma mère, non ; mais parce que je réussirai au contraire, et que tu viendras à Paris.

— Et quand veux-tu partir?

— Écoute, bonne mère, quand une grande résolution est prise, le plus tôt qu'on l'accomplit est le mieux... Demande à M. Danré.

— Oui, demande à Lazarille. Je ne sais pas ce que tu as fait à M. Danré, mais le fait est...

— Parce que M. Danré est un esprit juste, ma mère, qu'il sait que chaque chose, pour acquérir de la valeur, doit se mouvoir dans le milieu qui lui est destiné. Je ferais un mauvais notaire, un mauvais avoué, un mauvais huissier ; je ferais un exécrable percepteur! Tu sais bien que trois maîtres d'école se sont usés à me faire aller au delà de la multiplication, et n'ont pas pu y réussir. Eh bien, je crois que je ferai quelque chose de mieux.

— Quoi, malheureux?

— Ma mère, je te jure que je n'en sais rien ; mais tu sais ce que nous a prédit cette diseuse de bonne aventure que tu interrogeais sur moi?

Ma mère poussa un soupir.

— Qu'a-t-elle prédit? demanda M. Danré.

— Elle a dit, repris-je, elle a dit : « Je ne puis pas vous dire ce que sera votre fils, madame ; seulement, je le vois, à travers des nuages et des éclairs, comme un voyageur qui traverse de hautes montagnes, arriver à une position où peu d'hommes arrivent. Je ne dirai pas qu'il commande aux peuples, mais je vois qu'il leur parle ; votre fils appartient, sans que je puisse rien indiquer de précis sur sa destinée, à cette classe d'hommes que nous appelons les DOMINATEURS. — Alors, mon fils sera roi, dit en riant ma mère. — Non pas, mais quelque chose de pareil, quelque chose de plus enviable peut-être : tous les rois n'ont pas une couronne sur la tête, et un sceptre à la main. — Tant mieux! dit ma mère ; je n'ai jamais envié le sort de madame Bonaparte. » J'avais cinq ans, monsieur Danré, j'étais là quand on tira cet horoscope sur moi ; eh bien, je veux donner raison à la bohémienne. Vous savez que les prédictions ne se réalisent pas toujours parce qu'elles devaient se réaliser, mais parce qu'elles ont jeté, dans les esprits de ceux à qui elles ont été faites, une fixité de désirs qui a influé sur les événements, qui a modifié les circonstances, qui les a conduits enfin au but qu'ils ont atteint, parce que ce but leur a été révélé d'avance, tandis que, sans cette révélation, ils seraient passés près de ce but sans l'apercevoir.

— Je vous demande un peu où il va prendre tout ce qu'il dit, s'écria ma mère.

— Eh! parbleu! dans sa conviction, dit M. Danré.

— Alors, votre avis, à vous aussi, est qu'il faut qu'il parte?

— C'est mon avis.

— Mais, le malheureux! vous connaissez ses ressources?

— Cinquante francs, et sa voiture payée.

— Eh bien?

— C'est assez, s'il doit réussir, ou si sa destinée le pousse où il dit. Avec un million, il n'atteindra pas où il veut atteindre, si la vocation lui manque.

— Eh bien, qu'il parte donc, puisqu'il le veut absolument.

— Quand partirai-je, ma mère?

— Quand tu voudras. Cependant, tu nous donneras bien un jour.

— Écoute, ma mère. Je reste encore avec toi toute la journée d'aujourd'hui, de demain et de samedi. Samedi soir, je pars par la voiture de dix heures, j'arrive à cinq heures à Paris... j'ai le temps d'être chez Adolphe avant qu'il soit sorti.

— Ah! dit ma mère en poussant un soupir, c'est lui qui t'a perdu!

Je m'inquiétai peu du soupir, parce que j'avais la conviction que je tiendrais l'engagement pris, et je commençai la série de mes adieux.

Je n'avais pas revu Adèle depuis son mariage. Je ne voulais pas lui écrire : la lettre pouvait être décachetée par son mari, et la compromettre. Je courus chez notre amie commune, Louise Brézette.

Hélas! la pauvre enfant, elle était en larmes. Chollet, dont l'éducation forestière était achevée, avait été obligé de retourner chez ses parents, et il avait emporté avec lui tous les premiers rêves d'amour de la jeune fille; elle était abandonnée et inconsolable; toute sa vie, elle pleurerait son amant, et porterait le deuil de son amour.

Je lui citai l'exemple d'Ariane, en l'invitant à le suivre, et je crois... je crois qu'elle l'a suivi, et que même j'ai contribué, en quelque chose, à le lui faire suivre...

Pauvres et chers enfants! bons et tendres amis de ma jeunesse! ma vie est tellement prise maintenant, mes heures m'appartiennent si peu, je suis tellement une chose commune que chacune se partage, que, lorsque, par hasard, je vais là-bas, ou que vous venez ici, je ne puis vous donner tout le temps que vous doivent mon cœur et mes souvenirs! Mais, quand j'aurai conquis quelques-unes de ces heures de repos à la conquête desquelles Théaulon a passé sa vie, et qu'il n'a jamais conquises, oh! je vous le promets, ces heures seront à vous, sans conteste et sans partage! Vous avez assez de souvenirs pour les jeter à pleines mains sur ma vieillesse, et me faire des derniers jours aussi fleuris que l'ont été les premiers!

Puis il y a là-bas des tombes fermées qui m'attirent autant, plus même, que les maisons ouvertes; des morts qui me parlent plus haut que les vivants.

En sortant de chez Louise, j'entrai chez maître Mennesson; j'étais resté en assez bons termes avec lui.

Seulement, depuis notre séparation, il s'était marié.

Mais je crois que le mariage l'avait rendu plus incrédule encore.

— Ah! dit-il en m'apercevant, te voilà, toi?
— Oui. Je viens vous dire adieu.
— Tu pars donc, décidément?
— Samedi soir.
— Et avec combien pars-tu?
— Avec cinquante francs.
— Mon cher ami, il y a des gens qui sont partis avec moins que cela, témoin M. Laffitte.

— Eh bien, justement, je compte lui faire une visite, et lui demander une place dans ses bureaux.

— Va, et, si tu trouves une épingle sur son tapis, ne manque pas de la ramasser, et de la mettre sur sa cheminée.

— Et pourquoi?

— Parce que M. Laffitte, arrivant à Paris plus pauvre encore que toi, alla faire une visite à M. Perregaux, comme tu vas en faire une à M. Laffitte; il venait lui demander une place dans ses bureaux, comme tu vas lui en demander une dans les siens. M. Perregaux n'avait pas de place; il congédia M. Laffitte, lequel se retirait le nez aussi tristement incliné vers la terre que l'était celui du père Aubry vers la tombe, lorsqu'il aperçut, non pas sur la terre, mais sur le tapis, une épingle. M. Laffitte était un homme d'ordre : M. Laffitte ramassa l'épingle, et vint la poser sur la cheminée, en disant : « Ne faites pas attention, monsieur. » Mais M. Perregaux était un observateur qui fit grande attention, au contraire; il pensa qu'un jeune homme qui ramassait une épingle à terre serait un homme d'ordre, et, comme M. Laffitte allait sortir : « J'ai réfléchi, monsieur, lui dit-il; restez. — Mais vous m'avez dit que vous n'aviez pas de place dans vos bureaux? — S'il n'y en a pas, on vous en fera une. » M. Perregaux fit en effet une place à M. Laffitte... celle de son associé.

— Voilà une bien jolie histoire, cher monsieur Mennesson, et je vous remercie d'avoir bien voulu me la raconter; mais je doute qu'elle me profite, car je ne suis malheureusement pas un ramasseur d'épingles.

— Eh! voilà justement ton grand défaut.

— Ou ma grande qualité... nous verrons. En attendant, si vous avez quelque bon conseil à me donner...?

— Défie-toi des prêtres, déteste les Bourbons, et souviens-toi que le seul état digne d'un grand peuple est l'état républicain.

— Mon cher monsieur Mennesson, en prenant votre recommandation au rebours, je vous dirai : Oui, je suis de votre avis, quant au gouvernement qui convient à un grand peuple, et, en supposant que je sois quelque chose, je suis républicain comme vous. Quant aux Bourbons, je ne les aime ni ne les déteste. J'ai entendu dire qu'ils avaient, dans leur race, un saint roi, un bon roi, et un grand roi : saint Louis, Henri IV et Louis XIV. Seulement, le dernier roi régnant est rentré en France en croupe d'un Cosaque; voilà, je crois, ce qui gâte, vis-à-vis de la France, l'affaire des Bourbons ; voilà ce qui fait que, le jour où il faudra ma voix pour qu'ils s'en aillent, et mon fusil pour les faire partir, ceux qui les renverront auront une voix et un fusil de plus. Quant à me défier des prêtres, je n'en ai encore connu qu'un seul, l'abbé Grégoire, et, comme celui-là m'a semblé le modèle de toutes les vertus chrétiennes, jusqu'à ce que j'aille me heurter à un mauvais, laissez-moi croire que tous sont bons.

— Va, va, tu reviendras là-dessus.

— C'est possible. En attendant, donnez-moi la main. Je lui demanderai sa bénédiction, à lui.

— Va, et grand bien te fasse!

— Je l'espère.

Je courus chez mon abbé.

— Eh bien, me dit-il, tu nous quittes donc?

Comme on le voit, le bruit de mon départ s'était déjà répandu partout.

— Oui, monsieur l'abbé, et je viens vous demander de ne pas m'oublier dans vos prières.

— Oh! mes prières, je crois que c'est la chose dont tu te soucies le moins?

— Monsieur l'abbé, rappelez-vous le jour de ma première communion.

— Oui, je sais, il a produit sur toi une si profonde impression, que tu as voulu rester dessus, et qu'on ne t'a pas revu à l'église depuis.

— Croyez-vous qu'à la dixième fois, la communion m'eût fait le même effet qu'à la première!

— Eh! mon Dieu, non, je le sais bien. Malheureusement, on s'habitue à tout en ce monde.

— Eh bien, monsieur l'abbé, mes autres souvenirs eussent effacé celui-là. Il ne faut pas trop s'habituer aux choses saintes, monsieur l'abbé; l'habitude leur fait perdre, non-seulement de leur grandeur, mais encore de leur efficacité. Qui vous dit qu'un jour, je n'aurai pas besoin de l'Église pour quelque grande consolation, comme on a besoin d'une saignée pour quelque grande maladie?

— Tu as une manière d'arranger les choses, toi...

— Eh! monsieur l'abbé, vous l'avez dit vous-même, plus d'une fois : il faut traiter les hommes encore moins selon les maladies que selon les tempéraments. Moi, je suis l'impressionnabilité en personne. J'ai le caractère prime-sautier, c'est vous qui l'avez dit. Je ferai toute sorte de fautes, toute sorte de de folies, jamais une action mauvaise ni honteuse. Non pas que je sois meilleur qu'un autre, mon Dieu! mais parce que les actions mauvaises et honteuses sont le résultat de la réflexion et du calcul, et que, quand j'agis, c'est sous l'inspiration du moment; et cette inspiration est si rapide, que l'action qui en ressort est faite avant que j'aie eu le temps de réfléchir à ses suites, ou de calculer ses résultats.

— Il y a du vrai dans ce que tu dis là; mais comment, alors, veux-tu qu'on donne des conseils à un caractère de la trempe du tien?

— Aussi, je ne viens pas vous demander des conseils, cher abbé; je viens vous demander des prières.

— Des prières?... Tu n'y crois pas!

— Ah! pardon, cela, c'est autre chose...Non, je n'y crois pas toujours, c'est vrai; mais, soyez tranquille, le jour où j'aurai besoin d'y croire, j'y croirai. Eh! mon Dieu, lorsque j'ai communié, est-ce que je n'avais pas lu, dans Voltaire, que c'était un singulier Dieu que celui qui demande à être digéré? et dans Pigault-Lebrun, que l'hostie était un pain à cacheter d'une grandeur double du pain à cacheter ordinaire, voilà tout? Eh bien, cela a-t-il empêché que, lorsque l'hostie a touché mes lèvres, je ne me sois senti pris d'un frissonnement qui a secoué tout mon corps? cela a-t-il empêché que les larmes n'aient jailli de mes yeux, larmes d'humilité, larmes de reconnaissance, larmes d'amour surtout? Croyez-vous que Dieu n'aime pas autant un cœur prodigue qui se répand tout entier devant lui, quand il est trop plein, qu'un cœur avare qui ne se livre que goutte à goutte? croyez-vous que la prière soit dans les mots de la bouche, ou dans les élans de l'âme? croyez-vous que Dieu se fâche de ce que je l'oublie dans les jours ordinaires de la vie, comme on oublie les battements de son cœur, si, à toute douleur et à toute joie, je reviens à Dieu? Non, monsieur l'abbé, non; j'ai la confiance que Dieu m'aime, au contraire, et voilà pourquoi je l'oublie, comme on oublie un bon père qu'on est toujours sûr de retrouver.

— Aussi, me répondit l'abbé, peu m'importe que tu oublies Dieu; mais ce que je ne veux pas, c'est que tu en doutes.

— Oh! quant à cela, soyez tranquille; ce n'est pas un chasseur qui a passé des nuits entières dans les bois éclairés par la lune, qui a étudié la nature, depuis l'éléphant jusqu'au ciron, qui a vu se coucher et se lever le soleil, qui a entendu le chant des oiseaux, plaintes le soir, hymne le matin, ce n'est pas cet homme-là qui doutera jamais de Dieu!

— Alors, tout va bien... Maintenant, tu sais, il y a une maxime dans l'Évangile qui n'est pas longue et qui est facile à retenir; fais-en la base de tes actions, et tu ne craindras pas de faillir; cette maxime, qui devrait être gravée en lettres d'or sur les portes de toutes les villes, sur les portes de toutes les maisons, sur les portes de tous les cœurs, c'est : *Ne faites pas aux autres ce que vous ne voudriez pas qu'on vous fît*. Et quand les philosophes, les ergoteurs, les libertins te diront : « Il y a dans Confucius, une maxime qui vaut mieux que celle-là, c'est : *Fais aux autres ce que tu voudrais qu'on te fît;* » réponds : « Non, elle ne vaut pas mieux! car elle est fausse dans son application; car on ne peut pas toujours faire ce que l'on voudrait qu'on vous fît, tandis qu'on peut toujours s'abstenir de faire ce que l'on ne voudrait pas qui vous fût fait. » Allons, embrasse-moi, et restons-en là-dessus... Nous ne dirions rien qui vaille mieux.

Et sur ces paroles, nous nous embrassâmes en effet, et je le quittai.

Le surlendemain, après avoir fait ma dernière visite au cimetière, — pieux pèlerinage que ma mère accomplissait presque tous les jours, et dans lequel je l'accompagnai cette fois, — nous nous acheminâmes vers l'hôtel de la *Boule d'or*, où devait me prendre, en passant, la voiture qui m'emmenait à Paris.

A neuf heures et demie, nous entendîmes le bruit des roues; nous avions encore une demi-heure à rester ensemble, ma mère et moi. Nous nous retirâmes dans une chambre où nous étions seuls, et nous pleurâmes, mais des larmes bien différentes.

Ma mère pleurait dans le doute; moi, je pleurais dans l'espérance.

Ni l'un ni l'autre de nous ne voyait Dieu; mais bien certainement, Dieu était là, et Dieu souriait.

LXXI

Je retrouve Adolphe. — La pastorale dramatique. — Premières démarches. — Le duc de Bellune. — Le général Sébastiani. — Ses secrétaires et ses tabatières. — Au quatrième, la petite porte à gauche. — Le général, peintre de batailles.

Je descendis, à cinq heures du matin, rue du Bouloi, n° 9.

Cette fois, je ne fis pas la même faute que j'avais faite en sortant du Théâtre-Français. Je m'orientai, et, à certains repères, je crus reconnaître le voisinage de la rue des Vieux-Augustins. Je me renseignai près du conducteur, qui me confirma dans ma conviction, me donna mon petit paquet, que je disputai victorieusement à deux ou trois commissionnaires, et j'arrivai vers les cinq heures et demie, à l'hôtel des *Vieux-Augustins*.

Là, j'étais chez moi.

Le garçon me reconnut pour le voyageur aux lièvres et aux perdreaux, et, en l'absence de l'hôte, encore couché, il me conduisit à la chambre que j'avais occupée à l'autre voyage.

Mon premier besoin était le sommeil. Grâce aux émotions du

départ, grâce aux rêves éveillés que j'avais faits dans la diligence, j'arrivais éreinté.

Je recommandai au garçon de me réveiller à neuf heures, si, à neuf heures, je n'avais pas donné signe d'existence. Je connaissais mon Adolphe maintenant, et je savais que je n'avais pas besoin de me presser pour le rencontrer chez lui.

Mais, lorsqu'à neuf heures, l'hôte en personne entra dans ma chambre, il me trouva tout levé ; le sommeil ne voulait pas de moi.

C'était un dimanche matin. Sous les Bourbons, Paris était fort triste le dimanche. Des ordonnances très-sévères commandaient la fermeture des magasins, et c'était non-seulement un crime de lèse-religion, mais encore un crime de lèse-majesté, que de contrevenir à ces ordonnances.

Je risquais donc presque autant d'être arrêté à Paris, à neuf heures du matin, que j'avais risqué de l'être passé minuit.

Je fus content de moi. Grâce à mon instinct de chasseur, je trouvai la rue du Mont-Blanc ; puis la rue Pigalle ; puis, enfin, dans la rue Pigalle, le numéro 14.

M. de Leuven se promenait, comme d'habitude, dans le jardin. C'était au commencement de mai ; il s'amusait à donner à manger un morceau de sucre à une rose.

Il se retourna.

— Ah ! c'est vous, me dit-il ; pourquoi a-t-on été si longtemps sans vous voir ?

— Mais parce que je suis retourné à Villers-Cotterets.

— Et vous voilà revenu ?

— Vous le voyez. Je viens tenter une dernière fois la fortune... Cette fois, il faut absolument que je vous reste.

— Ah ! quant à cela, vous serez toujours libre de nous rester, mon cher. Nous sommes ici, sauf la communauté des femmes et la présence des poëtes, une espèce de république de Platon : une bouche de plus ou de moins dans notre république, il n'y paraît point. Il y a bien encore là-haut quelque mansarde vacante ; ce sera une affaire entre vous et les rats ; mais je vous crois capable de vous défendre. Allez arranger cela avec Adolphe, allez.

III.

M. de Leuven faisait, à cette époque, dans le *Courrier français,* la politique étrangère. Élevé sur les genoux des rois et des reines du Nord, parlant toutes les langues septentrionales, sachant tout ce qu'il est permis à l'homme d'apprendre, cette politique des cours étrangères était presque sa langue maternelle. Aussi, levé à cinq heures tous les jours, il recevait les journaux à six, et, à sept ou huit heures, sa coopération au *Courrier français* était achevée.

En général, quand son père avait fini sa journée, Adolphe n'avait pas commencé la sienne.

Il était encore au lit, ce que je lui pardonnai quand il m'eût assuré qu'il avait travaillé, jusqu'à deux heures du matin, à un petit drame en deux actes, intitulé *la Pauvre Fille*.

On se rappelle cette charmante élégie de Soumet :

> J'ai fui le pénible sommeil,
> Qu'aucun songe heureux n'accompagne ;
> J'ai devancé sur la montagne
> Les premiers rayons du soleil.
> S'éveillant avec la nature,
> Le jeune oiseau chantait sur l'aubépine en fleurs ;
> Sa mère lui portait la douce nourriture ;
> Mes yeux se sont mouillés de pleurs.
> Oh ! pourquoi n'ai-je plus de mère ?
> Pourquoi ne suis-je pas semblable au jeune oiseau
> Dont le nid se balance aux branches de l'ormeau,
> Moi, malheureux enfant trouvé sur une pierre,
> Devant l'église du hameau ?

C'était, alors, la grande mode des petits vers. M. Guiraud venait de se faire, avec *les Petits Savoyards,* une réputation presque égale à celle que M. d'Ennery s'est faite depuis avec *la Grâce de Dieu*. Toute la différence est que le Savoyard de M. Guiraud ne demandait qu'un sou, et que le Savoyard de M. d'Ennery en demandait cinq.

Les premières *Odes* d'Hugo paraissaient ; les *Méditations* de Lamartine étaient éditées ; mais c'était là une nourriture bien robuste et bien substantielle pour les estomacs de 1823, nourris avec les restes de Parny, de Bertin et de Millevoye.

Adolphe faisait sa *Pauvre Fille* avec Ferdinand Langlé, et, cinq ou six jours encore, ils seraient prêts pour la lecture.

— Quand donc en serai-je là, mon Dieu? pensai-je à part moi.

En attendant, j'interrogeai Adolphe sur la composition du ministère.

Pourquoi sur la composition du ministère, et qu'avais-je à faire avec les ministres ?

Parbleu ! je voulais savoir ce qu'était le duc de Bellune.

Comme les ministères sont choses fort mortelles, et vite oubliées quand elles sont mortes, on me saura gré de tirer celui-là de sa tombe, et de faire connaître au lecteur ce qu'était le ministère de 1823, lors de mon arrivée à Paris :

Garde des sceaux, — le comte de Peyronnet.

Affaires étrangères, — le vicomte de Montmorency.

Intérieur, — le comte de Cubières.

Guerre, — *le maréchal duc de Bellune.*

Marine, — le marquis de Clermont-Tonnerre.

Finances, — le comte de Villèle.

Ministre de la maison du roi, — M. de Lauriston.

Le duc de Bellune était toujours ministre de la guerre. C'était tout ce qu'il me fallait.

J'ai dit quel intérêt j'avais à ce que le duc de Bellune fût ministre d'un ministère quelconque : j'avais une lettre du duc de Bellune dans laquelle il remerciait mon père d'un service rendu en Italie ; il se mettait à la disposition de mon père, pour le cas où jamais il pourrait lui être bon à quelque chose. Le cas était venu d'être bon au fils, au lieu d'être bon au père. Mais, comme, à cette époque, l'héritage n'était pas encore aboli, comme on ne parlait pas même de l'abolir, je ne doutais pas qu'ayant hérité en droite ligne de la haine de Napoléon, je n'eusse hérité, en droite ligne aussi, de la reconnaissance du duc de Bellune.

Je demandai à de Leuven une plume et de l'encre ; je taillai la plume avec le soin que nécessitait la circonstance, et, de ma plus belle écriture, je minutai une pétition ayant pour but de demander une audience au ministre de la guerre.

Je détaillais tous mes droits à cette faveur; je les appuyais du nom de mon père, que le maréchal ne pouvait avoir oublié; j'en appelais à l'ancienne amitié qui les avait unis, tout en passant sous silence le service rendu, dont la lettre du maréchal, alors chef d'escadron ou colonel, faisait foi.

Puis, tranquille sur ma destinée, je revins à la littérature.

Adolphe me fit cette observation pleine de sens que, si sûr que je fusse de la protection du maréchal Victor, je ne ferais pas mal de jeter d'avance ma ligne ailleurs, dans le cas peu probable, mais, enfin, dans le cas possible d'une déception.

Je répondis à Adolphe qu'à défaut du maréchal Victor, il me restait le maréchal Jourdan et le maréchal Sébastiani.

Quant à ceux-là, il était impossible qu'ils ne fissent pas tout pour moi. J'avais trois ou quatre lettres de Jourdan à mon père qui indiquaient une amitié à la Pythias et Damon. Quant au maréchal Sébastiani, je n'avais qu'une lettre de lui; mais cette lettre prouvait que, brouillé avec Bonaparte au moment de la campagne d'Égypte, c'était mon père, alors admirablement bien avec le général en chef, qui avait obtenu qu'il fît partie de l'expédition. Que diable! de pareils services ne s'oublient pas!

J'étais, comme on le voit, bien simple, bien provincial et bien naïf, à cette époque-là. J'ai tort de dire à cette époque-là; hélas! je le suis encore autant aujourd'hui, peut-être davantage.

Cependant le doute d'Adolphe m'ébranla. Je me décidai à ne pas attendre la réponse du duc de Bellune pour voir mes autres protecteurs, et j'annonçai à Adolphe que j'allais faire l'acquisition d'un *Almanach des 25,000 adresses*, afin de savoir où ils demeuraient.

— Ne faites pas cette dépense, me dit Adolphe; je crois qu'il y en a un chez mon père; je vous le prêterai.

La façon dont Adolphe prononça ces mots : « Ne faites pas cette dépense, » m'irrita.

Il était clair comme le jour qu'il craignait qu'en achetant le susdit almanach, je ne fisse une dépense inutile.

J'en voulus presque à Adolphe d'avoir une si mauvaise idée des hommes.

Pour lui donner un démenti, dès le lendemain matin, je me présentai chez le maréchal Jourdan.

Je m'annonçai sous le nom d'Alexandre Dumas.

J'eus un succès d'étonnement. Le maréchal se figura sans doute que la nouvelle qu'on lui avait annoncée, quinze ans auparavant, n'était pas vraie, et que mon père était toujours vivant.

Mais, quand il m'eût aperçu, sa physionomie changea complétement; il se rappelait bien qu'il avait existé autrefois un général Alexandre Dumas avec lequel il avait été en relation, mais il n'avait jamais entendu dire qu'il eût un fils.

Malgré tout ce que je pus faire pour constater mon identité, il me congédia, au bout de dix minutes, assez peu convaincu de mon existence.

Ce brave maréchal était plus fort que saint Thomas : il voyait et ne croyait pas.

C'était un triste début. Je me rappelai la manière dont Adolphe avait dit, en m'invitant à ne pas acheter un *Almanach des* 25,000 *adresses :* « Ne faites pas cette dépense. »

Est-ce que, par hasard, ce serait le scepticisme d'Adolphe qui aurait raison?

Je me faisais ces réflexions décourageantes en me rendant du faubourg Saint-Germain au faubourg Saint-Honoré, c'est-à-dire de chez le maréchal Jourdan chez le maréchal Sébastiani.

Je me nommai, comme j'avais fait chez le maréchal Jourdan ; à mon nom, la porte s'ouvrit. Je crus un instant avoir hérité d'Ali-Baba le fameux « Sésame, ouvre-toi! »

Le *général* était dans son cabinet de travail. Je souligne général, attendu que c'est par erreur que, jusqu'ici, j'ai appelé le fameux ministre des affaires étrangères de Louis-Philippe le *maréchal ;* — le comte Sebastiani n'était encore que général, lors de la visite que je lui fis.

Le général était donc dans son cabinet : — aux quatre angles de ce cabinet, comme aux quatre angles d'un almanach sont les quatre points cardinaux, ou les quatre vents, étaient quatre secrétaires.

Ces quatre secrétaires écrivaient sous sa dictée.

C'était trois de moins que César, mais c'était deux de plus que Napoléon.

Chacun de ces secrétaires avait sur son bureau, outre sa plume, son papier et son canif, une tabatière d'or qu'il présentait tout ouverte au général, chaque fois qu'en se promenant celui-ci s'arrêtait devant lui. Le général y introduisait délicatement l'index et le pouce d'une main que son arrière-cousin Napoléon eût enviée pour la blancheur et la coquetterie, savourait voluptueusement la poudre d'Espagne, et, comme le Malade imaginaire, se remettait à arpenter la chambre, tantôt en long, tantôt en large.

Ma visite fut courte. Quelque considération que j'eusse pour le général, je me sentais peu disposé à devenir porte-tabatière.

Je rentrai à mon hôtel de la rue des Vieux-Augustins, un peu désappointé. Les deux premiers hommes auxquels je m'étais adressé avaient soufflé sur mes rêves d'or et les avaient ternis.

En outre, quoique vingt-quatre heures fussent écoulées, quoique j'eusse donné on ne peut plus exactement mon adresse, je n'avais pas encore reçu de réponse du duc de Bellune.

Je repris mon *Almanach des 25,000 adresses*, commençant à me féliciter de ne pas avoir consacré cinq francs à son acquisition. — Comme on le voit, j'allais vite en désillusion; ma confiance joyeuse avait disparu; j'éprouvais ce serrement de cœur qui va toujours croissant, au fur et à mesure que le rêve d'or fait place à la réalité. — Je feuilletais donc purement et simplement le livre au hasard, regardant machinalement, lisant sans comprendre, quand, tout à coup, je vis un nom que j'avais entendu prononcer par ma mère, et, chaque fois, avec un si grand éloge, que toute ma confiance me revint.

Ce nom, c'était celui du général Verdier, qui avait servi sous mon père, en Égypte.

— Allons, allons, dis-je, le nombre trois plaît aux dieux;

peut-être que mon troisième protecteur, protecteur inconnu, providentiel, fera plus pour moi que les deux autres; ce qui, au reste, ne sera pas bien difficile, puisque les autres n'ont rien fait du tout.

Le général Verdier demeurait rue du Faubourg-Montmartre, n° 6.

Dix minutes après, je tenais ce court dialogue avec le concierge de la maison :

— Le général Verdier, s'il vous plaît?

— Au quatrième, la petite porte à gauche.

Je fis répéter le concierge ; je croyais avoir mal entendu.

Le maréchal Jourdan et le général Sébastiani habitaient de magnifiques hôtels, faubourg Saint-Germain et faubourg Saint-Honoré ; on entrait dans ces hôtels par des portes comme celles de Gaza! Pourquoi donc le général Verdier demeurait-il rue du Faubourg-Montmartre, au quatrième, et pourquoi entrait-on chez lui par une petite porte?

Le concierge répéta, j'avais parfaitement entendu.

— Pardieu! dis-je en grimpant l'escalier, voilà qui ne ressemble ni aux laquais du maréchal Jourdan, ni aux suisses du général Sébastiani! *Le général Verdier, au quatrième, la petite porte à gauche,* voilà un homme qui doit se souvenir de mon père!

J'arrivai au quatrième; je trouvai une petite porte; à cette porte, pendait un modeste cordonnet vert.

Je sonnai avec un battement de cœur dont je n'étais pas le maître. Cette troisième épreuve allait décider de mon opinion sur les hommes.

Des pas s'approchèrent, la porte s'ouvrit.

Celui qui ouvrait la porte était un homme d'une soixantaine d'années, coiffé d'une casquette bordée d'astrakan, vêtu d'une veste verte à brandebourgs et d'un pantalon à pied de molleton blanc.

Il tenait à la main une palette chargée de couleurs, et, sous le pouce, qui passait à travers cette palette, maintenait un pinceau.

Je regardai les autres portes.

— Pardon, monsieur, lui dis-je; mais je crois m'être trompé...

— Que désirez-vous, monsieur? demanda l'homme à la palette.

— Présenter mes hommages au général Verdier.

— En ce cas, entrez; c'est ici.

J'entrai, et, après avoir traversé un petit carré servant d'antichambre, je me trouvai dans un atelier.

— Vous permettez, monsieur? dit le peintre en se remettant à un tableau de bataille dans la confection duquel je l'avais interrompu.

— Sans doute; seulement, auriez-vous la bonté, monsieur, de m'indiquer où je trouverai le général?

Le peintre se retourna.

— Le général! quel général?

— Le général Verdier.

— Pardieu! c'est moi.

— Vous?

J'arrêtai mon regard sur lui avec un air de surprise si marqué, qu'il se mit à rire.

— Cela vous étonne de me voir manier si mal le pinceau, dit-il, après avoir entendu dire peut-être que je maniais assez bien le sabre? Que voulez-vous! j'ai la main tracassière, et il faut toujours que je l'occupe à quelque chose... Maintenant, voyons, comme, évidemment, d'après la question que vous venez de me faire, vous n'avez rien à dire au peintre, que voulez-vous au général?

— Je suis le fils de votre ancien compagnon d'armes en Égypte, le général Dumas.

Il se retourna vivement de mon côté, me regarda fixement; puis, après un moment de silence :

— C'est sacredieu vrai! dit-il, et vous êtes tout son portrait.

En même temps, deux larmes lui vinrent aux yeux, et, jetant son pinceau, il me tendit une main que j'eus plus envie de baiser que de serrer.

— Ah! vous vous le rappelez donc, vous?

— Si je me le rappelle! je le crois bien : le plus brave et le plus bel homme de l'armée! C'est lui qui était moulé, mon cher; quel modèle pour un peintre!

— Oui, c'est vrai, je me le rappelle parfaitement.

— Et qui vous amène à Paris, mon pauvre garçon? Car, si j'ai bonne mémoire, vous demeuriez avec madame votre mère, dans je ne sais quel village.

— C'est vrai, général; mais ma mère vieillit, et nous sommes pauvres.

— Deux chansons dont je sais l'air, dit-il.

— Alors, continuai-je, je suis venu à Paris, dans l'espoir d'obtenir une petite place pour la nourrir à mon tour, comme elle m'a nourri jusqu'à présent...

— C'est bien fait! Mais, mon pauvre enfant, une place si petite qu'elle soit, n'est pas chose facile à obtenir par le temps qui court, surtout pour le fils d'un général républicain. Ah! si tu étais le fils d'un émigré ou d'un chouan; si seulement ton pauvre père avait servi dans l'armée russe ou autrichienne, je ne dis pas; tu aurais des chances.

— Diable! général, vous m'affrayez! Et moi qui avais compté sur votre protection.

— Hein? fit-il.

Je répétai ma phrase mot pour mot, quoique avec un peu moins d'assurance.

— Ma protection!

Il sourit tristement et secoua la tête,

— Mon pauvre garçon, dit-il, si tu veux prendre des leçons de peinture, ma protection ira jusqu'à t'en donner, et encore, tu ne seras jamais un grand artiste, si tu ne surpasses pas ton maître. Ma protection! Eh bien, je te suis reconnaissant de ce mot-là, parole d'honneur! car il n'y a peut-être que toi au monde qui puisse aujourd'hui me la demander. Flatteur, va!

— Pardon, général, je ne comprends pas bien.

— Mais est-ce que ces gredins-là ne m'ont pas mis à la retraite, à propos de je ne sais quelle conspiration avec Dermoncourt! De sorte que, vois-tu, je fais des tableaux; et, si tu veux en faire, voici une palette, des pinceaux et une toile de trente-six.

— Merci, général, je n'ai jamais été plus loin que les yeux; vous voyez que l'apprentissage serait trop long, et ma mère ni moi ne pouvons attendre.

— Dame! que veux-tu, mon pauvre ami! tu connais le proverbe : « La plus belle fille du monde... » Ah! pardon, pardon; et puis je me trompe, j'ai encore la moitié de ma bourse, je n'y pensais pas; il est vrai qu'elle n'en vaut guère la peine.

Il ouvrit le tiroir d'un petit bureau dans lequel il y avait, je me le rappelle, deux pièces d'or et une quarantaine de francs en argent.

— Tiens, dit-il, c'est le reste de mon trimestre.

— Je vous remercie, général; je suis à peu près aussi riche que vous.

C'était moi qui avais à mon tour les larmes aux yeux.

— Je vous remercie ; mais vous me guiderez au moins sur les démarches qui me restent à faire.

— Tu as donc déjà fait des démarches?

— Oui, je me suis mis en course ce matin.

— Ah! ah! Et tu as vu?

— J'ai vu le général Jourdan et le général Sébastiani.

— Peuh!... Eh bien?

— Eh bien, maréchal, peuh!...

— Et puis après?

— Et puis après, j'ai écrit hier au ministre de la guerre.

— A Bellune?

— Oui.

— Et t'a-t-il répondu?

— Pas encore; mais il me répondra, je l'espère.

Le général, tout en glaçant une figure de Cosaque, fit une grimace qui pouvait se traduire par ces mots : « Si tu ne comptes que là-dessus... »

— J'ai encore, ajoutai-je en répondant à sa pensée, j'ai encore une recommandation pour le général Foy, député de mon département.

— Eh bien, mon cher enfant, comme je crois que, si tu as

du temps à perdre, tu n'as point d'argent à dépenser, je te conseille de ne pas attendre la réponse du ministre. C'est demain mardi : il y a Chambre ; mais présente-toi de bon matin chez le général Foy ; tu le trouveras au travail, car c'est un piocheur comme moi, celui-là ; seulement, il fait de meilleure besogne. Sois tranquille, il te recevra bien.

— Vous croyez?

— J'en suis sûr.

— Je l'espérais, car j'ai une lettre.

— Oui, il te recevra bien, pour ta lettre je n'en doute pas ; mais surtout il te recevra bien pour ton père, quoiqu'il ne l'ait pas connu personnellement. Maintenant, veux-tu dîner avec moi ? Nous causerons Égypte. Il y faisait chaud !

— Volontiers, général. A quelle heure dînez-vous?

— A six heures... Maintenant, va faire un tour sur les boulevards, tandis que j'achèverai mon Cosaque, et reviens à six heures.

Je pris congé du général Verdier, et je descendis ses quatre étages, je dois le dire avec un cœur plus léger que je ne les avais montés.

LXXII

Régulus. — Talma et la pièce. — Le général Foy. — La lettre de recommandation et l'interrogatoire. — Réponse du duc de Bellune. — J'obtiens une place d'expéditionnaire surnuméraire chez M. le duc d'Orléans. — Voyage à Villers-Cotterets pour annoncer la grande nouvelle à ma mère. — Le n° 9. — Je gagne un extrait à la loterie.

Les choses et les hommes commençaient à m'apparaître sous leur véritable point de vue, et le monde, que m'avait caché jusqu'à cette heure le brouillard de l'illusion, commençait à m'apparaître sous son véritable jour, tel que Dieu et le diable l'ont fait, brodé de bon et de mauvais, taché de pire.

J'allai conter tout cela à Adolphe.

— Continuez, me dit-il ; si votre histoire finit comme elle a débuté, vous pourrez en faire beaucoup mieux qu'un vaudeville : vous pourrez en faire une comédie.

Au reste, Adolphe s'était occupé de moi. On jouait *Régulus*, le soir, au Théâtre-Français ; il avait demandé à Lucien Arnault deux stalles d'orchestre, et me les avait gardées ; seulement, ce soir-là, il n'avait pas le temps de venir avec moi : *la Pauvre Fille* réclamait tous ses instants.

Je fus presque content de cette impossibilité : je pourrais ainsi rendre au général Verdier le spectacle en échange de son repas.

Je le trouvai à six heures, m'attendant chez lui ; je lui montrai mes deux billets, et lui fis ma proposition.

— Ah ! ma foi, dit-il, ce n'est pas de refus ; je ne me donne pas souvent le luxe du spectacle, et surtout de Talma... Tu connais donc des poëtes, toi ?

— Oui, je connais M. Arnault.

— Très-bien !

— Et puis je vous avouerai, général, que je désire rester à Paris surtout pour faire de la littérature.

— Bah ! vraiment ?

— Oui, général.

— Écoute, tu m'as demandé des conseils ?...

— Sans doute.

— Eh bien, ne compte pas trop sur la littérature pour te nourrir ; tu m'as l'air d'avoir un bon appétit ; or, avec la littérature, il pourrait t'arriver de rester plus d'une fois sur ta faim... En tout cas, ces jours-là, tu viendras me trouver : le peintre partagera ses croûtes avec le poëte. *Ut pictura poesis !* Je n'ai pas besoin de t'expliquer cela, car tu sais le latin, je présume ?

— Un peu, général.

— C'est beaucoup plus que moi. — Allons dîner.

— Nous ne dînons donc pas chez vous ?

— Est-ce que tu crois que je suis assez riche, avec ma demi-solde, pour avoir une cuisinière et un ménage ? Non pas, non pas ! Je dîne au Palais-Royal, à quarante sous ; aujourd'hui, nous ferons un *extra*, et j'en aurai pour six francs. Tu vois que tu ne me coûtes pas cher, et que tu ne dois pas avoir de remords.

Nous nous rendîmes au Palais-Royal, où nous dînâmes, ma foi, très-bien pour nos six francs, ou plutôt pour les six francs du général Verdier.

Puis nous allâmes prendre notre place à *Régulus*.

J'avais la mémoire pleine de *Sylla* ; je voyais entrer le sombre dictateur aux cheveux aplatis, à la tête couronnée, au front creusé par l'inquiétude ; sa parole était lente, presque solennelle ; son regard — celui du lynx et de l'hyène — s'abritait sous sa paupière clignotante comme celle des animaux qui ont l'habitude de veiller pendant la nuit et de voir dans l'obscurité.

C'était ainsi que j'attendais Talma.

Il entra, le pas rapide, la tête haute et la parole brève, ainsi qu'il convient au général d'un peuple libre et d'une nation conquérante ; il entra, enfin, tel que Régulus devait entrer. Plus de toge, plus de pourpre, plus de couronne : la simple tunique, serrée par la ceinture de fer, sans autre manteau que celui du soldat.

Voilà ce qu'il y avait d'admirable chez Talma, c'est que, dans sa personnalité, toujours celle du héros qu'il était appelé à représenter, il construisait un monde, il rebâtissait une époque. Oui, Talma, oui, vous étiez bien, cette fois, l'homme de la guerre punique, le collègue de Duillius, ce triomphateur à qui ses contemporains, ignorants encore de ces titres et de ces honneurs avec lesquels on récompense les défenseurs de la patrie, donnèrent un joueur de flûte pour suivre ses pas en tout lieu, et une colonne rostrale pour planter devant sa maison ; oui, vous étiez bien le consul qui, en abordant en Afrique, eut à combattre des monstres avant de combattre des hommes, et qui essaya des machines de guerre destinées à démanteler les murailles de Carthage en écrasant un boa de cent coudées ; vous étiez bien cet homme à qui deux victoires donnèrent deux cents villes, et qui refusait toute paix à Carthage, tant que Carthage, la reine de la Méditerranée, la suzeraine de l'Océan, qui avait côtoyé l'Afrique au sud jusqu'au delà de l'équateur, qui s'était égarée au nord jusqu'aux îles Cassitérides, tant que Carthage conserverait un vaisseau armé.

O Carthaginois! peuple de marchands, d'avocats et de sénateurs, vous étiez perdus, cette fois; et la race marchande l'emportait sur la race guerrière, les spéculateurs sur les soldats, les Hannon sur les Barca; vous alliez consentir à tout ce qu'exigerait Régulus, s'il ne s'était pas trouvé à Carthage un Lacédémonien, un mercenaire, un Xantippe, lequel déclara que Carthage avait encore assez de ressources pour résister, et demanda le commandement en chef des armées. Le commandement lui fut accordé. C'était un Grec. Il attira les Romains en plaine, les enfonça avec sa cavalerie, et les fit écraser par ses éléphants. — Ce fut alors, ô Régulus-Talma! que vous fîtes votre entrée dans Carthage, mais comme vaincu, mais comme prisonnier!

Certes, Lucien Arnault n'avait pas pressé ce magnifique sujet républicain au point d'en tirer tout le jus dramatique qu'il renfermait; certes, il n'avait pas ressuscité cette Rome patiente et infatigable comme les bœufs qui traînent la charrue; certes, il n'avait pas fait revivre la Carthage commerçante avec ses armées de condottieri recrutées parmi ces vigoureux Liguriens que Strabon nous montre, dans les montagnes de Gênes, brisant les rochers et portant d'énormes fardeaux; parmi ces habiles frondeurs qui venaient des îles Baléares, qui arrêtaient, avec leurs pierres, le cerf dans sa course, l'aigle dans son vol; parmi ces Ibériens si sobres et si robustes, qu'ils semblaient insensibles à la faim et à la fatigue, quand ils marchaient au combat avec leur saye rouge et leur épée à deux tranchants; enfin, parmi ces Numides que nous combattons encore aujourd'hui à Constantine, à Djidjelli, cavaliers terribles, centaures maigres et ardents comme leurs coursiers.

Non, alors, — et cependant l'époque n'est pas éloignée, — non, la poésie n'était pas là; et vous aviez pris de ce grand sujet, mon cher Lucien, ce qu'il vous était permis d'en prendre, c'est-à-dire, non pas la peinture d'un peuple, mais le dévouement d'un homme.

Talma était magnifique plaidant, devant le sénat romain, le refus de la paix, qui est sa condamnation à mort; Talma était splendide dans ce dernier cri qui, pendant deux cents ans, resta suspendu comme une menace sur la ville de Didon : « A Carthage! à Carthage! »

Je rentrai chez moi, cette seconde fois, plus émerveillé encore que la première; seulement, comme je connaissais mon chemin, je fis l'économie d'un fiacre.

D'ailleurs, c'était à peu près le chemin du général Verdier pour s'en aller au faubourg Montmartre; il me déposa, en me serrant la main et en me souhaitant bonne chance, au coin de la rue Coquillière.

Le lendemain, à dix heures, je me présentai chez le général Foy. Il demeurait rue du Mont-Blanc, n° 64. Je fus introduit dans son cabinet, et le trouvai travaillant à son *Histoire de la Péninsule*.

Au moment où j'entrai, il écrivait debout, sur une de ces tables qui se lèvent ou s'abaissent à volonté.

Autour de lui, sur les chaises, sur les fauteuils, sur le parquet, étaient épars, dans une confusion apparente, des discours, des épreuves, des cartes géographiques et des livres ouverts.

En entendant ouvrir la porte de son sanctuaire, le général se retourna.

Le général Foy devait être, à cette époque, un homme de quarante-huit à cinquante ans, maigre, plutôt petit que grand, aux cheveux rares et grisonnants, au front bombé, au nez aquilin, au teint bilieux.

Il portait la tête haute, avait la parole brève et le geste dominateur.

On m'annonça.

— M. Alexandre Dumas? répéta-t-il après le domestique. Faites entrer.

J'apparus tout tremblant.

— C'est vous qui êtes M. Alexandre Dumas? me demanda-t-il?

— Oui, général.

— Seriez-vous le fils du général Dumas qui commandait l'armée des Alpes?

— Oui, général.

— On m'a dit que Bonaparte avait été bien injuste pour lui, et que cette injustice s'était étendue à sa veuve?

— Il nous a laissés dans la misère.

— Puis-je vous être bon à quelque chose?

— Je vous avoue, général, que vous êtes à peu près mon seul espoir.

— Comment cela?

— Veuillez d'abord prendre connaissance de cette lettre de M. Danré.

— Ah! ce cher Danré!... Vous le connaissez?

— C'était un ami intime de mon père.

— En effet, il habite à une lieue de Villers-Cotterets, où est mort le général Dumas... Et que fait-il, ce cher Danré?

— Mais il est heureux et fier d'avoir été pour quelque chose dans votre élection, général.

— Pour quelque chose? Dites pour tout! fit-il en décachetant la lettre. Savez-vous, continua-t-il tenant la lettre ouverte sans la lire, savez-vous qu'il a répondu de moi aux électeurs corps pour corps, honneur pour honneur?... Ils ne voulaient pas me nommer! J'espère que son entêtement ne lui a pas valu trop de reproches. — Voyons ce qu'il me dit.

Il se mit à lire.

— Oh! oh! il vous recommande à moi avec instance; il vous aime donc bien?

— Mais à peu près comme il aimerait son fils, général.

— Il faut d'abord que je sache à quoi vous êtes bon.

— Oh! pas à grand'chose!

— Bah! vous savez bien un peu de mathématiques?

— Non, général.

— Vous avez, au moins, quelques notions d'algèbre, de géométrie, de physique?

Il s'arrêtait entre chaque mot, et, à chaque mot, je sentais une nouvelle rougeur me monter au visage, et la sueur ruisseler de mon front en gouttes de plus en plus pressées,

C'était la première fois qu'on me mettait ainsi face à face avec mon ignorance.

— Non, général, répondis-je en balbutiant, je ne sais rien de tout cela.

— Vous avez fait votre droit, au moins?

— Non, général.

— Vous savez le latin, le grec?

— Le latin, un peu ; le grec, pas du tout.

— Parlez-vous quelque langue vivante?

— L'italien.

— Vous entendez-vous en comptabilité?

— Pas le moins du monde.

J'étais au supplice, et lui-même souffrait visiblement pour moi.

— Oh! général, m'écriai-je avec un accent qui parut l'impressionner beaucoup, mon éducation est complétement manquée, et, chose honteuse! c'est d'aujourd'hui, c'est de ce moment que je m'en aperçois... Oh! mais je la referai, je vous en donne ma parole, et, un jour, un jour, je répondrai : « Oui, » à toutes les questions auxquelles je viens de répondre : « Non. »

— Mais, en attendant, mon ami, avez-vous de quoi vivre?

— Rien! rien! rien, général! répondis-je écrasé par le sentiment de mon impuissance.

Le général me regarda avec une profonde commisération.

— Et cependant, dit-il, je ne veux pas vous abandonner...

— Non, général, car vous ne m'abandonneriez pas seul! Je suis un ignorant, un paresseux, c'est vrai ; mais ma mère, qui compte sur moi, ma mère, à qui j'ai promis que je trouverais une place, ma mère ne doit pas être punie de mon ignorance et de ma paresse.

— Donnez-moi votre adresse, dit le général, je réfléchirai à ce qu'on peut faire de vous... Tenez, là, à ce bureau.

Il me tendit la plume dont il venait de se servir.

Je la pris ; je la regardai, toute mouillée qu'elle était encore ; puis, secouant la tête, je la lui rendis.

— Eh bien?...

— Non, lui dis-je, général, je n'écrirai pas avec votre plume; ce serait une profanation.

Il sourit.

— Que vous êtes enfant! dit-il. Tenez, en voilà une neuve.

— Merci.

J'écrivis. Le général me regardait faire.

A peine eus-je écrit mon nom, qu'il frappa dans ses deux mains.

— Nous sommes sauvés! dit-il.

— Pourquoi cela?

— Vous avez une belle écriture.

Je laissai tomber ma tête sur ma poitrine; je n'avais plus la force de porter ma honte.

Une belle écriture, voilà tout ce que j'avais!

Ce brevet d'incapacité, oh! il était bien à moi!

Une belle écriture! je pouvais donc arriver un jour à être expéditionnaire. C'était mon avenir! Je me serais volontiers fait couper le bras droit.

Le général Foy continua, sans trop s'occuper de ce qui se passait en moi :

— Écoutez, me dit-il, je dîne aujourd'hui au Palais-Royal ; je parlerai de vous au duc d'Orléans; je lui dirai qu'il faut qu'il vous prenne dans ses bureaux, vous fils d'un général républicain. Mettez-vous là...

Il m'indiqua un bureau libre.

— Faites une pétition, et écrivez-la du mieux que vous pourrez.

J'obéis.

Lorsque j'eus fini, le général Foy prit ma pétition, la lut, traça quelques lignes en marge. Son écriture jurait près de la mienne, et m'humiliait cruellement!

Puis il plia la pétition, la mit dans sa poche, et, me tendant la main en signe d'adieu, il m'invita à revenir le lendemain déjeuner avec lui.

Je rentrai à l'hôtel de la rue des Vieux-Augustins, et j'y trouvai une lettre timbrée du ministère de la guerre.

Jusqu'à présent, la somme du mal et du bien s'était répartie sur moi d'une manière assez impartiale.

La lettre que j'allais décacheter devait définitivement faire pencher la balance de l'un ou de l'autre côté.

Le ministre me répondait que, n'ayant pas le temps de me recevoir, il m'invitait à lui exposer par écrit ce que j'avais à lui dire. Décidément, le plateau du mal l'emportait.

Je lui répondis que l'audience que je lui demandais n'avait d'autre but que de lui remettre l'original d'une lettre de remercîment qu'il avait autrefois écrite à mon père, son général en chef, mais que, ne pouvant avoir l'honneur de le voir, je me contentais de lui en envoyer la copie.

Pauvre maréchal! je le revis depuis; il fut, alors, aussi affectueux pour moi qu'il avait été insouciant dans la circonstance que je viens de dire; et, aujourd'hui, son fils et son petit-fils sont de mes bons amis.

Je m'acheminai le lendemain, de bon matin, comme la chose m'avait été recommandée, vers l'hôtel du général Foy, redevenu mon seul espoir.

Le général était à son travail, comme la veille.

Il m'accueillit avec une figure riante qui me parut de bon augure.

— Eh bien, me dit-il, notre affaire est faite.

Je le regardai tout abasourdi.

— Comment cela? lui demandai-je.

— Oui, vous entrez au secrétariat du duc d'Orléans, comme surnuméraire, à douze cents francs. Ce n'est pas grand'chose; mais à vous maintenant de travailler.

— C'est une fortune!... Et quand serai-je installé?

— Lundi prochain, si vous voulez.

— Lundi prochain?

— Oui, c'est convenu avec votre chef de bureau.

— Comment se nomme-t-il?

— M. Oudard... Vous vous présenterez à lui de ma part.

— Oh! général, je ne puis croire à mon bonheur.

Le général me regarda avec une expression de bonté inexprimable.

Cela me rappela que je ne l'avais pas même remercié.

Je lui sautai au cou, et l'embrassai.

Il se mit à rire.

— Il y a chez vous un fonds excellent, me dit-il; mais rappelez-vous ce que vous m'avez promis : étudiez !

— Oh ! oui, général, je vais vivre de mon écriture; mais je vous promets qu'un jour, je vivrai de ma plume.

— Voyons, prenez-la, votre plume, et écrivez à votre mère.

— Non, général, non; je veux lui annoncer cette bonne nouvelle de vive voix. C'est aujourd'hui mardi; je pars ce soir; je passe avec elle les journées de mercredi, jeudi, vendredi et samedi; je reviens ici dans la nuit de samedi à dimanche, et, lundi, j'entre dans mon bureau.

— Mais vous allez vous ruiner en voitures !

— Bah ! j'ai compte ouvert chez l'entrepreneur de diligences.

Et je lui racontai comment le père Cartier me devait onze voyages.

— Maintenant, demandai-je au général, que dirai-je de votre part à M. Danré?

— Ma foi, dites-lui que nous avons déjeuné ensemble, et que je me porte bien.

On apportait une petite table ronde toute servie.

— Un second couvert, dit le général.

— En vérité, général, vous me rendez honteux...

— Avez-vous déjeuné?

— Non, mais...

— A table ! à table !... Il faut que je sois à midi à la Chambre.

Nous déjeunâmes tête à tête. Le général me parla de mes projets à venir; je lui exposai tous mes plans littéraires; il me regardait, il m'écoutait avec ce sourire bienveillant des grands cœurs, et il avait l'air de dire : « Rêves d'or ! folles espérances ! nuages empourprés, mais fugitifs, qui glissez sur le ciel de la jeunesse, ne disparaissez pas trop vite du firmament d'azur de mon pauvre protégé ! »

Cher et bon général ! âme loyale ! noble cœur ! vous êtes

mort, hélas ! avant que ces rêves se fussent réalisés ; vous êtes mort sans savoir qu'ils se réaliseraient un jour ; vous êtes mort, et la reconnaissance et la douleur m'ont inspiré, au bord de cette tombe où vous descendiez avant l'âge, je ne dirai pas les premiers bons vers que j'ai faits, — ce serait peut-être bien ambitieux, — mais les premiers vers de moi qui vaillent la peine d'être cités.

Voici ceux que je me rappelle ; j'ai complétement oublié les autres :

> Ainsi de notre vieille gloire
> Chaque jour emporte un débris !
> Chaque jour enrichit l'histoire
> Des grands noms qui nous sont repris !
> Et, chaque jour, pleurant sur la nouvelle tombe
> D'un héros généreux dans sa course arrêté,
> Chacun de nous se dit épouvanté :
> « Encore une pierre qui tombe
> Du temple de la Liberté !... »

Je ne fis qu'un bond de la rue du Mont-Blanc à la rue Pigalle. J'avais à annoncer à Adolphe la réalisation de toutes mes espérances. J'étais donc sûr, enfin, de rester à Paris. La carrière tant ambitionnée s'ouvrait devant moi, immense, sans limites. Dieu avait fait de son côté tout ce qu'il devait faire ; il m'avait, avec la lampe d'Aladin, lâché dans le jardin des fées. Le reste dépendait de moi.

Jamais homme n'a vu, je crois, ses désirs plus complétement satisfaits, ses espérances plus entièrement comblées. Napoléon n'était pas plus fier et plus heureux que moi le jour où, ayant épousé Marie-Louise, il put répéter trois fois dans la même journée : « Mon pauvre oncle Louis XVI ! »

Adolphe partageait bien sincèrement mon bonheur. M. de Leuven, pour n'en pas perdre l'habitude, raillait doucement mon enthousiasme. Madame de Leuven, la plus parfaite des femmes, était joyeuse d'avance de la joie qu'allait éprouver ma mère.

Tous trois voulaient me retenir à dîner avec eux ; mais

j'avais réfléchi qu'une diligence partait à quatre heures et demie, et qu'ainsi je pourrais arriver à une heure du matin.

Chose étrange! j'étais aussi pressé de retourner à Villers-Cotterets que je l'avais été de venir à Paris.

Il est vrai que je n'y retournais pas pour longtemps.

A une heure, j'arrivai à Villers-Cotterets.

Une seule chose gâtait ma joie : c'est que tout le monde était couché; c'est que personne ne passait dans les rues sombres; c'est que je ne pouvais pas crier par la portière de la diligence : « Me voici! mais pour trois jours seulement; je retourne à Paris, et j'y reste. »

Oh! la fable du roi Midas, comme elle devenait pour moi une incontestable réalité!

En arrivant chez Cartier, je sautai de la diligence à terre sans songer à utiliser le marchepied. Une fois à terre, je pris ma course en criant à Auguste :

— C'est moi! c'est moi, Auguste! Mets le prix de ma place sur le compte de ton père.

En cinq minutes, je fus à la maison. J'avais, pour mes rentrées nocturnes, une certaine façon d'ouvrir la porte qui m'était toute particulière; j'en usai, et j'entrai dans la chambre de ma mère, qui venait de se coucher depuis une heure à peine, en criant :

— Victoire, bonne mère! victoire!

Ma pauvre mère se dressa debout tout ébouriffée sur son lit; elle était loin de croire à un si prochain retour, et, le cas donné de ce prochain retour, à une si complète réussite.

Il fallut bien qu'elle y crût, quand, après l'avoir embrassée, elle me vit sauter par la chambre en continuant de crier : « Victoire! »

Je lui contai tout : Jourdan et ses laquais, Sébastiani et ses secrétaires, Verdier et ses tableaux, le duc de Bellune refusant de me recevoir, et le général Foy me recevant deux fois.

Et ma mère me faisait répéter sans cesse, ne pouvant croire qu'en trois jours, moi, pauvre enfant, sans appui, sans connaissances, sans soutien, j'eusse ainsi, par la persistance de ma volonté, changé moi-même, et à tout jamais, la face de ma destinée.

Enfin, le moment arriva où je n'eus plus rien à lui dire, et où le sommeil parla à son tour. J'allai retrouver mon lit à peine refroidi, et, quand je me réveillai, c'est moi qui me demandai si j'avais bien quitté Villers-Cotterets pendant trois jours, et si je n'avais pas fait un rêve.

Je sautai à bas de mon lit, je m'habillai, j'embrassai ma mère, et, tout courant, je suivis la route de Vouty. M. Danré devait être le premier à qui j'annonçasse ma bonne fortune.

C'était trop juste, puisqu'il l'avait faite.

M. Danré apprit la nouvelle avec un sentiment de fierté personnelle. Il y a quelque chose qui grandit la pauvre espèce humaine quand un homme, pour une bonne action, a compté sur un autre, et que cet autre l'accomplit simplement, sans ostentation, comme un dégagement de la parole de son ami.

M. Danré eût voulu me garder toute la journée; mais j'étais devenu glissant comme une anguille. Non-seulement j'avais hâte que tout le monde connût mon bonheur, mais encore je doublais ce bonheur en l'annonçant moi-même.

Il comprit cela, ce cher M. Danré, comme les bons cœurs comprennent tout. — Nous déjeunâmes, et il me rendit ma liberté.

Sans représenter, Dieu merci, la même idée mythologique que Mercure, j'avais comme lui des ailes aux talons : en vingt ou vingt-cinq minutes, j'étais de retour à Villers-Cotterets ; mais, quelque diligence que j'eusse faite, la nouvelle s'était propagée en mon absence. Tout le monde savait déjà, à mon retour, que j'étais surnuméraire au secrétariat du duc d'Orléans, et chacun m'attendait sur la porte pour me féliciter de ma bonne fortune.

On me fit cortége jusqu'à la porte de l'abbé Grégoire.

Que de souvenirs à moi j'ai mis dans l'histoire de mon pauvre compatriote Ange Pitou !

Je trouvai, en rentrant chez nous, la maison pleine de commères. Outre notre amie madame Darcourt, les voisines, mesdames Lafarge, Dupré, Dupuis, tenaient conciliabule. Je fus reçu à bras ouverts, fêté par tout le monde.

On n'avait jamais douté de moi; on avait bien dit, toujours, que je deviendrais quelque chose; on était heureux d'avoir fait à ma pauvre mère une prédiction qui s'était réalisée.

C'étaient, sauf madame Darcourt, notez bien ceci, celles qui avaient prédit à ma mère la paresse éternelle de son bien-aimé fils.

Mais le sort est aussi un roi, le plus inexorable, le plus puissant de tous; il n'est donc pas étonnant que le destin ait ses courtisans.

De la journée, nous ne pûmes nous trouver seuls.

Je profitai de cet encombrement à la maison pour faire quelques petits adieux particuliers à ma bonne Louise, qui m'eût consolé du mariage d'Adèle, si j'avais pu être consolé, et que j'eusse bien certainement tout à fait consolée du départ de Chollet, si je ne fusse point parti moi-même.

Le soir, nous nous trouvâmes, enfin, un peu seuls, ma mère et moi. Ce fut alors que nous causâmes de nos petites affaires. Je voulais que ma mère vendît tout ce qui nous était inutile, et vînt tout de suite s'installer avec moi à Paris.

Vingt ans de malheurs avaient mis du doute dans le cœur de ma mère. A son avis, c'était par trop se hâter que d'agir ainsi. Puis ces douze cents francs que je croyais une fortune étaient une bien petite somme pour vivre à Paris. D'ailleurs, je ne les tenais pas encore. Le surnumérariat n'est qu'un temps d'essai; si, au bout d'un mois, de deux mois, on allait reconnaître que je ne convenais pas à la place; et si M. Oudard, mon chef de bureau, me faisant asseoir comme Auguste avait fait à Cinna, comme M. Lefèvre avait fait à moi, me demandait, comme M. Lefèvre me l'avait demandé : « Monsieur, avez-vous quelque idée de la mécanique ? » nous étions perdus; car ma mère n'avait plus même la ressource de son bureau de tabac, qu'elle aurait quitté, et qu'elle ne pouvait pas vendre à condition.

Ma mère s'arrêta donc à la chose raisonnable, qui était celle-ci :

Je retournerais à Paris, où l'on me ferait parvenir mon lit, mes matelas, mes draps, mes serviettes, quatre chaises, une table, une commode et deux couverts d'argent; je louerais une petite chambre, le meilleur marché possible; j'attendrais là que ma position fût fixée, et, ma position fixée, j'écrirais à ma mère.

Alors, ma mère n'hésiterait plus; elle vendrait tout, et viendrait me rejoindre.

Le lendemain était un jeudi. Je profitai de ce que j'étais à Villers-Cotterets pour tirer moi-même à la conscription, car mon âge m'appelait à servir ma patrie, si je n'avais point été fils de femme veuve.

Je pris le n° 9, ce qui n'avait aucun inconvénient pour moi, et ne privait pas un autre du bon numéro que j'eusse pu prendre.

Je rencontrai Boudoux, ce vieil ami de marette et de pipée.

— Ah! monsieur Dumas, me dit-il, puisque vous avez une belle place, vous devriez bien me payer un pain de quatre livres.

Je l'emmenai chez le boulanger; au lieu d'un pain de quatre livres, je lui en payai un de huit.

Je tenais mon billet de conscription à la main.

— Qu'est-ce que cela? me demanda Boudoux.

— Tiens, c'est mon numéro.

— Vous avez pris le n° 9, vous?

— Tu vois.

— Eh bien, une idée, en échange de votre pain de huit livres, monsieur Dumas : à votre place, j'irais chez ma tante Chapuis, et je mettrais une pièce de trente sous sur le n° 9. Trente sous, cela ne vous ruinera pas, et, si le n° 9 sort, cela vous fera soixante et treize francs.

— Tiens, Boudoux, voilà trente sous; va les mettre en mon nom, et rapporte-moi le billet.

Boudoux partit, écornant de la main droite, par énormes copeaux, son pain qu'il portait sous le bras gauche.

La tante Chapuis tenait à la fois le bureau de la poste et le bureau de la loterie.

Dix minutes après, Boudoux revint avec le billet.

Du pain de huit livres, il ne restait plus qu'une espèce de croûton qu'il acheva devant moi.

C'était juste le dernier jour de la loterie. Je saurais donc le samedi matin, si j'avais perdu mes trente sous ou si j'avais gagné mes soixante et treize francs.

On employa la journée du vendredi à faire les préparatifs de mon emménagement parisien. Ma mère eût voulu me faire emporter toute la maison ; mais je comprenais qu'avec mes douze cents francs par an, plus la chambre serait petite, plus elle serait convenable, et je m'en tins au lit, aux quatre chaises et à la commode.

Restait un léger inconvénient.

J'étais surnuméraire aux appointements de douze cents francs, m'avait dit le général Foy ; mais ces cent frans par mois que m'accordait la munificence de monseigneur le duc d'Orléans ne devaient m'être payés qu'au bout du mois. Je n'avais pas l'appétit de Boudoux ; mais, enfin, je mangeais, et même je mangeais bien, — le général Verdier en avait vu quelque chose.

Il me restait trente-cinq francs sur mes cinquante. Ma mère se décida à se séparer de cent francs : c'était la moitié de ce qui lui restait.

Cela me faisait le cœur bien gros de prendre ces cent francs à ma pauvre mère, et j'avais bien envie de recourir à la bourse de M. Danré, quand, au milieu de notre discussion, qui avait lieu le samedi matin, j'entendis la voix de Boudoux criant :

— Ah ! pour cette fois-ci, monsieur Dumas, cela vaut bien un second pain de huit livres.

— Qu'est-ce qui vaut un pain de huit livres ?

— Le n° 9 est sorti ! Vous pouvez passer au bureau de la tante Chapuis, elle vous comptera vos soixante et treize francs.

Nous nous regardâmes, ma mère et moi.

Puis nous regardâmes Boudoux.

— C'est vrai, ce que tu me dis là, Boudoux ?

— En vérité Dieu ! monsieur Dumas, il est sorti, ce gueux

de n° 9; vous pouvez aller voir vous-même à l'affiche, il est le troisième.

Il n'y avait rien d'étonnant à cela ; n'étions-nous pas dans une veine de bonheur ?

Ma mère et moi, nous allâmes chez madame Chapuis ; nous étions plus heureux encore que nous ne le croyions. Boudoux avait calculé sur l'extrait sortant en compagnie ; j'avais mis mes trente sous sur l'extrait isolé ; il résultait de cette différence que mes trente sous me rapportaient, non pas soixante et treize francs, mais cent cinquante.

Je n'ai jamais bien compris la raison que me donna madame Chapuis pour doubler cette somme, qui, je me le rappelle, me fut payée tout en écus de six livres avec les appoints convenables ; mais, quand je vis les écus, quand il me fut permis de les emporter, je ne demandai pas d'autre explication.

J'étais possesseur d'une somme de cent quatre-vingt-cinq francs !

Jamais tant d'argent n'était entré dans ma poche.

Aussi, comme tous ces écus de six livres y faisaient un grand bruit et y tenaient une grande place, ma mère me les changea pour de l'or.

Ah ! la belle chose que cet or tant calomnié, quand il est la réalisation des plus chères espérances de la vie ! C'était peu de chose que ces neuf pièces d'or ; eh bien, elles avaient en ce moment plus de valeur à mes yeux que n'en ont eu depuis les milliers de pièces pareilles qui me sont passées par les mains, et dont, à l'instar de Jupiter, j'ai inondé cette maîtresse, la plus coûteuse de toutes les maîtresses, et qu'on appelle la *Fantaisie*.

Je ne coûtais donc rien à ma mère, pas même le transport des meubles, que je payais d'avance au roulier commissionnaire, lequel, moyennant la somme de vingt francs, s'engagea à les rendre à Paris, à la porte de l'hôtel de la rue des Vieux-Augustins, pour être transportés, de là, au logement que j'aurais choisi.

Ils devaient être rendus le lundi au soir.

Enfin, l'heure de la séparation arriva. Toute la ville assistait à mon départ. On eût dit un de ces navigateurs du moyen âge qui partaient pour des pays inconnus, et que les vœux et les acclamations de leurs compatriotes saluaient encore sur les mers.

C'est qu'en effet, dans leur naïf et bienveillant instinct, ils sentaient, ces bons et chers amis, que je m'embarquais sur un océan bien autrement mouvant et orageux que celui qui, selon le divin aveugle, formait le cadre du bouclier d'Achille.

LXXIII

Je trouve un logement. — Hiraux fils. — Les journaux et les journalistes en 1823. — L'économie d'un dîner me permet d'aller au spectacle à la Porte-Saint-Martin. — Mon entrée au parterre. — Effet de cheveux. — On me met à la porte. — Comment je suis obligé de payer trois places pour en avoir une. — Un monsieur poli qui lit un Elzévir.

Comme on le voit, à chaque voyage que je faisais vers Paris, mon budget allait grossissant. Il y avait quatre mois, j'y étais entré avec ma part de trente-cinq francs dans la société Paillet et compagnie; il y avait huit jours, c'était avec cinquante francs dans ma poche que j'avais touché la barrière; enfin, cette fois, c'était avec cent quatre-vingt-cinq francs que je descendais à la porte de l'hôtel des *Vieux-Augustins*.

Le même jour, je me mis à la recherche d'un logement.

Après avoir monté et descendu un bon nombre d'escaliers, je m'arrêtai à une petite chambre au quatrième.

Cette chambre, qui avait le luxe d'une alcôve, appartenait à cette immense agglomération de maisons qu'on appelle le pâté des Italiens, et faisait partie de la maison n° 1.

Elle était tapissée d'un papier jaune à douze sous le rouleau, et donnait sur la cour.

Elle me fut laissée pour la somme de cent vingt francs par an.

Elle me convenait sous tous les rapports; je ne marchandai

donc pas. Je signifiai au concierge que je la prenais, et je lui annonçai l'arrivée de mes meubles pour le lendemain au soir.

Le concierge me demanda le *denier à Dieu*.

Complétement étranger aux habitudes parisiennes, j'ignorais ce que c'était que le denier à Dieu. Je crus que c'était un à-compte sur le loyer. Je tirai majestueusement un napoléon de ma poche, et je le laissai tomber dans la main du concierge, qui salua jusqu'à terre.

Il est évident qu'à ses yeux je devais passer pour un prince qui voyageait incognito. Donner vingt francs de denier à Dieu sur une chambre de cent vingt!... cela ne s'était jamais vu.

Vingt francs! c'était le sixième du loyer!... Aussi, sa femme réclama-t-elle à l'instant l'honneur de faire mon ménage.

Cet honneur lui fut accordé moyennant cinq francs par mois, — toujours avec la même majesté.

Je courus, de là, chez le général Verdier pour lui faire ma visite de digestion, et lui annoncer la grande nouvelle. J'étais parti si vite de Paris, le mardi d'auparavant, que je n'avais pas eu le temps de monter ses quatre étages.

Cette fois, je les montai, mais inutilement : le général avait profité du dimanche, et s'était donné congé.

Je fis comme lui : je flânai sur les boulevards. — le seul endroit où je ne courusse pas risque de me perdre, — et j'arrivai, flânant toujours, au café de la Porte-Saint-Honoré.

Tout à coup, à travers les vitres, j'aperçus une personne de connaissance : c'était Hiraux, le fils du brave père Hiraux, qui, si malheureusement, avait tenté de faire de moi un musicien.

J'entrai dans le café. Hiraux venait d'en faire l'acquisition : il en était le propriétaire, j'étais chez lui !...

Quoiqu'il fût un peu plus âgé que moi, nous avions été très-bons camarades dans notre enfance. Il me retint à dîner. En attendant le dîner, il mit à ma disposition tous les journaux de l'établissement.

Une partie de ces journaux a disparu aujourd'hui.

Les principaux de l'époque étaient :

Le *Journal des Débats,* toujours resté sous le patronage des frères Bertin, et qui relevait du gouvernement. Il représentait l'esprit de Louis XVIII et de M. de Villèle; c'est-à-dire un royalisme modéré et fusionnaire, une politique d'expectative et de louvoiement; ce système, enfin, auquel, au milieu des complots des carbonari et des intrigues des ultras, Louis XVIII dut de mourir à peu près tranquille, sinon sur le trône, au moins à côté.

Le vieux *Constitutionnel*, — celui de Saint-Albin, de Jay, de Tissot, d'Évariste Dumoulin; — le vieux *Constitutionnel*, supprimé un beau matin, pour un article mis à l'index par la censure, article qui, on ne sait comment, avait été publié sans la trace des griffes et des dents de MM. les censeurs. Alors, — avec une rapidité de résolution qui indiquait le grand dévouement que *le Constitutionnel* de toutes les époques a toujours professé pour ses intérêts, — alors, il avait acheté, moyennant une croûte de pain, le *Journal du Commerce*, qui possédait quatre cents abonnés; et, sous le titre de *Journal du Commerce*, avait reparu le lendemain; bien entendu que, sous ce masque transparent, on avait reconnu le bon vieillard, lequel, au moment où j'arrivais à Paris, venait de reprendre ou allait reprendre son ancien titre, si cher aux bourgeois de Paris! *Le Constitutionnel* représentait, dans sa plus grande timidité, l'opinion libérale, et n'avait réellement de foudres et d'éclairs que contre les jésuites, auxquels il avait voué cette haine cruelle et superbe qui l'anime aujourd'hui contre les *démagogues*.

Le Drapeau blanc, rédigé par Martainville, homme d'infiniment d'esprit, mais homme haï et haïssant. Chargé de la défense du pont du Pecq, comme commandant de la garde nationale de Saint-Germain, on lui reprochait d'avoir, en 1814, livré ce pont aux Prussiens; et lui, au reproche, répondait non-seulement par un aveu, mais encore par une bravade : ne pouvant nier, il se vantait. Mais, comme toute trahison tourmente, au fond, celui qui l'a commise, celle-là, quoi qu'il en dit, lui rongeait le cœur. — M. Arnault avait trouvé à son nom une étymologie qui avait fait fureur : il l'appelait *Martin* de père et *Vil* de mère. Brave du reste, et prêtant facilement le collet, il s'était, à propos de *Germanicus,* battu avec Telleville Arnault. La balle du fils du poëte avait effleuré la cuisse du critique en y laissant une simple contusion.

— Bah! disait le père Arnault, il ne l'a seulement pas sentie ; elle lui a produit l'effet d'un coup de bâton.

La Foudre. — Celui-là, c'était le journal avoué du pavillon Marsan, véritable expression de cette opinion ultra-royaliste qui, pour toutes les réactions à venir, faisait fond sur M. le comte d'Artois, et qui attendait avec impatience cette décomposition de matière, laquelle, au train dont elle allait, ne pouvait tarder d'être complète chez Louis XVIII.

Les rédacteurs de *la Foudre* étaient Bérard, les deux frères Dartois, — en même temps vaudevillistes, — Théaulon, Ferdinand Langlé, Brisset et de Rancé.

En face de *la Foudre,* et sur la limite la plus opposée de l'opinion libérale, était *le Miroir,* hussard de la presse, charmant escarmoucheur, plein de verve et d'*humour;* rédigé par tous les hommes qui passaient pour avoir de l'esprit d'opposition dans ce temps-là, et qui, hâtons-nous de le dire, en avaient réellement. Ces hommes, c'étaient MM. de Jouy, Arnault, Jal, Coste, Castel, Moreau, etc. Aussi, le pauvre *Miroir* était-il l'objet des poursuites acharnées du gouvernement, aux yeux duquel il renvoyait à tout moment quelque rayon brisé du soleil de l'Empire. Supprimé comme *Miroir,* il reparut sous le nom de *la Pandore;* supprimé comme *Pandore,* il devint *l'Opinion;* supprimé, enfin, comme *Opinion,* il ressuscita sous le titre de *la Réunion;* mais ce fut la dernière de ses métamorphoses : Protée était à bout, et mourut enchaîné.

N'oublions pas *le Courrier français,* sentinelle de l'opinion avancée, et presque républicaine déjà, à une époque où personne encore n'osait prononcer le mot de république. C'était au *Courrier français,* journal rédigé par Châtelain, l'un des patriotes les plus honnêtes et les plus éclairés de cette époque, que travaillait, comme je l'ai dit, M. de Leuven.

Mais, alors, disons-le, je ne demandais guère à tous ces journaux des nouvelles politiques; je n'y lisais que les nouvelles littéraires. Décidé, puisque je trouvais un dîner qui ne me coûtait rien, à transformer le prix de ce dîner en un billet de spectacle, je cherchai sur tous ces journaux les affiches du jour, et, guidé par Hiraux dans le choix de la littérature dont je comptais nourrir ma soirée, je me décidai pour la Porte-Saint-Martin.

On jouait *le Vampire*.

C'était la troisième ou quatrième représentation, seulement, de la reprise de cette pièce.

Hiraux m'invita à me presser ; la pièce avait un grand succès, et attirait la foule.

Elle était jouée par les deux acteurs en vogue de la Porte-Saint-Martin : Philippe et madame Dorval.

Je suivis le conseil d'Hiraux ; mais, quelque diligence que je fisse, il y a loin du café de la Porte-Saint-Honoré au théâtre de la Porte-Saint-Martin, je trouvai les environs encombrés.

J'étais nouveau à Paris. J'ignorais toutes les habitudes du théâtre. Je longeai une queue immense enfermée dans des barrières, n'osant pas même demander où l'on prenait les entrées.

Sans doute un des amateurs qui étaient à la queue s'aperçut de mon embarras, car, s'adressant à moi :

— Monsieur! me dit-il, monsieur!

Je me retournai, doutant que ce fût à moi qu'on parlât.

— Oui... vous, monsieur, continua l'amateur, vous qui avez les cheveux frisés... voulez-vous une place?

— Comment! si je veux une place?

— Sans doute. Si vous vous mettez à la queue, là-bas, vous n'entrerez jamais. On renverra plus de cinq cents personnes, ce soir.

C'était de l'hébreu pour moi, que ce langage. Je comprenais seulement que l'on renverrait cinq cents personnes, et que je serais du nombre des personnes renvoyées.

— Voyons, décidément, voulez-vous ma place? continuait l'amateur.

— Vous avez donc une place, vous?

— Il me semble que vous le voyez!

Je ne voyais rien du tout.

— Prise d'avance, alors? demandai-je.

— Prise depuis midi.

— Et bonne?...

— Comment cela, bonne?

C'était l'amateur, qui ne comprenait plus.

— Oui, repris-je, je serai bien placé?

— Vous serez placé où vous voudrez.

— Comment, je serai placé où je voudrai?

— Sans doute.

— Et combien votre place?

— Vingt sous.

Je réfléchis, à part moi, que vingt sous pour aller où je voudrais, cela n'était pas cher.

Je tirai vingt sous de ma poche et les donnai à mon amateur, lequel aussitôt, avec une agilité qui prouvait combien cet exercice lui était habituel, grimpa le long des barreaux de la barrière, l'enjamba, et se trouva près de moi.

— Eh bien, lui demandai-je, votre place?

— Prenez-la... seulement, prenez-la vite, car, si on pousse, vous ne l'aurez plus.

Il se fit, à l'instant même, ce raisonnement dans mon esprit : « Ces messieurs, qui sont dans cette barrière, ont sans doute pris et payé leurs places d'avance, et c'est pour les reconnaître qu'on les a parqués ainsi. »

— Ah! bon, je comprends, répondis-je.

Et j'enjambai la barrière à mon tour, en sens inverse; de sorte que, tout au contraire de mon marchand de places, qui du dedans avait passé au dehors, je passai, moi, du dehors au dedans.

Au bout d'un instant, un mouvement de progression se fit sentir.

On venait d'ouvrir les bureaux.

Je me laissai aller au courant.

Dix minutes après, je me trouvais devant la grille.

— Eh bien, monsieur, me dit mon voisin, ne prenez-vous point votre billet?

— Comment, mon billet?

— Sans doute, votre billet! me dit un de ceux qui venaient derrière moi. Si vous ne prenez pas votre billet, laissez-nous prendre les nôtres au moins.

Et une légère bourrade indiqua le désir qu'avaient ceux qui me suivaient de prendre leur tour.

— Mais, leur dis-je, j'ai acheté ma place, ce me semble...

— Votre place?...

— Oui, puisque j'ai donné vingt sous! vous avez bien vu!... sûrement que j'ai donné vingt sous à cet homme qui m'a vendu sa place!

— Ah! sa place à la queue! s'écrièrent mes voisins; mais sa place à la queue n'est pas sa place dans la salle.

— Il m'a dit qu'avec sa place, j'irais où je voudrais.

— Sans doute, vous irez où vous voudrez; prenez un avant-scène, vous en avez le droit, et vous irez où vous voudrez. Seulement, les avant-scènes, c'est à l'autre bureau.

— Allons! allons! nous dépêchons-nous? firent les voisins.

— Messieurs, dégagez le couloir, s'il vous plaît, cria une voix.

— Eh! c'est monsieur, qui ne veut pas prendre son billet, et qui nous empêche de prendre les nôtres, crièrent en chœur mes voisins.

— Allons! allons! décidez-vous.

Les murmures augmentaient, et, au milieu des murmures, je commençais à comprendre ce que l'on m'avait, du reste, à peu près expliqué : c'est que j'avais acheté ma place à la queue, et non ma place dans la salle.

En tout cas, comme on commençait à me bousculer d'une façon menaçante, je tirai de ma poche un écu de six francs, et demandai un parterre.

On me rendit quatre francs dix sous, et un carton qui avait été blanc.

Il était temps! Je fus emporté immédiatement par un flot de la foule.

Je présentai au contrôle mon carton qui avait été blanc; on me l'échangea contre un carton qui avait été rouge. Je suivis un corridor à gauche; je trouvai à ma gauche une porte au-dessus de laquelle était écrit le mot PARTERRE, et j'entrai.

Ce fut là que je reconnus la vérité de ce que m'avait dit l'amateur qui m'avait vendu sa place vingt sous. Quoique j'eusse quinze ou vingt personnes à peine avant moi, à la queue, le parterre était presque plein.

Un noyau des plus compactes s'était surtout formé sous le lustre.

Je compris cela, puisque, à mon avis, là devaient être les meilleures places.

Je résolus aussitôt de me mêler à ce groupe, qui me paraissait ne s'être tant pressé que pour se placer si bien.

Je montai sur les banquettes, comme j'avais vu faire à plusieurs, et, marchant en équilibre sur leur dos arrondi, je me mis en mesure de gagner le centre.

Je devais être, ou plutôt, il faut en convenir, j'étais fort ridicule. J'avais les cheveux très-longs, et, comme ils sont crépus, ils formaient autour de ma tête une assez grotesque auréole.

En outre, à une époque où l'on portait les redingotes coupées au-dessus du genou, je portais, moi, une redingote qui me tombait jusqu'à la cheville. Une révolution s'était accomplie à Paris, qui n'avait pas eu le temps de se faire à Villers-Cotterets. J'étais à la dernière mode de Villers-Cotterets, mais j'étais à l'avant-dernière mode de Paris.

Or, comme rien n'est, en général, plus opposé à la dernière mode que l'avant-dernière mode, — ainsi que j'ai déjà eu la modestie de le dire, — j'étais fort ridicule.

Sans doute, je parus tel à ceux vers lesquels je m'avançais, car ils m'accueillirent avec des éclats de rire, qui me semblèrent d'assez mauvais goût.

J'ai toujours été très-poli; mais, à cette époque, à côté de la politesse que je tenais de mon éducation maternelle, veillait, inquiète et soupçonneuse, une vivacité qui me venait probablement de mon père. Cette vivacité faisait de mes nerfs une espèce d'instrument très-facile à irriter.

Je mis le chapeau à la main, mouvement qui démasqua la complète originalité de ma coiffure, et redoubla l'hilarité générale du groupe dans les rangs duquel j'ambitionnais une place.

— Pardon, messieurs, demandai-je le plus poliment du monde, mais je voudrais savoir ce qui vous fait rire, afin de pouvoir rire avec vous? On dit la pièce que nous allons voir jouer fort triste, et je ne serais pas fâché de m'égayer un peu avant de pleurer.

Mon discours fut écouté dans le plus religieux silence; puis, au milieu de ce silence, une voix s'éleva tout à coup.

— Oh! c'te tête! dit la voix.

Il paraît que l'apostrophe était des plus comiques, car à peine eut-elle été lâchée, que les éclats de rire redoublèrent; il est vrai qu'à peine le redoublement d'éclats de rire s'était-il fait entendre, j'envoyai un vigoureux soufflet au railleur.

— Monsieur, lui dis-je en même temps, je m'appelle Alexandre Dumas. Je demeure, pour demain encore, rue et hôtel des Vieux-Augustins, et, pour après-demain et jours suivants, place des Italiens, n° 1.

Il paraît que je parlais une langue tout à fait inconnue à ces messieurs; car, au lieu de me répondre, vingt poings s'élevèrent menaçants, et toutes les voix crièrent :

— A la porte! à la porte!

— Comment! à la porte? m'écriai-je. Ah! ce serait joli, par exemple! moi qui ai payé deux fois ma place, une fois à la queue, et l'autre fois au bureau!

— A la porte! à la porte! redoublèrent les voix avec augmentation de fureur.

— Messieurs, j'ai eu l'honneur de vous dire où je demeurais.

— A la porte! à la porte! crièrent les voix avec une irrésistible puissance.

Tout le monde était monté sur les banquettes, tout le monde s'inclinait de la galerie, tout le monde se lançait à demi hors des loges. Je formais le centre d'un immense entonnoir.

— A la porte! à la porte! criaient ceux-là mêmes qui ne savaient pas ce dont il s'agissait, mais qui calculaient qu'une personne de moins ferait une place de plus.

Je me débattais de mon mieux, au fond de mon entonnoir,

lorsqu'un monsieur assez bien vêtu fendit la foule, qui, au reste, s'ouvrait respectueusement devant lui, et m'invita à sortir.

— Pourquoi sortir? demandai-je assez étonné.

— Parce que vous troublez le spectacle.

— Comment! je trouble le spectacle?... Le spectacle n'est pas commencé.

— Alors, vous troublez les spectateurs.

— Mais, monsieur!...

— Suivez-moi.

Je pensai à l'histoire que mon père, à mon âge, à peu près, avait eue avec un mousquetaire à la Montansier, et, quoique je susse la connétablie dissoute, je pensai avoir affaire à quelque chose de pareil.

Je suivis donc sans aucune résistance, et au milieu des applaudissements de la salle, qui témoignait sa satisfaction de la justice que l'on faisait de moi. Mon guide me mena dans le corridor, du corridor au contrôle, et du contrôle dans la rue.

Arrivé dans la rue :

— Là! dit-il, ne recommencez plus.

Et il rentra dans la salle.

Je trouvai que j'en avais été quitte à bon marché, puisque mon père avait conservé son garde attaché pendant huit jours à sa personne, tandis que, moi, je l'avais gardé, attaché à la mienne, pendant cinq minutes tout au plus.

Je demeurai un instant sur le boulevard, le temps de faire cette judicieuse réflexion, et, voyant que mon guide était rentré, je voulus rentrer à mon tour.

— Votre billet? me dit-on au contrôle.

— Mon billet? Vous me l'avez pris tout à l'heure, et la preuve, c'est qu'il était blanc, et que vous m'avez donné à la place un billet rouge.

— Et qu'en avez-vous fait, de votre billet rouge?

— Je l'ai donné à une femme qui me l'a demandé.

— De sorte que vous n'avez ni billet ni contre-marque?

— Mais non, je n'ai ni billet ni contre-marque.

— Alors, vous ne pouvez pas entrer.

— Hein! je ne puis pas entrer, après avoir payé mon billet deux fois?

— Deux fois?

— Oui, deux fois.

— Où cela?

— Une fois à la queue, et une fois au bureau.

— Farceur! me dit le contrôleur.

— Vous dites?

— Je dis que vous ne pouvez entrer, voilà ce que je dis.

— Mais, moi, je veux entrer cependant.

— Alors, prenez un billet au bureau.

— Ce sera le deuxième.

— Eh! qu'est-ce que cela me fait, à moi?

— Comment! ce que cela vous fait?

— Si vous avez vendu votre billet à la porte, cela ne me regarde pas.

— Eh! dites donc, me prenez-vous pour un marchand de contre-marques?

— Je vous prends pour un tapageur que l'on vient de reconduire parce que vous faisiez du tapage, et, si vous continuez d'en faire, ce n'est point dans la rue que l'on vous conduira, cette fois, c'est à la salle de police.

La menace était très-nettement accentuée. Je commençais à comprendre que, sans m'en douter, je m'étais mis en contravention avec la loi — ou avec la coutume, ce qui est bien pis que de se mettre en contravention avec la loi.

— Ah! ah! fis-je.

— C'est comme cela, me dit le contrôleur.

— Alors, c'est bien, vous êtes le plus fort.

Et je sortis.

Une fois à la porte, je trouvai qu'il était stupide d'être venu pour voir le spectacle, d'avoir, dans ce but, acheté une place à la queue et une place au bureau, pour avoir vu un rideau représentant une tenture de velours vert, voilà tout, et de m'en aller sans voir autre chose.

J'ajoutai que, puisque j'avais fait déjà la dépense de deux places, je pouvais bien faire la dépense d'une troisième, et, comme on continuait d'entrer et qu'une double queue ceignait le théâtre, telle qu'une ceinture dont la porte eût formé l'agrafe, je me plaçai à l'extrémité de celle de ces deux queues qui me parut la moins longue.

C'était la queue opposée à la première que j'avais prise; elle était moins nombreuse parce que c'était celle des orchestres, des premières galeries, des avant-scènes, et des premières et secondes loges.

Ce fut l'observation que me fit la buraliste quand je demandai un billet de parterre.

Je levai les yeux, et je vis, en effet, sur la planche blanchie, la désignation des places que l'on pouvait prendre au bureau où je me trouvais.

Les places les moins chères étaient les orchestres et les secondes loges.

Orchestres et secondes loges étaient côtés deux francs cinquante centimes.

Je tirai deux francs cinquante centimes de ma poche, et je demandai un orchestre.

L'orchestre me fut octroyé. C'était, de compte fait, cinq francs que me coûtait mon spectacle.

Mais, bah! tant pis! mon dîner ne m'avait rien coûté, et j'entrais, le lendemain, au secrétariat du duc d'Orléans; je pouvais bien me permettre cette petite débauche.

Je reparus triomphant au contrôle, tenant mon orchestre à la main. Le contrôleur me fit un gracieux sourire.

— A droite, monsieur, me dit-il.

Je remarquai que c'était tout le contraire de la première fois.

La première fois, j'avais pris la queue à droite, et j'étais entré à gauche, la seconde fois, j'avais pris la queue à gauche, et l'on me faisait entrer à droite.

J'en augurai que, puisque je faisais tout le contraire la seconde fois, tout le contraire devait m'arriver de ce qui m'était arrivé la première.

En conséquence, au lieu d'être mal accueilli, je devais être bien reçu.

Je ne me trompais pas : je trouvai à l'orchestre une compagnie toute différente de celle que j'avais trouvée au parterre, et, comme l'ouvreuse m'avait indiqué, vers le milieu de la banquette, une place libre, je me mis en devoir de gagner cette place.

Chacun se leva poliment pour me laisser passer. J'atteignis ma place, et je m'assis à côté d'un monsieur en pantalon gris, en gilet chamois, en cravate noire.

C'était un homme de quarante à quarante-deux ans.

Son chapeau était sur la stalle que je devais occuper. Il s'interrompit de lire dans un charmant petit livre — que je sus depuis être un Elzévir, — enleva son chapeau en s'excusant, me salua, et se remit à lire.

— Peste! me dis-je à part moi, voici un monsieur qui me paraît mieux élevé que ceux auxquels j'ai eu affaire tout à l'heure.

Et, me promettant d'entretenir avec lui des relations de bon voisinage, je m'assis dans la stalle vide.

LXXIV

Mon voisin. — Son portrait. — *Le Pastissier françois.* — Cours de bibliomanie. — Madame Méchin et le gouverneur de Soissons. — Les canons et les Elzévirs.

A cette époque de ma vie, faite toute d'ignorance, d'avenir et de foi, j'ignorais parfaitement ce que c'était qu'un Elzévir ou plutôt un Elzévier.

Je l'appris dans la soirée, comme on va le voir; mais je ne le sus jamais bien que plus tard, lorsque j'eus fait connaissance avec mon savant ami le bibliophile Jacob.

C'est donc par anticipation que j'ai dit que le monsieur poli lisait un Elzévir; j'aurais dû dire tout simplement qu'il lisait un livre.

J'ai raconté comment j'avais pris place près de lui, et comment, tiré de sa lecture par l'obligation où il avait été d'enlever son chapeau de ma stalle, il s'était immédiatement replongé dans sa lecture, et cela plus profondément que jamais.

J'ai toujours admiré les hommes capables de faire une chose passionnément; — ne pas confondre passionnément avec passionnellement; ce dernier adverbe n'était pas inventé en 1823, ou, s'il l'était, Fourier ne l'avait pas encore lancé dans la circulation.

Curieux, comme je l'étais, de littérature, on ne s'étonnera point que je cherchasse à voir quel était le livre qui inspirait un si puissant intérêt à mon voisin, lequel, au reste, s'absorbant dans sa lecture, se livrait pieds et poings liés à mon investigation.

Cette investigation, je pouvais l'exercer à loisir; j'avais plus d'un quart d'heure devant moi avant qu'on levât le rideau.

Je cherchai d'abord à voir le titre du livre; mais la reliure en était soigneusement recouverte par une couverture de papier; impossible donc de lire ce titre sur le dos du livre.

Je me levai; dans cette position, je dominais le lecteur. Alors, grâce aux excellents yeux que j'ai le bonheur de posséder, je pus, de l'autre côte d'un frontispice gravé, lire ce curieux titre :

LE PASTISSIER FRANÇOIS

*Où est enseignée la manière de faire
toute sorte de pastisserie;
Très-utile à toute sorte de personnes;
Ensemble le moyen d'appresler
toute sorte d'œufs pour les jours maigres et autres,
En plus de soixante façons.*

AMSTERDAM

CHEZ LOUIS ET DANIEL ELZÉVIER.

—

1655

— Ah! ah! me dis-je, me voilà fixé! Ce monsieur si poli est assurément un gourmand de premier ordre, — M. Grimod de la Reynière peut-être, dont j'ai tant entendu parler comme d'un émule de Cambacérès et de d'Aigrefeuille; — mais, non, celui-ci a des mains, et M. Grimod de la Reynière n'a que des moignons.

En ce moment, le monsieur poli laissa tomber sur son genou sa main et le livre qu'il tenait; puis, les yeux au ciel, parut réfléchir profondément.

C'était, comme je l'ai dit, un homme de quarante à quarante-deux ans, d'une figure essentiellement douce, bienveillante et sympathique; il avait les cheveux noirs, les yeux gris bleu, le nez légèrement incliné à gauche par un méplat, la bouche fine, railleuse, spirituelle, une véritable bouche de conteur.

Je mourais d'envie, moi, malheureux provincial, ignorant de toute chose, mais *désireux de m'instruire*, comme on dit, dans les leçons rudimentales de M. Lhomond, je mourais d'envie de lier conversation avec lui.

Sa physionomie bienveillante m'encouragea.

Je profitai de ce moment où il avait cessé de lire, pour lui adresser la parole.

— Monsieur, lui dis-je, veuillez excuser ce que ma question peut avoir d'indiscret, mais vous aimez donc bien les œufs?

Mon voisin secoua la tête, sortit peu à peu de sa rêverie, et, me regardant d'un air distrait:

— Pardon, monsieur, me dit-il avec un accent franc-comtois des plus prononcés, mais je crois que vous me faisiez l'honneur de me parler...

Je répétai ma phrase.

— Pourquoi cela? me demanda-t-il.

— Ce petit livre que vous lisiez avec tant d'attention, monsieur, — excusez mon indiscrétion, mais mes yeux sont tombés involontairement sur le titre, — n'annonce-t-il pas des recettes pour faire cuire les œufs de plus de soixante façons?

— Ah! oui, dit-il, c'est vrai.

— Monsieur, ce livre eût été bien utile à un oncle curé que j'avais, ou plutôt que j'ai toujours, gros mangeur, grand chasseur, et qui a parié, un jour, avec un de ses confrères de manger cent œufs à son dîner; il n'avait trouvé, lui, que dix-huit ou vingt manières de les accommoder... vingt manières, oui, car il les mangea cinq par cinq. Vous comprenez que, s'il eût connu soixante manières de les fricasser, au lieu de cent, il en eût mangé deux cents.

Mon voisin me regarda avec une certaine attention qui pouvait se traduire par cette question adressée à lui-même: « Est-ce que, par hasard, je ne serais pas à côté d'un garçon tout à fait bête? »

— Eh bien? me demanda-t-il.

— Eh bien, si je pouvais procurer à ce cher oncle un pareil livre, je suis sûr qu'il me serait très-reconnaissant.

— Monsieur, me dit mon voisin, je doute que, malgré les sentiments qui font le plus grand honneur à votre cœur de neveu, vous puissiez vous procurer ce livre.

— Et pourquoi cela?

— Parce qu'il est fort rare!

— Fort rare, ce petit bouquin?

— Savez-vous ce que c'est qu'un Elzévir, monsieur?

— Non.

— Vous ne savez pas ce que c'est qu'un Elzévir? s'écria mon voisin au comble de l'étonnement.

— Non, monsieur, non; mais ne vous effarouchez pas pour si peu; depuis que je suis à Paris, — et il n'y a pas encore huit jours de cela, — je m'aperçois que j'ignore à peu près toutes choses. Apprenez-moi donc celle-là, je vous prie; je ne suis pas assez riche pour me donner des maîtres; je suis trop vieux pour retourner au collège, et j'ai résolu de prendre pour précepteur celui-là qui, dit-on, a plus d'esprit que M. de Voltaire, et qu'on appelle *tout le monde*.

— Ah! ah! fit mon voisin en me regardant avec un certain intérêt, vous avez raison, monsieur, et, si vous profitez des leçons que vous donnera ce précepteur, vous deviendrez, nonseulement un grand savant, mais encore un grand philosophe.

— Maintenant, qu'est-ce que c'est qu'un Elzévir?... C'est d'abord, et en particulier, ce petit livre que vous voyez; c'est, en général, tous les livres sortis de la librairie de Louis Elzévir et de ses successeurs, libraires à Amsterdam. Mais savez-vous ce que c'est qu'un bibliomane?

— Monsieur, je ne sais pas le grec.

— Vous savez que vous ne savez pas, c'est déjà beaucoup. Le bibliomane (racine: βιβλιον, livre, μανια, manie) est une variété de l'espèce homme, *species bipes, et genus homo*.

— Je comprends.

— Cet animal, à deux pieds et sans plumes, erre ordinairement le long des quais et des boulevards, s'arrêtant à tous les étalages de bouquiniste, touchant à tous les livres; il est habituellement vêtu d'un habit trop long et d'un pantalon trop court; il porte toujours aux pieds des souliers éculés, sur la tête un chapeau crasseux, et, sous son habit et sur son pantalon, un gilet attaché avec des ficelles. Un des signes auxquels on peut le reconnaître, c'est qu'il ne se lave jamais les mains.

— Savez-vous que c'est un fort vilain animal que celui dont vous me parlez là? J'espère que la race n'est pas absolue, et qu'elle a des exceptions.

— Oui, mais ces exceptions sont rares. Eh bien, ce que cherche plus particulièrement cet animal devant les boutiques de bouquiniste, — vous savez que tout animal cherche quelque chose, — eh bien, ce sont des Elzévirs.

— Est-ce difficile à trouver?

— De jour en jour plus difficile, oui.

— Et à quoi reconnaît-on les Elzévirs?... Remarquez bien, monsieur, que vous ne risquez rien à me donner des renseignements; je ne crois pas que je devienne jamais bibliomane, et les questions que je vous fais sont des questions de simple curiosité.

— A quoi on les reconnaît? Je vais vous le dire. Dabord, monsieur, le premier volume auquel on trouve le nom d'Elzévir ou d'Elzévier est un volume intitulé: *Eutropii historiæ romanæ, lib. X, Lugduni Batavorum, apud Ludovicum Elzevierum*, 1572, in-8°, 2 feuillets, 169 pages. La figure qui sert d'insigne au frontispice, — souvenez-vous bien de cela, c'est la clef de la science, — la figure qui sert d'insigne au frontispice représente un ange tenant d'une main un livre et de l'autre une faux.

— Bon! c'est entendu : 1592, in-8°, 2 feuillets, 169 pages, un ange qui tient d'une main un livre et de l'autre une faux.

— Bravo!... Isaac Elzévir, — les uns disent le fils, les autres le neveu de Louis Elzévir; moi, je prétends que c'est le fils; Bérard prétend que c'est le neveu, et, quoiqu'il ait Techener pour lui, je soutiens que c'est moi qui ai raison, — Isaac Elzévir substitua à cet insigne l'orme, embrassé par un cep chargé de raisins, avec cette devise : *Non solus*. — Vous comprenez.

— Le latin, oui.

— Eh bien, à son tour, Daniel Elzévir adopta pour marque Minerve et l'olivier, avec cette devise : *Ne extra oleas*. — Vous comprenez toujours?

— Parfaitement : Isaac, le cep chargé de raisins; Daniel, Minerve et l'olivier.

— De mieux en mieux. Mais, à côté des éditions reconnues, il y a des éditions anonymes ou pseudonymes, et voilà où les faux bibliomanes s'embarrassent. Ah!

— Voulez-vous être mon Ariane?

— Eh bien, ces éditions-là sont ordinairement désignées par une sphère.

Alors, c'est un guide.

— Oui, mais vous allez voir! C'étaient des gaillards fort capricieux que ces frères, cousins ou neveux Elzévir. Ainsi, par exemple, on trouve, depuis 1629, dans leurs livres, en tête des préfaces, des épîtres dédicatoires et du texte, un fleuron où est figuré un masque de buffle.

— Eh bien, grâce à ce masque de buffle, il me semble...

— Attendez donc... Cela dure cinq ans. Dès le *Salluste* de 1634, et même auparavant peut-être, ils adoptent un autre signe qui a la ressemblance d'une sirène. En outre, dans cette édition...

— Du *Salluste* de 1634?

— Justement! ils adoptent aussi, pour la première fois, page 216, un cul-de-lampe qui représente la tête de Méduse.

— Eh bien, ce principe une fois posé, et, dès qu'on sait qu'à la page 216 du *Salluste* de 1634, il y a un masque représentant...

— Oui, oui, pardieu! ce serait charmant, si cela était donné comme règle positive; mais, bah! Daniel ne resta pas fidèle à ces insignes. Dans le *Térence* de 1661, par exemple, il substitua à la tête de buffle et à la sirène une guirlande de roses trémières que l'on retrouve dans un grand nombre de ses éditions. Mais, dans le *Perse* de 1664, ce n'est déjà plus cela.

— Ah! diable! Et qu'adopte-t-il, dans le *Perse* de 1664?

— Il adopte un large fleuron dont le milieu est occupé par deux sceptres croisés sur un écu.

— Ce qui veut dire que les Elzévirs sont les rois de la librairie.

— Vous avez dit le mot, monsieur; royauté que personne ne leur conteste.

— Et celui que vous avez là, monsieur, — celui qui traite de la pâtisserie française, et des soixante manières de faire cuire les œufs, — est-ce l'ange au livre et à la faux? est-ce le cep de vigne? est-ce la Minerve et l'olivier? est-ce le masque de buffle? est-ce la sirène? est-ce la tête de Méduse? est-ce la guirlande de roses trémières? est-ce, enfin, l'écu aux deux sceptres?

— Celui-là, monsieur, c'est le plus précieux de tous. Je l'ai trouvé, ce soir, en venant ici. Imaginez-vous que je dispute, depuis trois ans, sur cet Elzévir avec cet imbécile de Bérard, qui se croit un grand savant, et n'est pas même un petit politique.

— Et, sans être trop curieux, monsieur, quel était l'objet de la discussion?

— Il prétendait que *le Pastissier françois* était de 1654, et n'avait que quatre feuillets préliminaires; tandis que je prétendais, moi, et j'avais raison, comme vous voyez, qu'il est de 1655, et qu'il a cinq feuillets préliminaires et un frontispice. Or, voici bien la date de 1655; voici bien les cinq feuillets préliminaires; voici bien le frontispice.

— Ma foi, oui, tout cela y est.

— Ah! ah! qui va être penaud, bien penaud? C'est mon ami Bérard!

— Mais, monsieur, hasardai-je timidement, ne m'avez-vous pas fait l'honneur de me dire que, depuis trois ans, vous disputiez sur ce petit volume?

— Oh! oui! plus de trois ans même!

— Il me semble, à moins que la discussion ne vous amusât, qu'il y avait un moyen bien simple de la faire cesser.

— Lequel?

— Un philosophe de l'antiquité ne démontrait-il pas l'incontestabilité du mouvement, à un autre philosophe qui niait le mouvement, en marchant devant lui?

— Eh bien?

— Eh bien, il fallait prouver à M. Bérard la supériorité de votre science sur la sienne, en lui montrant l'Elzévir que vous tenez, et, à moins d'être plus incrédule que saint Thomas...

— Mais, pour le montrer, monsieur, il fallait l'avoir, et je ne l'avais pas.

— Ce petit volume est donc fort rare?

— C'est le plus rare de tous! il n'en reste peut-être pas dix exemplaires en Europe!

— Et pourquoi celui-ci est-il particulièrement plus rare que les autres? Est-ce qu'il a été tiré à un moindre nombre d'exemplaires?

— Au contraire, Techener prétend qu'il a été tiré à cinq mille cinq cents, et, moi, je prétends qu'il a été tiré à plus de dix mille.

— Diable! l'édition a donc été brûlée avec la bibliothèque d'Alexandrie?

— Non; mais elle a été perdue, égarée, galvaudée dans les cuisines. Vous comprenez parfaitement que les cuisiniers et les cuisinières sont de médiocres bibliomanes; ils ont traité *le Pastissier françois*, comme ils eussent traité *Carême* ou *le Cuisinier royal;* de là, la rareté du livre.

— Si rare, que, disiez-vous, vous ne l'avez trouvé que ce soir?

— Oh! je le connaissais depuis plus de six semaines. J'avais dit à Frank de me le garder, attendu que je n'étais pas assez riche pour l'acheter.

— Comment! vous n'étiez pas assez riche pour l'acheter, pas assez riche pour acheter ce petit bouquin?

Le bibliomane sourit dédaigneusement.

— Savez-vous, monsieur, me dit-il, combien vaut un exemplaire du *Pastissier françois?*

— Mais il me semble qu'en l'estimant un petit écu.

— Un exemplaire du *Pastissier françois,* monsieur, vaut de deux cents à quatre cents francs.

— De deux cents à quatre cents francs?

— Mais oui... Il y a huit jours, le vieux Brunet, l'auteur du *Manuel des libraires,* un elzéviriomane enragé, a fait mettre dans les journaux qu'il payerait trois cents francs un exemplaire comme celui-ci. Heureusement, Frank n'a pas lu la note.

— Pardon, monsieur! mais, je vous en ai prévenu, je suis un ignare... vous avez dit qu'un livre comme celui-ci valait de deux cents à quatre cents francs.

— De deux cents à quatre cents francs, oui.

— D'où vient cette différence dans le prix?

— Des marges.

— Ah! des marges!

— Toute la valeur d'un Elzévir résulte de la largeur de ses marges : plus la marge est large, plus l'Elzévir est cher. Un Elzévir non margé n'a pas de prix; on mesure les marges au compas, et, selon qu'elles ont douze lignes, quinze lignes, dix-huit lignes, l'Elzévir vaut deux cents, trois cents, quatre cents francs, et même six cents francs.

— Six cents francs!... Je suis de l'avis de madame Méchin.

— Et quel est l'avis de madame Méchin?

— Madame Méchin est une femme de beaucoup d'esprit.

— Oui, je sais cela.

— Son mari était préfet du département de l'Aisne.

— Je sais encore cela.

— Eh bien, un jour qu'elle visitait Soissons avec son mari,

le commandant de la place, pour lui en faire les honneurs, lui montra, les uns après les autres, les canons qui étaient sur le rempart. Après en avoir vu de toutes les formes, de toutes les dates, de tous les calibres, après avoir épuisé le répertoire des *oh!* des *vraiment!* des *pas possible!* madame Méchin, qui ne savait plus que répondre au gouverneur, lui demanda : « Monsieur le gouverneur, combien coûte une paire de canons ? — De douze, de vingt-quatre ou de trente-six, madame la comtesse ? — Oh ! mon Dieu ! de trente-six. — Une paire de canons de trente-six, madame, répondit le gouverneur, une paire de canons de trente-six... cela peut coûter de huit à dix mille francs. — Eh bien, répondit madame Méchin, je ne mettrai pas mon argent à cela. »

Mon voisin me regarda, ne sachant point si j'avais raconté l'anecdote avec naïveté ou en raillant. Peut-être allait-il m'interroger sur mon intention, lorsqu'on entendit la sonnette du théâtre ; l'ouverture commença, et les *chut!* se firent entendre.

Sur quoi, je m'apprêtai à écouter, tandis que mon voisin se rejetait plus profondément que jamais dans la lecture de son précieux Elzévir.

La toile se leva.

LXXV

Prologue du *Vampire.* — Le style écorche l'oreille de mon voisin. — Premier acte. — Idéologie. — Le rotifer. — Ce que c'est que cet animal. — Sa conformation, sa vie, sa mort et sa résurrection.

L'ouverture avait essayé de peindre une tempête. Le théâtre représentait la grotte de Staffa. Malvina dormait sur un tombeau. Oscar était assis sur un autre. — Un troisième renfermait lord Ruthwen, lequel devait en sortir à un moment donné.

Le rôle de Malvina était rempli par madame Dorval. Oscar, ou l'ange du mariage, était joué par Moessard ; lord Ruthwen ou le vampire, par Philippe.

Hélas ! qui m'eût dit, au moment où mon regard plongeait derrière le rideau, embrassant tout cet ensemble, décorations et personnages, que je verrais enterrer Philippe, que je verrais mourir madame Dorval, que je verrais couronner Moessard?

Il y avait aussi, dans ce prologue, causant avec l'ange du mariage, un ange de la lune, s'appelant, de son nom d'ange, Ithuriel, de son nom de femme, mademoiselle Denotte. — Celle-là, est-elle morte ou vivante?... Je n'en sais rien.

L'exposition se faisait entre l'ange du mariage et l'ange de la lune, deux anges qui, portant les mêmes armoiries, pourraient bien être de la même famille.

Malvina s'était égarée à la chasse; l'orage, en l'effrayant, l'avait poussée dans la grotte de Staffa. Là, surprise d'un sommeil invincible, elle s'était endormie sur un tombeau. L'ange du mariage veillait sur elle.

L'ange de la lune, qui, sur un rayon de la pâle déesse, avait glissé à travers les gerçures du plafond basaltique, demandait à l'ange du mariage la cause de sa présence, et surtout celle de la présence de cette jeune fille dans la grotte de Staffa.

L'ange du mariage répondait, alors, que Malvina, sœur de lord Aubray, devant épouser le lendemain le comte de Marsden, il avait été appelé par la solennité de la circonstance, et que la façon dont il regardait la belle fiancée, quand Ithuriel l'avait surpris au milieu de cette occupation, la tristesse qui se peignait sur sa physionomie, venaient des malheurs réservés à cette jeune fille, près de tomber des bras de l'Amour dans ceux de la Mort.

Alors, Ithuriel commençait à comprendre.

« — Explique-toi, disait Ithuriel; serait-il vrai que d'horribles fantômes *viennent* quelquefois?... »

Mon voisin tressaillit, comme si un aspic l'eût mordu au fond de son sommeil.

— *Vinssent!* cria-t-il, *vinssent!*

Les *chut!* éclatèrent par toute la salle, et, comme les autres, je me permis de réclamer le silence vivement, car j'étais intéressé par cette exposition.

L'ange de la lune, interrompu au milieu de sa phrase, jeta un regard de colère sur l'orchestre et reprit :

« — Serait-il vrai que d'horribles fantômes *viennent* quelquefois, sous l'apparence des droits de l'hymen, égorger une vierge timide et s'abreuver de son sang? »

— *Vinssent! vinssent! vinssent!* murmura mon voisin.

De nouveaux *chut!* couvrirent sa voix, moins éclatante et moins hardie, il faut l'avouer, cette seconde fois, que la première.

Oscar répondait :

« — Oui ! et ces monstres s'appellent les vampires. Une puissance dont il ne nous est pas permis de scruter les arrêts irrévocables a permis que certaines âmes funestes, dévouées à des tourments que leurs crimes se sont attirés sur la terre, jouissent de ce droit épouvantable, qu'elles exercent de préférence sur la couche virginale et sur le berceau; tantôt, plus privilégiées, parce que leur carrière est plus courte et leur avenir plus effrayant, elles obtiennent de revêtir des formes perdues dans la tombe, et de reparaître à la lumière des vivants sous l'aspect du corps qu'elles ont animé.

» — Et ces monstres, ont-ils paru? demandait Ithuriel.

» — La première heure du matin les réveille dans leur sépulcre, répondait Oscar. Une fois que le retentissement du coup sonore a expiré dans les échos de la montagne, ils retombent immobiles dans leurs demeures éternelles. Mais il en est un parmi eux, sur lequel mon pouvoir plus borné... que dis-je? la destinée elle-même ne revient jamais sur ses arrêts!... après avoir porté la désolation dans vingt pays divers, toujours vaincu, toujours vivant, toujours plus altéré du sang qui conserve son effroyable existence!... Dans trente-six heures, à la première heure de la soirée, il doit enfin subir le néant, peine légitime d'une suite incalculable de forfaits, s'il ne peut, d'ici là, y joindre un forfait de plus, et compter encore une victime. »

— Comme c'est écrit, mon Dieu! murmura mon voisin, comme c'est écrit!

Mon voisin me semblait bien sévère; je trouvais, au contraire, ce dialogue du plus beau style qui se pût voir.

Le prologue continua. Plusieurs personnes qui avaient entendu mon voisin se permirent bien quelques murmures sur l'outrecuidance de cet infatigable interrupteur; mais comme il se replongea dans son *Pastissier françois*, les murmures s'éteignirent.

Il va sans dire que la jeune fiancée endormie sur le tombeau était l'innocente héroïne menacée d'épouser le vampire, et, s'il était resté quelque doute au public, tous ces doutes eussent disparu après la dernière scène du prologue.

« — Qu'entends-je? dit Ithuriel. Ton entretien m'a retenu longtemps au-dessus de ces grottes.

Au moment où l'ange de la lune fait cette question, on entend sonner une heure au timbre argentin d'une cloche éloignée; le tam-tam la répète d'écho en écho par gradation.

OSCAR.

» Arrête et regarde.

Toutes les tombes se soulèvent au moment où l'heure retentit; des ombres pâles en sortent à demi, et retombent sous la pierre tumulaire à mesure que le bruit s'évanouit dans l'écho.

UN SPECTRE, *vêtu d'un linceul, s'échappe de la plus apparente de ces tombes; son visage est à découvert; il s'élance jusqu'à la place où miss Aubray est endormie, en criant :*

» Malvina!

OSCAR.

» Retire-toi!

LE SPECTRE.

» Elle m'appartient!

OSCAR *ceint la jeune fille endormie.*

» Elle appartient à Dieu, et tu appartiendras bientôt au néant.

LE SPECTRE *se retire, mais en menaçant et en répétant :*

» Le néant!

ITHURIEL *traverse le théâtre dans un nuage.*

Le théâtre change et représente un des appartements de sir Aubray. »

— Absurde! absurde! s'écria mon voisin.
Et il se remit à lire *le Pastissier françois.*

Je n'étais pas tout à fait de son avis; j'avais trouvé la décoration magnifique; je n'avais rien à dire de Malvina, qui n'avait pas parlé; mais Philippe m'avait paru fort beau sous sa pâleur, et Moessard fort respectable.

D'ailleurs, si informe que cela fût, c'était un essai de romantisme, c'est-à-dire de quelque chose de fort inconnu à cette époque. Cette intervention d'êtres immatériels et supérieurs dans la destinée humaine avait un côté fantastique qui plaisait à mon imagination, et peut-être est-ce cette soirée qui déposa dans mon esprit le germe de *Don Juan de Marana*, éclos onze ans après seulement.

La pièce commença.

Sir Aubray, — on verra plus tard pourquoi je souligne le mot *sir*, — sir Aubray a rencontré à Athènes lord Ruthwen, riche voyageur anglais, et s'est lié d'amitié avec lui. Pendant leurs promenades au Panthéon, pendant leurs rêveries au bord de la mer, ils avaient cherché le moyen de resserrer encore les liens de leur amitié, et ils avaient résolu, sauf le consentement de Malvina, une union entre la jeune fille, restée au château de Staffa, et le noble voyageur, devenu le meilleur ami de son frère. Malheureusement, dans une excursion qu'Aubray et Ruthwen avaient faite aux environs d'Athènes, pour assister aux noces d'une jeune fille dotée en secret par lord Ruthwen, les deux compagnons avaient été attaqués par des brigands; une rude défense avait mis en fuite les assassins; mais, frappé d'un coup mortel, lord Ruthwen était tombé expirant. Ses dernières paroles furent une recommandation à son ami de le coucher sur un tertre baigné des rayons de la lune. Aubray se conforma à cette suprême recommandation; il coucha le mourant au lieu indiqué; puis, comme ses yeux étaient fermés, comme son souffle était tari, il se mit à la recherche de ses serviteurs égarés; mais, lorsque, une heure après, il revint avec eux, le corps avait disparu!

Aubray pensa que les assassins avaient enlevé ce corps pour faire disparaître la trace de leur crime.

Étant revenu en Écosse, il fait annoncer au comte de Marsden la mort de son frère, lord Ruthwen, ainsi que le genre de relations qui les avaient unis dans leurs voyages. Alors, Marsden demande la succession de son frère; c'est lui qui épousera Malvina, si Malvina veut bien consentir à la substitution. Malvina, qui n'a connu ni l'un ni l'autre, n'oppose point de résistance à la demande du comte de Marsden et aux désirs de son frère. On annonce le comte de Marsden. Malvina éprouve ce léger embarras qui, pareil au brouillard du matin, obscurcit toujours le cœur des jeunes filles à l'approche de leur fiancé. Aubray, joyeux, s'élance au-devant du comte; mais, en l'apercevant, il jette un cri de surprise. Ce n'est point le comte de Marsden, c'est-à-dire un inconnu, qu'il a devant les yeux; c'est son ami, c'est lord Ruthwen!

L'étonnement d'Aubray est grand; mais tout s'explique. Ruthwen n'était pas mort; il était seulement évanoui: la fraîcheur de la nuit lui a fait reprendre ses sens. Le départ d'Aubray et son retour en Écosse ont été trop prompts pour que Ruthwen pût lui donner de ses nouvelles; mais, guéri, il est revenu lui-même en Irlande, a trouvé son frère mort, a hérité de son nom et de sa fortune, et, sous ce nom, avec une fortune double de celle qu'il avait, il s'est offert pour épouser Malvina, se réjouissant d'avance de la joie qu'il causerait à son cher Aubray en reparaissant devant lui.

Ruthwen est charmant; son ami ne l'a point flatté. Il plaît fort à Malvina, qui, de son côté, produit sur lui une si vive impression, que, sous le prétexte d'affaires très-pressées, il demande à l'épouser dans les vingt-quatre heures. Malvina se défend tout juste ce qu'il faut pour céder. On se rend au château de Marsden. — La toile tombe.

J'avais suivi de l'œil mon voisin presque autant que la pièce, et, à ma grande satisfaction, je l'avais vu refermer son Elzévir, et écouter les dernières scènes. Lorsque la toile fut tombée, il poussa une exclamation de dédain accompagnée d'un profond soupir.

— Peuh!... fit-il.

Je profitai du moment pour renouer la conversation.

— Pardon, monsieur, lui dis-je, mais, à la fin du prologue, vous avez dit : « C'est absurde! »

— Oui, dit mon voisin, je crois avoir dit cela, ou, si je ne l'ai pas dit, je l'ai assurément pensé.

— Blâmez-vous donc l'intervention des êtres surnaturels dans le drame?

— Non pas, au contraire, je l'aime fort. Tous les grands maîtres en ont tiré de puissants effets : Shakspeare, dans *Hamlet,* dans *Macbeth,* et dans *Jules César;* Molière, dans *le Festin de pierre,* qu'il eût dû appeler *le Convive de pierre,* pour que son titre eût une signification; Voltaire, dans *Sémiramis;* Gœthe, dans *Faust.* Non, j'aime fort le surnaturel, au contraire, attendu que j'y crois.

— Comment! vous croyez au surnaturel?

— Sans doute.

— Dans la vie commune?

— Certainement. Nous côtoyons à tout instant des êtres qui nous sont inconnus parce qu'ils nous sont invisibles : l'air, le feu, la terre sont habités. Sylphes, gnomes, ondins, farfadets, lutins, anges, démons, flottent, rampent, voltigent, bondissent autour de nous. Qu'est-ce que c'est que ces étoiles filantes dans la nuit, météores que les astronomes cherchent en vain à nous expliquer, et dont ils ne peuvent découvrir ni la cause, ni le but, si ce n'est des anges qui vont, d'un monde dans un autre, porter les ordres de Dieu? Un jour, nous verrons tout cela.

— Nous verrons, dites-vous?

— Mais oui, nous verrons. Parbleu! pourquoi voulez-vous que nous ne voyions pas ces merveilles?

— Vous dites « nous; » est-ce nous personnellement qui les verrons?

— Oh! je ne dis pas cela précisément... Pas moi qui suis déjà vieux; peut-être vous qui êtes encore jeune; mais, à coup sûr, nos descendants.

— Et comment diable nos descendants verront-ils une chose que nous ne voyons pas?

— Mais comme nous voyons des choses que n'ont pas vues nos aïeux.

— Que voyons-nous donc qu'ils n'ont point vu?

— Dame! la vapeur, les fusils à piston, l'aérostat, l'électricité, l'imprimerie, la poudre à canon! Croyez-vous que ce soit pour s'arrêter à moitié chemin que le monde marche? Croyez-vous qu'après avoir conquis successivement la terre, l'eau et le feu, l'homme ne se rendra pas maître de l'air, par exemple? Ce serait absurde de ne pas avoir cette conviction-là. Est-ce que vous en doutez, par hasard, vous, jeune homme? Tant pis, tant pis, tant pis!

— Ma foi, monsieur, j'avoue une chose, c'est que je ne doute ni ne crois. Jamais mon esprit ne s'est arrêté sur ces sortes de matières, et j'ai eu tort, je le vois, puisqu'elles peuvent avoir l'intérêt que je me sens prêt à y prendre, si j'avais le bonheur de causer longtemps avec vous. — De sorte que vous croyez, monsieur, que nous arriverons peu à peu à connaître tous les secrets de la nature?

— J'en suis convaincu.

— Mais, alors, nous serons aussi puissants que Dieu?

— Non pas... Aussi savants, peut-être; aussi puissants, non.

— Faites-vous donc une si grande différence entre savoir et pouvoir?

— Il y a un abîme entre ces deux mots! Dieu vous a donné l'autorisation de vous servir de toutes les choses créées. Aucune de ces choses n'est oiseuse ou inutile; toutes, à un moment donné, doivent concourir au bien-être de l'homme, au bonheur de l'humanité; mais, pour qu'il applique ces choses au bonheur de l'espèce et au bien-être de l'individu, il faut que l'homme sache parfaitement la cause et le but de tout. Il utilisera tout, et, quand il aura utilisé la terre, l'eau, le feu et l'air, il n'y aura plus pour lui ni espace ni distance; il verra le monde tel qu'il est, non-seulement dans ses formes visibles, mais encore dans ses formes invisibles; il pénétrera au sein de la terre, comme les gnomes; il habitera l'eau, comme les nymphes et les tritons; il jouera dans le feu, comme les lutins et les salamandres; il traversera les airs, comme les sylphes et les anges; il montera, par la chaîne des êtres et par l'échelle des perfectionnements, jusqu'à Dieu; il verra le maître suprême de toutes choses, comme je vous vois; et si, au lieu de prendre de l'humilité par la science, il acquiert de l'orgueil; si, au lieu d'adorer, il se compare; si, parce qu'il connaît la création, il se croit l'égal du créateur, Dieu lui dira : « Fais-moi une étoile ou un *rotifer !* »

Je crus avoir mal entendu, et je répétai :

— Une étoile ou un...?

— Ou un rotifer; — c'est un animal que j'ai découvert. — Colomb a découvert un monde, et j'ai découvert, moi, un éphémère. Croyez-vous que Colomb pèse, pour cela, plus lourd que moi dans la main de Dieu?

Je restai un instant pensif. Cet homme était-il fou? En tout cas, c'était une bien belle folie que la sienne.

— Eh bien, continua-t-il, on découvrira un jour les ondins, les gnomes, les sylphes, les nymphes, les anges, comme j'ai découvert mon animalcule. Le tout est de trouver un microscope pour les infiniment transparents, comme nous en avons trouvé un pour les infiniment petits. Avant l'invention du microscope solaire, la création s'arrêtait, pour l'homme, à l'acarus, au ciron; il était bien loin de se douter qu'il y eût des serpents dans son eau, des crocodiles dans son vinaigre, des dauphins bleus... dans autre chose. Le microscope solaire a été inventé, et il a vu tout cela.

Je restai stupéfait. Je n'avais jamais entendu parler de pareilles choses.

— Mon Dieu! monsieur, lui dis-je, mais vous me révélez

tout un monde dont je ne me doutais pas. Comment! il y a des serpents dans notre eau?

— Des hydres.

— Des crocodiles dans notre vinaigre?

— Des ichthyosaurus.

— Et des dauphins bleus dans...? Mais c'est impossible!

— Ah! voilà le grand mot : c'est impossible!... Vous avez dit tout à l'heure : « C'est impossible! » des choses que nous ne voyons pas, et maintenant vous dites : « C'est impossible! » des choses que tout le monde a vues, excepté vous. Toute impossibilité est relative; ce qui est impossible pour l'huître n'est pas impossible pour le poisson; ce qui est impossible pour le poisson n'est pas impossible pour le serpent; ce qui est impossible pour le serpent n'est pas impossible pour le quadrupède; ce qui est impossible pour le quadrupède n'est pas impossible pour l'homme; ce qui est impossible pour l'homme n'est pas impossible pour Dieu. Quand Fulton est venu offrir la vapeur à Napoléon, Napoléon a dit, comme vous: « C'est impossible! » Et, s'il eût vécu deux ou trois années de plus, il eût pu voir, du haut de son rocher, passer, fumantes, ces machines qui l'eussent peut-être gardé empereur, s'il ne les eût pas repoussées comme un rêve, comme une utopie, comme une impossibilité. — Job avait cependant prédit les bateaux à vapeur...

— Job avait prédit les bateaux à vapeur?

— Mais sans doute... A quoi pensez-vous donc que se rapporte cette description du léviathan, que Job appelle le roi de la mer : « Je n'oublierai pas le léviathan, sa force, et la merveilleuse structure de son corps. Ses frémissements font jaillir la lumière; ses yeux brillent comme les rayons de l'aurore; des flammes sortent de sa gueule, et des étincelles volent autour de lui. La fumée sort de ses narines, comme d'un vase rempli d'eau bouillante. Son souffle est semblable à des charbons ardents; son cœur est dur comme la meule qui écrase le grain. Sous lui, l'abîme bouillonne, comme l'eau sur le brasier; la mer s'élève en vapeur, comme l'encens d'un vase d'or; l'onde blanchit derrière lui, comme la chevelure d'un vieillard. Nul, sur la terre, n'a sa puissance; il a été créé pour ne rien craindre. » Eh bien, le léviathan, c'est le bateau à vapeur!

— En vérité, monsieur, dis-je à mon voisin, vous me faites tourner la tête. Vous savez tant de choses, et vous en parlez si bien, que je me laisse entraîner à ce que vous me dites, comme la feuille au tourbillon. Vous avez parlé d'un petit animal découvert par vous, d'un éphémère; vous l'appelez le rotifer?

— Oui.

— Est-ce dans l'eau, dans le vin ou dans le vinaigre que vous l'avez découvert?

— C'est dans du sable mouillé.

— Comment cela s'est-il fait?

— Oh! d'une façon bien simple, mon Dieu! Bien avant Raspail, je faisais des expériences microscopiques sur les infiniment petits. Un jour, après avoir soumis à l'examen l'eau, le vin, le vinaigre, le fromage, le pain, enfin tous les ingrédients sur lesquels on fait d'ordinaire des expériences, je pris dans ma gouttière, — je logeais au sixième étage, à cette époque-là, — je pris dans ma gouttière un peu de sable mouillé; je le posai dans la cage de mon microscope, et j'appliquai mon œil sur la lentille. Alors, je vis se mouvoir un animal étrange, ayant la forme d'un vélocipède, armé de deux roues, qu'il agitait rapidement. Avait-il une rivière à traverser, ses roues lui servaient comme celles d'un bateau à vapeur; avait-il un terrain sec à franchir, ses roues lui servaient comme celles d'un tilbury. Je le regardai, je le détaillai, je le dessinai. Puis je me souvins tout à coup que mon rotifer, — je l'avais baptisé ainsi, quoique, depuis, je l'aie appelé un *tarentatello*, — je me souvins tout à coup que mon rotifer me faisait oublier un rendez-vous. J'étais pressé : j'avais affaire à un de ces animalcules qui n'aiment point attendre, à l'un de ces éphémères qu'on appelle une femme... Je laissai là mon microscope, mon rotifer et la pincée de sable qui était son monde. J'avais un autre examen à faire où j'allais, examen continu et consciencieux, qui me tint toute la nuit. Je ne rentrai que le lendemain matin. J'allai droit à mon microscope. Hélas! pendant la nuit, le sable avait séché, et mon pauvre rotifer, qui, sans doute, avait besoin d'humidité pour vivre, était mort. Son imperceptible cadavre était étendu sur le flanc gauche; ses roues étaient immobiles, le bateau à vapeur n'allait plus, le vélocifère était arrêté.

— Ah! pauvre rotifer! m'écriai-je.

— Attendez! attendez!

— Ah çà! est-ce que, comme lord Ruthwen, il n'était pas mort? est-ce que, comme lord Ruthwen, il était vampire?

— Vous allez voir! Tout mort qu'il était, l'animal n'en restait pas moins une curieuse variété des éphémères, et son cadavre méritait d'être conservé, aussi bien que celui d'un mammouth ou d'un mastodonte. Seulement, vous sentez qu'il fallait prendre des précautions bien autrement grandes pour manier un animal cent fois plus petit qu'un ciron, qu'il n'en faut prendre pour changer de place un animal dix fois gros comme un éléphant! Je choisis, parmi toutes mes boîtes, une petite boîte de carton; je la destinai à être la tombe de mon rotifer, et je transportai, à l'aide de la barbe d'une plume, ma pincée de sable de la cage de mon microscope dans ma boîte. Je comptais faire voir ce cadavre-là à Geoffroy Saint-Hilaire ou à Cuvier; mais l'occasion me manqua. Je ne rencontrai point ces messieurs, ou, si je les rencontrai, ils se refusèrent à monter mes six étages; tant il y a que, pendant trois mois, six mois, un an, peut-être, j'oubliai le cadavre du pauvre rotifer. Un jour, par hasard, la boîte me tomba sous la main; alors, je voulus voir quel changement un an pouvait produire sur le cadavre d'un éphémère. Le temps était couvert, il tombait une grosse pluie d'orage. Afin d'y mieux voir, j'approchai le microscope de la fenêtre, et je vidai dans la cage le contenu de la petite boîte. Le cadavre du pauvre rotifer était toujours immobile et couché sur le sable; seulement, le temps, qui se souvient si cruellement des colosses, semblait avoir oublié l'infiniment petit. Je regardais mon éphémère avec un sentiment de curiosité facile à comprendre, quand tout à coup une goutte de pluie chassée par le vent tombe dans la cage du microscope, et humecte ma pincée de sable.

— Eh bien? demandai-je.

— Eh bien, voilà où est le miracle. Au contact de cette fraîcheur vivifiante, il me sembla que mon rotifer se ranimait, qu'il remuait une antenne, puis l'autre; qu'il faisait tourner une de ses roues, puis ses deux roues; qu'il reprenait son centre de gravité, que ses mouvements se régularisaient, qu'il vivait enfin!

— Bah!

— Monsieur, le miracle de la résurrection, auquel vous croyez peut-être, vous, mais auquel ne croyait point Voltaire, venait de s'accomplir, non pas au bout de trois jours... trois jours, beau miracle!... mais au bout d'un an!... Dix fois je renouvelai la même épreuve : dix fois le sable sécha, dix fois le rotifer mourut! dix fois le sable fut humecté, et dix fois le rotifer ressuscita! Ce n'était pas un éphémère que j'avais trouvé, monsieur, c'était un immortel! Mon rotifer avait probablement vécu avant le déluge, et devait survivre au jugement dernier.

— Et vous possédez toujours ce merveilleux animal?

— Ah! monsieur, me dit mon voisin avec un profond soupir, je n'ai pas ce bonheur. Un jour que, pour la vingtième fois peut-être, je m'apprêtais à renouveler mon expérience, un coup de vent emporta le sable séché, et, avec le sable séché, mon phénoménal immortel. Hélas! depuis, j'ai repris bien des pincées de sable mouillé sur ma gouttière, et même ailleurs, mais toujours inutilement; jamais je n'ai retrouvé l'équivalent de ce que j'avais perdu. Mon rotifer était, non-seulement immortel, mais encore unique... Voulez-vous me laisser passer, monsieur? Le deuxième acte va commencer, et je trouve ce mélodrame si mauvais, que je voudrais bien m'en aller.

— Oh! monsieur, lui dis-je, je vous en supplie, ne vous en allez pas; j'ai encore tant de choses à vous demander, et vous me paraissez si savant!... Vous n'écouterez pas, si vous voulez; vous lirez *le Pastissier françois*, et, dans les entr'actes, nous causerons Elzévir et rotifer... Moi, j'écouterai la pièce, qui m'intéresse beaucoup, je vous assure.

— Vous êtes bien bon, me dit mon voisin en s'inclinant.

Puis, avec la douceur charmante que j'avais déjà remarquée en lui, comme on frappait les trois coups, il reprit sa lecture.

Le rideau se leva sur l'entrée d'une ferme, au côté *cour*, — sur une chaîne de montagnes neigeuses, au fond, — et sur une fenêtre, au côté *jardin*.

Le théâtre représentait la ferme du château de Marsden.

LXXVI

Deuxième acte du *Vampire*. — Analyse. — Nouveaux murmures de mon voisin. — Il a vu un vampire. — Où et comment. — Procès-verbal qui constate l'existence des vampires. — Néron. — Comment les claqueurs furent institués par lui. — Mon voisin quitte l'orchestre.

En attendant que Ruthwen épousât Malvina, Edgard, un de ses vassaux, épousait Lovette.

Cette Lovette était bien la plus jolie, la plus fine et la plus gracieuse fiancée du monde : c'était Jenny Vertpré à vingt ans.

Lord Ruthwen, qui était réellement amoureux de Malvina, aurait autant aimé sucer le sang de la femme d'un autre que celui de sa femme, à lui. Aussi, sur la demande de son serviteur, s'était-il empressé d'assister à ses noces.

Ces noces ont lieu, en effet. Lord Ruthwen s'assied ; le ballet va commencer, quand s'avance un vieux barde avec sa harpe; c'est l'hôte de tous les châteaux, c'est le poëte obligé de tous les mariages. Il reconnaît Ruthwen, qui ne le reconnaît pas, occupé qu'il est à fasciner de son regard la pauvre Lovette.

Le barde accorde sa harpe et chante :

> O jeune vierge de Staffa
> Brûlant de la première flamme,
> Dont le cœur palpite déjà
> Aux doux noms d'amante et de femme !

> Au moment d'unir votre sort
> A l'amant de votre pensée,
> Gardez-vous, jeune fiancée,
> De l'amour qui donne la mort !

Ce premier couplet excite la colère de lord Ruthwen, qui y voit un avertissement à Lovette, et qui craint, par conséquent, de se voir arracher sa victime. Aussi, son regard fascinateur se détourne-t-il de la jeune fille, pour se fixer furieux sur le barde, qui, sans se déconcerter, continue :

> Quand le soleil de ces déserts
> Des monts ne dore plus la cime,
> Alors, les anges des enfers
> Viennent caresser leurs victimes...
> Si leur douce voix vous endort,
> Reculez, leur main est glacée !
> Gardez-vous, jeune fiancée,
> De l'amour qui donne la mort !

Un troisième couplet, et Lovette échappera au vampire. Il ne faut donc pas que le barde, qui n'est autre chose que l'ange du mariage, chante son troisième couplet.

Lord Ruthwen se plaint que ce chant lui rappelle un souvenir douloureux, et fait chasser le vieillard.

Puis, comme la nuit s'avance, comme il n'a pas de temps à perdre, puisque, pour vivre, il faut qu'avant une heure du matin il ait sucé le sang d'une jeune fille, il demande un entretien à Lovette.

Lovette a bonne envie de refuser ; mais Edgard craint de mécontenter monseigneur. — Monseigneur, resté seul avec Lovette, essaye de la séduire, lui jure qu'il l'aime, et lui met une bourse pleine d'or dans la main. En ce moment, on entend la harpe du barde et le refrain de la chanson :

> Gardez-vous, jeune fiancée,
> De l'amour qui donne la mort !

Puis, tout le monde rentre, et le ballet commence. — Vers le milieu du ballet, Lovette, oppressée, se retire; Ruthwen, qui ne l'a pas perdue de vue, la suit. Au bout d'un instant, Edgard s'aperçoit que ni Lovette ni monseigneur ne sont là. Il sort à son tour. On entend des cris dans la coulisse; Lovette accourt dans le plus grand désordre; un coup de pistolet retentit : lord Ruthwen, blessé à mort, vient tomber sur le théâtre.

« — Il a voulu déshonorer ma fiancée! » dit Edgard, paraissant, son arme fumante encore à la main.

Aubray s'élance vers le blessé. Lord Ruthwen respire encore ; il demande qu'on le laisse seul avec son ami. Tout le monde s'éloigne.

« — Une dernière promesse, Aubray, dit lord Ruthwen.

» — Ah! demande, prends ma vie!... elle m'est insupportable sans toi, répond Aubray.

» — Mon ami, je te demande, seulement pour douze heures, le plus profond secret.

» — Pour douze heures?

» — Promets-moi que Malvina ne saura rien de ce qui est arrivé; que tu ne feras rien pour venger ma mort, avant que la première heure de la nuit ait sonné... Jure-moi le secret sur ce cœur expirant...

» — Je le jure! » dit Aubray en étendant la main.

Aux derniers mots de Ruthwen, la lune sort des nuages, et brille de tout son éclat.

« — Aubray, dit Ruthwen, l'astre de la nuit luit à mes yeux de sa dernière lumière... Que je puisse le voir, et adresser au ciel mes derniers vœux! »

La tête de Ruthwen retombe à ces mots. Alors, Aubray, secondé par le père de Lovette, porte le moribond sur le rocher du fond, lui baise encore une fois la main, et se retire entraîné par le vieillard. En ce moment, on voit la lune couvrir entièrement de son rayon le corps de Ruthwen, et éclairer les glaces de la montagne...

La toile tomba, au milieu des applaudissements de la salle tout entière, et des murmures de mon voisin.

Cet acharnement à poursuivre une pièce qui me semblait à

moi pleine d'intérêt m'étonnait de la part d'un homme aussi bienveillant que paraissait l'être mon voisin. Non-seulement, comme je l'ai dit, il s'était livré à de bruyants murmures, mais encore, pendant toute la dernière scène, il avait joué d'une façon inquiétante avec une clef qui s'était à plusieurs reprises approchée de sa bouche.

— En vérité, monsieur, lui dis-je, je vous trouve bien sévère pour cet ouvrage.

Mon voisin haussa les épaules.

— Oui, monsieur, je le suis, d'autant plus que l'auteur se croit un homme d'esprit, que l'auteur se croit un homme de talent, que l'auteur se croit un homme de style, et qu'il se trompe. J'ai vu cela, il y a trois ans, quand cela a été joué, et je le revois aujourd'hui. Eh bien, ce que j'ai dit alors, je le répète : la pièce est plate, sans invention, invraisemblable. — Ah bien, oui, les vampires! ils se donnent bien toutes ces peines-là! Et puis, *sir* Aubray! Est-ce que l'on dit sir Aubray? Aubray est un nom de famille, et l'on ne met le titre de *sir* que devant le nom de baptême. — Ah! il a bien fait de garder l'anonyme, l'auteur; il a eu de l'esprit, ce jour-là.

Je profitai du moment où mon voisin reprenait haleine.

— Monsieur, lui dis-je, vous vous êtes écrié tout à l'heure : « Ah bien, oui, les vampires! ils se donnent bien toutes ces peines-là! » Vous vous êtes écrié cela, n'est-ce pas? Je ne me suis pas trompé?

— Non.

— C'est qu'en employant cette forme de langage, vous paraissez parler des vampires comme s'ils existaient réellement?

— Sans doute qu'ils existent.

— En auriez-vous vu, par hasard?

— Certainement que j'en ai vu!

— Au microscope solaire? hasardai-je en riant.

— Non, de mes yeux, comme Orgon avec Tartufe.

— Où cela?

— En Illyrie.

— En Illyrie? Ah! vous avez été en Illyrie?

— Trois ans.

— Et vous y avez vu des vampires?

— Vous savez que c'est la terre classique des vampires, l'Illyrie, comme la Hongrie, la Servie, la Pologne.

— Non, je ne sais pas... je ne sais rien. Où étaient ces vampires que vous avez vus?

— A Spalatro. Je logeais chez un bonhomme de soixante-deux ans. Il mourut. Trois jours après avoir été enterré, il apparut la nuit à son fils et lui demanda à manger; son fils le servit selon ses désirs; il mangea et disparut. Le lendemain, le fils me raconta ce qui lui était arrivé, me disant que bien certainement son père ne reviendrait pas pour une fois, et m'invitant à me mettre, la nuit suivante, à une fenêtre pour le voir entrer et sortir. J'étais curieux de voir un vampire. Je me mis à la fenêtre; mais, cette nuit-là, il ne vint pas. Le fils me dit, alors, de ne pas me décourager, qu'il viendrait probablement la nuit suivante. — La nuit suivante, je me remis donc à ma fenêtre, et, en effet, vers minuit, je reconnus parfaitement le vieillard. Il venait du côté du cimetière; il marchait d'un bon pas; mais son pas ne faisait aucun bruit. Arrivé à la porte, il frappa; je comptai trois coups; les coups résonnèrent secs sur le chêne, comme si l'on eût frappé avec un os, et non avec un doigt. Le fils vint ouvrir la porte, et le vieillard entra...

J'écoutais ce récit avec la plus grande attention, et je commençais à préférer les entr'actes au mélodrame.

— Ma curiosité était trop vivement excitée, reprit mon voisin, pour que je quittasse ma fenêtre; j'y demeurai donc. Une demi-heure après, le vieillard sortit; il retournait d'où il était venu, c'est-à-dire du côté du cimetière. A l'angle d'une muraille, il disparut. Presque au même instant, ma porte s'ouvrit. Je me retournai vivement, c'était son fils. Il était fort pâle. « Eh bien, lui dis-je, votre père est venu? — Oui... L'avez-vous vu entrer? — Entrer et sortir... Qu'a-t-il fait aujourd'hui? — Il m'a demandé à boire et à manger, comme l'autre jour. — Et il a bu et mangé? — Il a bu et mangé... Mais ce n'est pas le tout... voici ce qui m'inquiète... Il m'a dit... — Ah! il vous a parlé pour autre chose que pour vous demander à boire et à manger?... — Oui, il m'a dit : « Voici deux fois » que je viens manger chez toi. C'est à ton tour maintenant » de venir manger chez moi. » — Diable!... — Je l'attends après-demain à la même heure. — Diable! diable! — Eh! oui, justement, voilà ce qui me tracasse. » Le surlendemain, on le trouva mort dans son lit! Ce même jour, deux ou trois autres personnes du même village qui avaient vu aussi le vieillard, et qui lui avaient parlé, tombèrent malades et moururent à leur tour. Il fut donc reconnu que le vieillard était vampire. On s'informa auprès de moi ; je racontai ce que j'avais vu et entendu. La justice se transporta au cimetière. On ouvrit les tombeaux de tous ceux qui étaient morts depuis six semaines; tous ces cadavres étaient en décomposition. Mais, quand on en vint au tombeau de Kisilova, — c'était le nom du vieillard, — on le trouva les yeux ouverts, la bouche vermeille, respirant à pleins poumons, et cependant immobile, comme mort. On lui enfonça un pieu dans le cœur; il jeta un grand cri, et rendit le sang par la bouche; puis on le mit sur un bûcher, on le réduisit en cendre, et l'on jeta la cendre au vent... Quelque temps après, je quittai le pays ; de sorte que je ne pus savoir si son fils était devenu vampire comme lui.

— Pourquoi serait-il devenu vampire comme lui? demandai-je.

— Ah! parce que c'est l'habitude, que les personnes qui meurent du vampirisme deviennent vampires.

— En vérité, vous dites cela comme si c'était un fait avéré.

— Mais c'est qu'aussi c'est un fait avéré, connu, enregistré! En doutez-vous?... Lisez le *Traité des apparitions*, de dom Calmet, t. II, pages 41 et suivantes; vous trouverez un procès-verbal signé par le hadnagi Barriavar et les anciens heiduques; de plus, par Battiw, premier lieutenant du régiment d'Alexandre de Wurtemberg; par Clercktinger, chirurgien-major du régiment de Fürstenberg; par trois autres chirurgiens de la compagnie, et par Goltchitz, capitaine à Slottats, constatant qu'en l'an 1730, un mois après la mort d'un certain heiduque, habitant de Medreiga, nommé Arnold-Paul, qui avait été écrasé par la chute d'une voiture de foin, quatre personnes moururent subitement, et de la manière que meurent, selon les traditions du pays, ceux qui sont tourmentés par les vampires; qu'on se ressouvint, alors, que, de son vivant, cet Arnold-Paul avait souvent raconté qu'aux environs de Cossova, sur la frontière de la Servie turque, il avait été tourmenté par un vampire turc; — car ils croient aussi que ceux qui ont été vampires passifs, pendant leur vie, deviennent vampires actifs, après leur mort; — mais qu'il avait trouvé moyen de se guérir en mangeant de la terre du sépulcre de ce vampire, et en se frottant de son sang... précaution qui ne l'empêcha point de devenir vampire après sa mort, puisque, quatre personnes étant mortes, on pensa que le fait venait de lui, et qu'on l'exhuma, quarante jours après son enterrement; qu'il fut reconnu, alors, que son corps était vermeil; que ses cheveux, ses ongles et sa barbe, avaient poussé; que ses veines étaient toutes remplies d'un sang fluide, et coulant, de toutes les parties de son corps, sur le linceul dont il était enveloppé; que le hadnagi ou bailli du lieu, en présence de qui se fit l'exhumation, et qui était un homme expert dans le vampirisme, fit enfoncer, selon la coutume, dans le cœur dudit Arnold-Paul un pieu fort aigu dont on lui traversa le corps de part en part, ce qui lui fit jeter un cri effroyable, comme s'il eût été en vie : cette expédition faite, on lui coupa la tête et l'on brûla le tout, et l'on en fit autant aux cadavres des quatre ou cinq personnes mortes de vampirisme, de crainte qu'elles n'en fissent mourir d'autres à leur tour; que toutes ces expéditions ne purent empêcher que, vers 1735, c'est-à-dire au bout de cinq ans, les mêmes prodiges ne se fussent renouvelés, et que, dans l'espace de trois mois, dix-sept personnes du même village ne fussent mortes du vampirisme, quelques-unes sans être malades, d'autres après avoir langui deux ou trois jours; qu'entre autres, une jeune personne, nommée Stranoska, fille de l'heiduque Jeronitzo, qui s'était couchée en parfaite santé, se réveilla au milieu de la nuit, toute tremblante, en poussant des cris affreux, et en disant que le fils de l'heiduque Millo, mort depuis deux semaines, avait failli l'étrangler pendant son sommeil; qu'à partir de ce moment, elle ne fit plus que languir, et qu'au bout de trois jours, elle mourut; que ce qu'elle avait dit du fils de Millo, l'ayant fait reconnaître pour un vampire, on l'exhuma, et on le trouva dans les conditions voulues pour qu'on ne conservât aucun doute sur le fait de vampirisme; que l'on découvrit enfin, après avoir bien cherché, que le défunt Arnold-Paul avait tué, non-seulement les quatre personnes dont nous avons parlé, mais encore plusieurs bestiaux dont les nouveaux vampires, et particulièrement le fils de Millo, avaient mangé; que, sur ces indices, on prit la résolution de déterrer tous ceux qui étaient morts depuis un certain temps, et que, parmi une quarantaine de cadavres, on en trouva dix-sept avec tous les signes évidents du vampirisme; qu'en conséquence, on leur a transpercé le cœur et coupé la tête, et qu'ensuite on les a brûlés et qu'on a jeté leurs corps dans la rivière.

— Le livre où se trouve ce procès-verbal, monsieur, coûte-t-il aussi cher qu'un Elzévir?

— Oh! ma foi, non! Vous le trouverez partout : 2 volumes in-18, de 480 pages chacun, chez Techener, Guillemot ou Frank. Cela vous coûtera cinquante sous ou trois francs.

— Merci. Je me donnerai la satisfaction de l'acheter.

— Maintenant, voulez-vous me laisser en aller?... Il y a trois ans, le dernier acte ne m'a pas paru très-bon; aujourd'hui, il me paraîtrait pire encore.

— Si vous le voulez absolument, monsieur...

— Oui, vraiment, vous me rendrez service.

— Mais, auparavant, s'il vous plaît, un conseil?

— Avec le plus grand plaisir... Parlez.

— Avant d'entrer à l'orchestre, j'étais entré au parterre, et j'y avais eu une petite affaire.

— Ah! c'est vous?...

— C'est moi.

— Qui avez?...

— Oui.

— Donné?...

— Oui.

— A quel propos donc vous êtes-vous permis cette vivacité?

Je lui racontai mon aventure, et lui demandai si je devais prévenir mes témoins le soir même, ou s'il serait encore temps le lendemain matin.

Il secoua la tête.

— Oh! ni ce soir ni demain matin, me dit-il.

— Comment, ni ce soir ni demain matin?

— Non, ce serait du dérangement inutile.

— Et pourquoi cela?

— Mais parce que vous êtes tombé dans un nid de claqueurs.

— Un nid de claqueurs!... Qu'est-ce que c'est que cela? demandai-je.

— Oh! jeune homme, s'écria mon voisin d'un ton paternel, gardez bien cette sainte ignorance!

— Cependant, si je vous priais de la faire cesser?...

— Avez-vous entendu dire qu'il y eût autrefois des empereurs à Rome?

— Mais oui.

— Vous rappelez-vous le nom du cinquième de ces empereurs?

— Néron, je crois.

— C'est cela. Eh bien, Néron, qui empoisonna son cousin Britannicus, qui éventra sa mère Agrippine, qui étrangla sa femme Octavie, qui tua, d'un coup de pied dans le ventre, sa maîtresse Poppée, Néron avait une voix de ténor, dans le genre de celle de Ponchard; seulement, sa méthode était moins savante; de sorte que, de temps en temps, Néron chantait faux! Cela n'avait pas d'inconvénient, tant que Néron chantait au Palatin ou à la Maison-Dorée, devant ses convives ou devant ses courtisans; cela n'eut pas même d'inconvénient encore, tant que Néron chanta en regardant brûler Rome : les Romains étaient si occupés autour de l'incendie, qu'ils ne faisaient point attention à un dièze de plus ou à un bémol de moins. Mais, quand il lui prit envie de chanter sur un théâtre public, ce fut autre chose; à chaque fois que l'illustre ténor déviait tant soit peu de la ligne musicale, quelque spectateur se permettait — ce que je me permettrai tout à l'heure, si vous me forcez de rester à ce ridicule mélodrame, — il sifflait. On arrêtait bien le spectateur, et on le jetait bien aux bêtes; mais, en passant devant Néron, au lieu de dire tout simplement, comme c'était l'habitude : « Auguste, celui qui va mourir te salue! » il disait : « Auguste, je vais mourir, parce que tu chantes faux; mais, quand je serai mort, tu ne chanteras pas plus juste. » Cette salutation suprême, revue et augmentée par les patients, ennuya Néron : il fit étrangler les siffleurs dans les couloirs, et l'on ne siffla plus. Toutefois, ce n'était pas assez pour Néron, — ce *désireur de l'impossible*, comme l'appelle Tacite, — ce n'était pas assez que l'on ne sifflât plus, il fallait qu'on applaudît. Or, on pouvait bien étrangler ceux qui sifflaient, mais on ne pouvait pas, en conscience, étrangler ceux qui n'applaudissaient pas; il eût fallu étrangler tous les spectateurs, et c'eût été une rude besogne : les théâtres romains contenaient vingt mille, trente mille, quarante mille spectateurs!... Se voyant en nombre, ils auraient bien pu ne pas se laisser étrangler. Néron fit mieux : il institua un corps composé de chevaliers romains, une espèce de confrérie dont les membres montaient à trois mille. Ces trois mille chevaliers n'étaient pas les prétoriens de l'empereur, c'étaient les gardes du corps de l'artiste; partout où il allait, ils le suivaient; partout où il chantait, ils l'applaudissaient. Un spectateur morose faisait-il entendre un murmure, une oreille chatouilleuse se permettait-elle un coup de sifflet, à l'instant, sifflet ou murmure était étouffé sous les applaudissements. Néron triomphait au théâtre. Sylla, César et Pompée n'avaient-ils pas usé tous les autres triomphes? Eh bien, mon cher monsieur, sous ce nom de claqueurs, cette race de chevaliers s'est perpétuée : l'Opéra en a, le Théâtre-Français en a, l'Odéon en a, — et il est bien heureux d'en avoir! — enfin, la Porte Saint-Martin en a; toutefois, leur mission, à eux, n'est pas seulement de soutenir les mauvais acteurs, elle consiste encore, comme vous avez pu le voir tout à l'heure, à empêcher les mauvaises pièces de tomber. En vertu de leur origine, on les appelle des *romains;* mais, nos romains, à nous, ne sont pas recrutés parmi les chevaliers. Non, on n'est pas si difficile sur le choix, et ils n'ont pas besoin de montrer à l'index un anneau d'or; pourvu qu'ils montrent deux larges mains, qu'ils rapprochent l'une de l'autre ces larges mains avec rapidité et fracas, voilà les seuls quartiers de noblesse exigés. Vous voyez donc que j'avais bien raison de vous dire de ne pas déranger deux de vos amis pour un de ces maroufles. — Maintenant que vous êtes éclairé, voulez-vous me laisser sortir?...

Je compris qu'il y aurait de l'importunité à retenir mon voisin plus longtemps. Si sa conversation, dans laquelle, en si peu de temps, il avait embrassé tant de choses, m'était agréable et aidait fort à mon instruction, il était évident qu'il ne pouvait en dire autant de la mienne. Je ne pouvais rien lui apprendre, sinon que j'ignorais tout ce qu'il savait. Je m'effaçai donc avec un soupir, n'osant lui demander qui il était, et le laissant passer, lui et son *Pastissier françois*, qu'il tenait des deux mains sur sa poitrine, de peur sans doute qu'un des chevaliers dont nous avons parlé tout à l'heure, curieux de livres rares, ne le lui enlevât.

Je le regardai s'éloigner avec regret; un pressentiment me disait, vaguement sans doute, qu'après m'avoir rendu un grand service, cet homme deviendrait un de mes meilleurs amis.

En attendant, il m'avait fait des entr'actes bien autrement curieux que la pièce.

Heureusement que l'on frappait pour le troisième acte, et que, par conséquent, les entr'actes étaient terminés.

LXXVII

Parenthèse. — *Hariadan Barberousse* à Villers-Cotterets. — Je joue en amateur le rôle de don Ramire. — Mon costume. — Troisième acte du *Vampire*. — Mon ami le bibliomane siffle au plus beau moment. — — On l'expulse de la salle. — Madame Dorval. — Sa famille et son enfance. — Philippe. — Sa mort et son convoi.

Mon voisin parti, je me sentis fort isolé dans cette grande salle; c'était certainement la seule connaissance que j'y eusse.

Aussi, je me redonnai tout entier au spectacle.

Voyais-je clair dans ma pensée? Non, certes, pas encore: *le Vampire* était un des premiers mélodrames avec lesquels j'eusse fait connaissance.

Le premier était *Hariadan Barberousse*.

Comment avais-je fait connaissance avec l'œuvre de MM. Saint-Victor et Corse? Voilà ce que j'ai oublié de dire à son lieu et place.

Il y avait, à Villers-Cotterets, une troupe de pauvres comédiens; — comprenez-vous combien il fallait que des comédiens fussent pauvres pour venir à Villers-Cotterets? — Enfin, ils y étaient, et ils y mouraient de faim.

C'était toute une famille : on les nommait les Robba.

Ils eurent une idée, ces pauvres diables : c'était de donner une représentation à leur bénéfice, et de prier deux ou trois jeunes gens ou jeunes filles de la ville de jouer avec eux et pour eux.

On s'adressa naturellement à moi. — La nature m'avait déjà mis au cœur cette source de bonne volonté par laquelle s'en est allé, s'en va, s'en ira toujours, tout ce que j'ai eu, tout ce que j'ai, et tout ce que j'aurai.— J'acceptai de jouer le rôle de don Ramire.

Toutes les autres mères refusèrent garçons ou filles. Laisser monter ses enfants sur des planches, et avec de vrais comédiens encore, fi donc!

Ma mère seule tint à la parole donnée, et je fus l'unique artiste en représentation extraordinaire dont le nom, mis en grosses lettres sur l'affiche, eut la philanthropique mission de faire salle comble.

Il s'agissait de me confectionner un costume.

Ce fut une longue histoire que de mener à fin une pareille opération.

Heureusement, à cette époque, et à Villers-Cotterets surtout, on n'était pas d'une grande exigence. Talma lui-même, ce grand rénovateur, jouait *Hamlet* avec un pantalon de satin blanc, des bottes à cœur et une polonaise.

Mais je n'avais, de tout cela, que les bottes à cœur, et je ne pouvais pas jouer don Ramire, rien qu'avec des bottes à cœur.

On avait la tunique, — tout se jouait en tunique à cette époque, — et une splendide tunique même, car elle se composait de deux châles de cachemire rouge, à grandes fleurs d'or, que mon père avait rapportés d'Égypte, et dont j'ai déjà parlé, je crois. On se contenterait de les coudre, de laisser, de chaque côté, une ouverture pour les bras, de les plisser à la taille avec le ceinturon d'une épée; on ferait sortir de chaque ouverture des manches de satin, et don Ramire serait, sinon suffisamment, au moins richement et pudiquement vêtu des épaules à la moitié des cuisses.

Un col rabattu, et une toque de satin, de la couleur de la tunique, compléteraient la partie supérieure du costume.

Quant à la partie inférieure, c'était plus grave.

Les maillots étaient rares à Villers-Cotterets; je pourrais même dire qu'ils y étaient inconnus; il ne fallait donc pas songer à se procurer un maillot, c'eût été du temps perdu, une idéalité, un rêve!

Les plus longs bas de soie que l'on put trouver, cousus à un caleçon, firent l'affaire.

Venaient, ensuite, les brodequins.

Ah! les brodequins, ce fut une invention de ma part.

On teignit en rouge une seconde paire de bas de soie; on y cousit une semelle; on la passa par-dessus la première; on la rabattit, en la roulant, à trois pouces au-dessus des chevilles; on arrêta ce rabat, qui faisait bourrelet; on simula la laçure du brodequin avec un ruban vert, et la chaussure termina dignement un don Ramire qui se donnait le luxe de commencer par une toque de satin et une plume d'autruche.

Restait l'épée.

L'épée de mon père, épée républicaine, avec son bonnet de Liberté, figurerait assez mal au côté de don Ramire.

Le maire, M. Mussart, me prêta une épée Louis XV montée en argent; on ôta la chaîne qui la fermait; la garde disparue, il resta la poignée et la coquille; cela parut suffisant aux plus difficiles.

L'annonce de cette solennité fit grand bruit; on vint de toutes les villes et de tous les villages environnants, même de

Soissons. Je dus être horriblement ridicule, n'ayant jamais vu que *Paul et Virginie*, à l'âge de trois ans, et *la Jeunesse de Henri V*, à l'âge de onze ans. Mais les Robba firent huit cents francs de recette, c'est-à-dire une fortune; mais une mère, un père, des enfants et des petits-enfants eurent de quoi manger pendant les deux tiers d'une année.

Pauvres Robba! je me rappelle que tout leur répertoire se composait d'*Adolphe et Clara* et du *Déserteur*. Que sont devenus ces malheureux comédiens? Dieu le sait!

Voilà comment je connaissais *Hariadan Barberousse*, qui, avec *le Vampire*, dont j'allais voir le dernier acte, formait tout mon arsenal mélodramatique.

Le troisième acte n'était que la répétition de ce qui s'était passé au premier. — Ruthwen, que son ami Aubray croit mort à la ferme de Marsden, s'est ranimé, funèbre Endymion, sous les baisers de la lune. Revenu au château avant le frère de Malvina, il presse son mariage; et Aubray, à son retour, trouve la fiancée parée et la chapelle prête.

Il s'approche de sa sœur pour lui apprendre cette terrible nouvelle de la mort de son fiancé, et, le voyant pâle et troublé, Malvina s'écrie :

« — Mon frère, le trouble où vous êtes!... Au nom du ciel, instruisez-moi de tout!

» — Eh bien, rappelle ton courage, dit Aubray.

» — Vous m'épouvantez! » dit Malvina.

Puis, se tournant vers la porte :

« — Mais milord tarde bien à paraître.

» — Puisqu'il faut me résoudre à déchirer votre cœur, sachez que tous mes projets sont rompus. Un événement affreux, inattendu, nous a privés, moi, d'un ami, vous, d'un époux... L'infortuné Ruthwen... »

En ce moment, Ruthwen s'avance, saisit le bras d'Aubray, et lui dit d'une voix sombre :

« — Songe à ton serment! »

Sur ces mots, et comme toute la salle éclate en applaudissements, un formidable coup de sifflet retentit dans une baignoire. Je me retournai avec tout l'orchestre et tout le parterre.

Les claqueurs s'étaient levés en masse, et, montés sur les bancs, criaient : « A la porte ! »

On pouvait, du milieu de la salle, voir se dresser cette formidable montagne, semblable à une énorme contrefaçon du Parnasse de M. Titon-Dutillet, qui est à la Bibliothèque.

Mais, enfermé dans sa baignoire, abrité derrière la grille de sa loge, comme derrière un infranchissable rempart, le siffleur continuait de siffler.

Je ne sais pourquoi j'eus l'idée que c'était mon voisin qui se passait, enfin, la fantaisie dont il avait été tourmenté toute la soirée.

Le spectacle était véritablement interrompu : Philippe, madame Dorval et Thérigny restaient en scène sans pouvoir parler ; les cris *A la porte !* redoublaient ; on prévint le commissaire de police.

A force de se fixer sur la loge, mes regards pénétrèrent à travers les barreaux, et allèrent, dans la pénombre, poursuivre le malencontreux siffleur.

C'était bien mon voisin le bibliomane.

Le commissaire de police arriva. Malgré tout ce qu'il put dire, le siffleur fut expulsé de la salle, et la pièce continua, au milieu des trépignements et des bravos.

Au reste, elle tirait à sa fin. Aubray, saisi par les domestiques de lord Ruthwen, est emporté loin de Malvina, qui reste sans défense. Ruthwen l'entraîne ; une porte s'ouvre, — c'est celle de la chapelle, éclairée pour le mariage nocturne. Malvina hésite à contracter cette union hors de la présence de son frère ; mais Ruthwen devient de plus en plus pressant ; il faut que, dans quelques minutes, le sang d'une jeune fille l'ait rendu à la vie, ou sinon, comme le lui a prédit l'ange du mariage, il *subira le néant !* Tout à coup, Aubray, qui a échappé à ses gardiens, se présente dans la chapelle ; il arrête sa sœur ; il la conjure de ne pas aller plus loin. Ruthwen rappelle de nouveau à Aubray son serment.

« — Oui ! dit Aubray ; mais l'heure va sonner ! mais je pourrai tout dire !

» — Misérable! s'écrie Ruthwen en tirant un poignard, si tu profères une parole...

» — Tu ne l'auras que baignée de mon sang, s'écrie Aubray en redoublant de résistance.

» — Eh bien, vous périrez tous deux, dit Ruthwen.

Il va pour frapper Aubray. Une heure sonne; Malvina tombe évanouie dans les bras de Brigitte; le tonnerre gronde.

» — Le néant! le néant! » s'écrie Ruthwen.

Il laisse tomber son poignard, et cherche à s'enfuir. Des ombres sortent de terre et l'entraînent avec elles; l'ange exterminateur paraît dans un nuage; la foudre éclate, et les ombres s'engloutissent avec Ruthwen.

PLUIE DE FEU.

Nous copions sur le manuscrit lui-même, comme on pense bien.

Philippe fut rappelé.

Quant à madame Dorval, son rôle était exécrable, personne ne songeait à la rappeler; elle n'était engagée à la Porte-Saint-Martin que pour jouer les mauvais rôles : c'était mademoiselle Lévesque, l'artiste en vogue, qui jouait les bons.

Quelques mots sur cette pauvre chère créature, que je voyais pour la première fois, et qui, vingt-six ans plus tard, devait mourir dans mes bras (1).

Il est bon de marquer le point de départ des artistes éminents, grands comédiens ou grands poëtes; c'est là surtout ce que l'on trouvera dans ces mémoires, en grande partie consacrés au développement de l'art en France pendant la moitié du XIXe siècle.

Certes, les événements politiques, eux aussi, y tiendront leur place, mais la place seulement qu'ils doivent y tenir. Il est temps de mettre chaque chose en son lieu et place, et,

(1) Voir *les Morts vont vite*, t. II, p. 241 et suiv.

comme notre siècle est, avant tout, un siècle d'appréciation, il est bon d'apprécier les hommes et les choses.

Mademoiselle Mars et Talma, ces deux grandes gloires artistisques de l'Empire et de la Restauration, vivront encore dans l'esprit du XX⁰ et du XXI⁰ siècle, quand on aura depuis longtemps oublié jusqu'aux noms de ces comédiens politiques qu'on appelle des ministres, et qui, du bout de leurs doigts dédaigneux, leur jetaient la subvention que, chaque année, la Chambre accordait comme une aumône à ces sublimes mendiants.

Qui était ministre en Angleterre, l'année où Shakspeare fit *Othello*?

Qui était gonfalonier à Florence, l'année où Dante écrivit son poëme de *l'Enfer*?

Qui était ministre du roi Hiéron, quand l'auteur de *Prométhée* vint lui demander un asile?

Qui était archonte d'Athènes, lorsque le divin Homère mourut dans l'une des Sporades, vers le milieu du X⁰ siècle avant Jésus-Christ?

Pour savoir cela, il aurait fallu être mon voisin, — mon voisin qui savait tant de choses, qui savait reconnaître les Elzévirs, qui savait où l'on trouve les vampires, qui savait d'où viennent les claqueurs, et qui s'était fait mettre à la porte, pour avoir sifflé la prose de MM***, car il n'y a jamais eu de nom imprimé sur la brochure du *Vampire*, éditée par Barba, lequel mettait fièrement au-dessous de son nom : *Éditeur des Œuvres de Pigault-Lebrun*.

Revenons à madame Allan-Dorval, comme on l'appelait à cette époque-là.

Au fur et à mesure que j'avancerai dans ma vie, et que, en avançant, je heurterai du pied, du coude ou du front, quelqu'un, homme ou femme, comédien littéraire, ou comédien politique, ayant eu un nom, je ferai pour ce personnage ce que je vais faire pour la pauvre Marie Dorval.

Lorsqu'elle mourut, j'avais entrepris de lui élever un tombeau, — tombeau littéraire avec des feuilletons, tombeau sépulcral avec des pierres.

Les pierres devaient être payées par les feuilletons, et je

me plaisais à être l'architecte qui bâtit le double monument.

Malheureusement, c'était au *Constitutionnel* que j'avais commencé de bâtir le monument littéraire.

Au deuxième feuilleton, je parlais d'*Antony* et de l'ancien *Constitutionnel*.

La susceptibilité de M. Véron s'effaroucha ; le monument littéraire en resta à sa première assise.

Et, comme le monument sépulcral ressortait du monument littéraire, le monument sépulcral ne fut jamais commencé.

Un jour, nous reprendrons cette chose-là avec beaucoup d'autres que nous avons été forcé d'interrompre, et nous les achèverons, malgré le mauvais vouloir des hommes, grâce au bon vouloir de Dieu.

L'âge des artistes est toujours une espèce de problème qui ne se résout qu'après leur mort. Je n'ai vraiment su l'âge de Dorval qu'à sa mort.

Elle était née le jour des Rois de l'année 1798 ; — en 1823, quand j'avais vingt ans, elle en avait vingt-cinq.

Elle ne s'appelait pas Marie Dorval, alors : ces deux noms, si doux à prononcer, qu'ils semblent avoir dû toujours être les siens, ces deux noms n'étaient pas encore liés l'un à l'autre par la chaîne d'or du génie.

Elle s'appelait Thomase-Amélie Delaunay ; elle naquit tout à côté du théâtre de Lorient ; ses premiers pas trébuchèrent sur les planches.

Sa mère était artiste ; elle jouait les premières chanteuses. *Camille ou le Souterrain* était, alors, l'opéra-comique en vogue. La petite fille fut bercée, en scène, avec cette phrase, que sa mère ne pouvait plus chanter que les larmes aux yeux :

> Oh ! non, non, il n'est pas possible
> D'avoir un plus aimable enfant !

Dès qu'elle put parler, sa bouche balbutia la prose de Panard et de Collé, de Sedaine et de Favart ; à sept ans, elle passa dans ce qu'on appelle l'emploi des *Betzy*.

Son grand air, dans *Sylvain*, était :

> Je ne sais pas si mon cœur aime.

Un peintre de Lorient fit, alors, son portrait : c'était en 1808. En 1839, madame Dorval retourna à Lorient, sa ville natale. Le lendemain d'un grand succès, elle vit entrer un vieillard à cheveux blancs, qui venait, lui aussi, lui faire son offrande. Cette offrande était ce portrait d'enfant, sur lequel un tiers de siècle avait passé, et que ne reconnaissait plus la femme.

Aujourd'hui, le peintre est mort; aujourd'hui, madame Dorval est morte, et ce portrait continue à sourire.

Il était dans la chambre à coucher de Dorval. Je le vis, pour la première fois, le jour où j'aidai à lui fermer les yeux.

C'était une triste chose, je vous jure, que ce portrait d'enfant en face de ce lit de mort, que ce visage rose en face de ce visage livide. Combien de joies, d'espérances, de déceptions et de douleurs, entre ce sourire juvénile et ce gisement d'agonie!

A douze ans, la petite Delaunay quittait Lorient avec toute la troupe. Alors, — c'était en 1810, — les diligences ne sillonnaient pas la France en tout sens; alors, les chemins de fer ne comblaient pas encore les vallées, ne trouaient pas encore les montagnes; il s'agissait d'aller à Strasbourg, c'est-à-dire de traverser la France de l'ouest à l'est; on se cotisa ; on acheta une grande carriole d'osier, et l'on mit six semaines à aller de l'Océan au Rhin.

La troupe comique traversa Paris, et s'arrêta quatre jours dans la capitale ; c'était à l'époque de la grande réputation de Talma. Était-il possible de traverser Paris sans voir Talma?-Pendant trois jours, la mère et la fille économisèrent sur leur déjeuner et sur leur dîner, et, le quatrième jour, elles purent prendre deux billets de seconde galerie.

Talma jouait *Hamlet*.

Comprenez-vous, vous qui avez connu madame Dorval, ce que ce devait être, pour une organisation comme la sienne, que de voir jouer l'illustre acteur ; ce que c'était, pour ce cœur, tout filial au commencement de sa vie, tout maternel à la fin, que d'entendre les sombres lamentations du prince danois redemandant son père avec cette voix pleine de larmes que nous n'avons entendu qu'à Talma? Aussi, à ces trois vers :

> On remplace un ami, son épouse, une amante ;
> Mais un vertueux père est un bien précieux
> Qu'on ne tient qu'une fois de la bonté des cieux !

la jeune artiste, qui, avec son génie, voyait le comble de l'art, et ressentait avec son âme le comble de la douleur, se rejeta en arrière, poussa un sanglot, et s'évanouit.

On l'emporta dans un cabinet; mais vainement la pièce continua, elle ne voulut pas rentrer.

Ce ne fut que dix ans plus tard qu'elle revit Talma.

On continua la route, et on arriva à Strasbourg.

Cependant, peu à peu, mademoiselle Delaunay devint une grande personne. Alors, elle changea d'emploi, et joua les *Dugazon*. C'était une charmante jeune fille, pleine de malice et de cœur dans son jeu, disant admirablement bien la prose de M. Étienne, mais s'obstinant à chanter faux la musique de M. Nicolo. Pour une Dugazon, c'est un grand défaut que de dire juste et de chanter faux. Heureusement, Perrier, qui était en représentation à Strasbourg, donna à madame Delaunay le conseil de faire abandonner l'opéra-comique à sa fille, et de la diriger vers la comédie. En vertu de ce conseil, la Dugazon devint une jeune amoureuse. Panard fut trahi pour Molière; l'artiste et le public s'en trouvèrent bien.

De là datent les premiers succès de madame Dorval.

Hélas! de là datent aussi ses premières douleurs!

Sa mère tomba malade d'une longue et cruelle maladie. Les services que madame Delaunay rendait comme première chanteuse se trouvant affaiblis, les appointements se trouvèrent diminués. Alors, la jeune fille redoubla d'efforts; elle comprit que le talent était, non-seulement une affaire d'art, mais encore une chose de nécessité. Grâce à ses efforts, ses appointements furent portés de quatre-vingts francs à cent francs; il est vrai que, en même temps, ceux de sa mère diminuaient de trois cents francs à cent cinquante francs, et de cent cinquante francs tombaient à néant.

A dater de ce jour, commença, pour la jeune fille, cette vie de dévouement que continua la femme. Pendant un an, Amélie Delaunay fut tout pour sa mère : servante, garde-malade, consolatrice; puis, au bout d'un an, la mère mourut, et tous ces soins, toutes ces nuits de veille, toutes ces larmes versées furent perdus, excepté pour Dieu.

Sa mère morte, la jeune fille se trouva seule au monde. Ce qu'elle fit pendant les deux années qui suivirent la mort de sa mère, elle ne se le rappela jamais; ses souvenirs s'étaient noyés dans ses douleurs! Seulement, on se remit en route; on était venu de Lorient à Strasbourg, on alla de Strasbourg à Bayonne; toujours dans cette même carriole d'osier, avec ces mêmes chevaux qui appartenaient à la compagnie.

Cependant, un grand événement s'était accompli : Amélie Delaunay avait épousé sans amour, comme épouse une pauvre enfant de quinze ans, par isolement, un de ses camarades qui jouait les *Martin :* il se nommait Allan-Dorval.

Il mourut à Saint-Pétersbourg. Où avait-il vécu? Nul n'en sait rien.

Ce mariage n'eut d'autre influence sur la vie de l'artiste que de lui donner le nom sous lequel elle a été connue; son autre nom, celui de Marie, c'est nous qui le lui avons donné. Antony a été son parrain, et Adèle d'Hervey sa marraine.

Mais on continuait de voyager, et, en voyageant pour aller à Bayonne, on se rapprochait de Paris.

Dans quel village, sur quelle route, dans quelle auberge, Potier, ce grand artiste qui faisait l'admiration de Talma, rencontra-t-il madame Allan-Dorval? sur quel théâtre la vit-il jouer? dans quel rôle laissa-t-elle échapper une de ces phrases du cœur, un de ces accents fraternels auxquels les grands artistes se reconnaissent entre eux? Je n'en sais rien, car la pauvre Marie l'avait oublié elle-même; mais, du doigt, il lui montra Paris, c'est-à-dire la lumière, c'est-à-dire la réputation, c'est-à-dire la douleur!

La jeune femme vint à Paris avec une lettre de Potier pour M. de Saint-Romain, directeur de la Porte-Saint-Martin. Sur cette recommandation, M. de Saint-Romain fit un engagement avec madame Allan-Dorval, et, à partir de ce moment, son nom prit date dans les souvenirs, sa vie se mêla à la vie littéraire de Paris.

C'était en 1818.

Que jouait cette pauvre femme de génie, à laquelle rien encore n'avait révélé son génie, que cet encouragement de Potier ? Elle jouait *la Cabane du Montagnard*, *les Catacombes*, *les Pandours*, et, enfin, *le Vampire*, que mon voisin venait de siffler si outrageusement. — Pauvre Marie ! il fallait lui entendre raconter à elle-même les misères de ces premiers temps ; il y avait surtout une certaine robe à laquelle on cousait, tous les soirs avant la représentation, un galon que l'on décousait, tous les soirs après la représentation. — O Frétillon ! Frétillon ! que ton cotillon était loin d'avoir vu tout ce qu'avait vu cette robe !

Telle était, lorsqu'elle m'apparut pour la première fois, l'Ève qui devait donner le jour à tout un monde dramatique.

Quant à Philippe, qui l'écrasait, à cette époque, de la dignité de son pas et de la majesté de son geste, c'était la représentation du mélodrame pur sang Pixérécourt et Caignez... Nul ne portait comme Philippe la botte jaune, la tunique chamois bordée de noir, la toque à plume et l'épée à poignée en croix.

Ce costume était, alors, connu sous la désignation de costume de chevalier.

Lafont le portait de la façon la plus agréable dans *Tancrède* et dans *Adélaïde Duguesclin*.

Ce fut Philippe qui mourut le premier. Sa mort fit presque autant de bruit que sa vie.

Comme je n'aurai pas à reparler de lui ; comme, s'il eût vécu, il n'aurait rien eu à faire avec l'art contemporain, finissons-en tout de suite avec lui.

Philippe mourut le 16 octobre 1824, c'est-à-dire un mois, jour pour jour, après la mort de Louis XVIII.

Le 18, on présenta son corps à l'église Saint-Laurent, sa paroisse ; mais le clergé refusa de le recevoir. C'était le pendant au refus de sépulture fait à mademoiselle Raucourt.

Cette fois, les camarades de Philippe, et toute cette portion du public qui l'entourait d'une certaine popularité, résolurent d'en avoir le cœur net, de procéder sans cris, sans actes violents, sans rébellion.

On tira le cercueil du corbillard ; six artistes des différents théâtres de Paris le prirent sur leurs épaules, et, suivis de plus de trois mille personnes, s'acheminèrent vers les Tuileries.

On voulait déposer la bière dans la cour du château, demander justice, et ne se retirer que lorsque justice serait rendue.

La résolution était d'autant plus grave qu'elle s'accomplissait avec recueillement et solennité.

Le cortége suivait le boulevard et était arrivé à la hauteur de la rue Montmartre, lorsqu'un escadron de gendarmes, débouchant au galop et sabre à la main, barra le boulevard dans toute sa largeur.

Alors, on délibéra autour du cercueil, et, toujours avec le même calme et le même recueillement, on nomma cinq députés qui reçurent mission de se présenter aux Tuileries, et de réclamer, pour le corps du pauvre Philippe, les prières de l'Église et la sépulture chrétienne.

Ces cinq députés étaient : MM. Étienne, Jourdan, Colombeau, Ménessier et Crosnier.

Charles X refusa de les recevoir, et les renvoya à M. de Corbières, ministre de l'intérieur.

M. de Corbières, fort brutal de sa nature, répondit rudement que le clergé avait ses lois, qu'il ne lui était pas permis, à lui, de transgresser, bien qu'il fût chargé de la police du royaume.

Les cinq députés rapportèrent cette réponse aux trois mille Parisiens campés sur les boulevards, autour du cercueil qui réclamait la sépulture.

Les porteurs reprirent, alors, le corps sur leurs épaules, et continuèrent avec lui le chemin du Père-Lachaise.

Force resta à l'autorité, comme on dit; seulement, c'est avec de pareils triomphes que l'autorité se suicide.

« Encore une victoire comme celle-là, disait Pyrrhus après la bataille d'Héraclée, et nous sommes perdus! »

A partir de ce moment, les paroles libérales de Charles X, à son avénement au trône, furent pesées à leur juste valeur; — et qui dit qu'un des nuages qui occasionnèrent la tempête du 27 juillet 1830 ne s'était pas formé le 18 octobre 1824?...

LXXVIII

Entrée au bureau. — Ernest Basset. — Lassagne. — M. Oudard. — Je revois M. Deviolaine. — M. le chevalier de Broval. — Son portrait. — Les lettres carrées et les lettres oblongues. — Comment j'acquiers une grande supériorité dans les cachets. — J'apprends quel était mon voisin le bibliomane et le siffleur.

Le lendemain, j'attendis de huit heures du matin à dix heures; mais, comme me l'avait prédit mon voisin de l'orchestre, personne ne vint me demander raison du soufflet que j'avais donné la veille.

Toutefois, j'avais maintenant cette double conviction, qu'il y avait quelque chose de trop dans ma personne, et dans une partie de mes vêtements.

Je devais, sous peine de jurer horriblement avec tous ceux que je rencontrerais de par le monde, faire couper mes cheveux et faire rogner ma redingote.

Mes cheveux étaient de deux bons pouces trop longs; ma redingote était d'un bon pied trop longue.

Je fis venir un perruquier et un tailleur.

Le perruquier me demanda dix minutes; le tailleur un jour.

Je livrai ma redingote au tailleur et ma tête au perruquier.

J'irais au bureau en habit; d'ailleurs, mon entrée au bureau était presque une visite à mes chefs. Un habit ne serait donc pas déplacé.

Mes cheveux abattus, l'aspect de ma physionomie était complétement changé : avec mes cheveux trop longs, je ressemblais à un de ces marchands de pommade du lion qui font de leur propre tête leur principal prospectus ; avec mes cheveux trop courts, je ressemblais à un phoque.

Il va sans dire que le perruquier m'avait coupé les cheveux trop courts; malheureusement, il n'y avait à cela d'autre remède que d'attendre qu'ils eussent repoussé.

Après avoir déjeuné tant bien que mal à l'hôtel, après avoir annoncé que, le soir, je quitterais l'établissement et réglerais mes comptes, je m'acheminai vers mon bureau.

A dix heures un quart sonnant, je me renseignais auprès du concierge du vestibule : il m'apprit que l'escalier qui conduisait aux bureaux de M. Oudard, c'est-à-dire du secrétariat, était situé à l'angle droit de la seconde cour du Palais-Royal, donnant sur la place, en venant par le jardin.

Je me présentai à cet escalier; je pris de nouveaux renseignements auprès d'un second concierge : les bureaux étaient au troisième étage.

Je montai.

Le cœur me battait assez violemment : j'entrais dans une nouvelle vie, dans celle que j'avais voulue, cette fois, dans celle que je m'étais choisie. Cet escalier me conduisait à mon futur bureau. Mon futur bureau, où me conduirait-il?...

Personne n'était arrivé ; j'attendis avec les garçons de service. Le premier employé qui parut était un beau grand garçon blond; il montait l'escalier en chantant, et vint prendre la clef du bureau à un clou.

Je me levai.

— Monsieur Ernest, lui dit un des garçons de bureau, le plus vieux, nommé Raulot, voici un jeune homme qui demande à parler à M. Oudard.

Celui qu'on venait de désigner sous le nom d'Ernest me regarda un instant d'un œil bleu clair et rapide.

— Monsieur, lui dis-je, c'est moi qui suis le surnuméraire dont vous avez peut-être entendu parler.

— Ah! oui, M. Alexandre Dumas, fit-il; le fils du général Alexandre Dumas, recommandé par le général Foy?

Je vis qu'il était au courant.

— C'est cela même, lui dis-je.

— Entrez, fit-il en marchant devant moi et en ouvrant la porte d'une petite chambre à une seule fenêtre, et dans laquelle il y avait trois bureaux. Tenez, continua-t-il, vous voyez qu'on vous attendait; voici votre place; tout est prêt, papier, plumes, encre; vous n'avez plus qu'à vous asseoir, et à approcher votre chaise de votre bureau.

— Suis-je assez heureux pour parler à une des personnes avec lesquelles je suis destiné à vivre? demandai-je.

— Oui... Je viens de passer commis d'ordre à dix-huit cents francs; je laisse la place d'expéditionnaire vacante : c'est cette place qui sera la vôtre, après un surnumérariat plus ou moins long.

— Et quel est notre troisième compagnon?

— C'est notre sous-chef, Lassagne.

La porte s'ouvrit.

— Eh bien, qu'a-t-il fait, Lassagne? demanda, en entrant à son tour, un jeune homme de vingt-huit à trente ans.

Ernest se retourna.

— Ah! c'est vous, reprit-il. Je disais à M. Dumas, — il me montra du doigt, je saluai, — je disais à M. Dumas que c'était ici votre place; là, la sienne, et là, la mienne.

— C'est vous qui êtes notre nouveau compagnon? me demanda Lassagne.

— Oui, monsieur.

— Soyez le bienvenu.

Et il me tendit la main.

Je la pris. C'était une de ces mains tièdes et frémissantes qu'on a du plaisir à serrer dès la première étreinte, une de ces mains loyales qui correspondent au cœur.

— Bon! me dis-je en moi-même, voilà un homme qui sera mon ami, j'en suis sûr.

— Écoutez, me dit-il, un conseil. On prétend que vous venez ici avec l'intention de faire de la littérature; ne dites pas ce projet trop haut; cela pourrait vous faire du tort... Chut! voici Oudard qui entre chez lui.

En effet, j'entendis, dans la chambre voisine, un pas à la fois plein d'aplomb et de mesure, un vrai pas de chef de bureau.

Un instant après, la porte de notre bureau s'ouvrit, et Raulot parut.

— M. Oudard demande M. Alexandre Dumas, dit-il.

Je me levai, je jetai un coup d'œil sur Lassagne; il comprit ce que je lui demandais.

— Allez, allez, dit-il, c'est un excellent homme; seulement, il faut le connaître; mais vous le connaîtrez bientôt.

Ce n'était pas tout à fait rassurant; aussi, ce fut avec un assez vif battement de cœur que, faisant le tour par le corridor, j'entrai dans le bureau de M. Oudard.

Je le trouvai debout devant la cheminée.

C'était un homme de cinq pieds six pouces, au visage brun, aux cheveux noirs, à la figure immobile, douce et ferme à la fois. Son œil noir avait la fixité de regard particulière aux hommes qui, d'une classe inférieure, sont passés à une position assez élevée; cet œil était presque dur quand il s'arrêtait sur vous; on eût dit qu'il se cramponnait à chaque homme ou à chaque objet qu'il rencontrait sur sa route, comme à un instrument qui pouvait lui faire faire un pas de plus vers le but, connu de lui seul, qu'il se proposait d'atteindre. Il avait de belles dents; mais, contre l'habitude de ceux qui possèdent cet avantage, le sourire rare; on comprenait que rien ne lui était indifférent, pas même les événements les plus minimes; — un caillou mis sous le pied grandit un ambitieux de la hauteur de ce caillou.

Oudard était profondément ambitieux; mais, comme, en même temps, il était essentiellement honnête homme, je doute que son ambition lui ait jamais, je ne dirai pas inspiré une mauvaise pensée, — quel homme est maître de ses pensées? — mais fait commettre une mauvaise action.

Plus tard, on le verra dur pour moi, presque impitoyable.

Il le fut, j'en suis sûr, dans une bonne intention; il ne croyait pas à l'avenir que je voulais me créer, et il craignait que je ne perdisse le présent que je m'étais fait, et que lui-même avait contribué à me faire.

Tout au contraire des parvenus, et, disons-le, Oudard était plutôt arrivé que parvenu, il parlait souvent, — peut-être est-ce un orgueil, mais j'aime, moi, cet orgueil-là! — il parlait souvent du village où il était né, de la chaumière où il avait été élevé, et de sa vieille mère, qui venait le voir, habillée en paysanne, et qu'il promenait ainsi au Palais-Royal, qu'il conduisait ainsi au spectacle. Cette mère, il l'aimait beaucoup : ce sentiment est assez rare chez un ambitieux, pour que je le consigne comme un fait irrécusable.

Oudard devait avoir trente-deux ans, à cette époque; il était chef du secrétariat, et secrétaire particulier de la duchesse d'Orléans. Ces deux places pouvaient lui valoir une dizaine de mille francs, gratifications comprises.

Il était vêtu d'un pantalon noir, d'un gilet de piqué blanc, d'une cravate et d'un habit noirs.

Il portait des bas de coton très-fins et des souliers.

C'était, comme on voit, la tenue, non-seulement d'un chef de bureau, mais encore d'un homme qui, d'un moment à l'autre, peut être appelé près d'un prince ou d'une princesse.

— Venez, monsieur Dumas, me dit-il.

Je m'approchai en saluant.

— Vous m'êtes tout particulièrement recommandé par deux personnes, l'une que je respecte infiniment, l'autre que j'aime beaucoup.

— Par le général Foy, n'est-ce pas, monsieur?

— Oui, voilà pour celle que je respecte. Mais comment ne devinez-vous pas quelle est l'autre?

— J'avoue, monsieur, que je cherche inutilement le nom de la personne à qui j'ai pu inspirer assez d'intérêt pour qu'elle prît la peine de me recommander à vous.

— C'est M. Deviolaine.

— M. Deviolaine? répétai-je avec un certain étonnement.

— Oui, M. Deviolaine... N'est-ce point votre parent?

— Si fait, monsieur; mais, quand ma mère a prié M. Deviolaine de vouloir bien me recommander à monseigneur le duc d'Orléans, M. Deviolaine l'a reçue si durement...

— Oh! vous savez, la brusquerie est un peu le fond de son caractère, à notre cher conservateur... Il ne faut pas faire attention à cela.

— Je crains, monsieur, que, si mon cher cousin vous a parlé souvent de moi, tout en me recommandant à vous, il ne m'ait guère flatté.

— Cela ne vaut-il pas mieux, puisqu'il ne tiendra qu'à vous de me surprendre agréablement?

— Il vous a dit que j'étais un paresseux, n'est-ce pas?

— Il m'a dit que vous n'aviez jamais beaucoup travaillé; mais vous êtes jeune, et vous pouvez rattraper le temps perdu.

— Il vous a dit que je n'aimais que la chasse?

— Il m'a avoué que vous étiez quelque peu braconnier.

— Il vous a dit que je n'avais aucune résolution dans l'esprit, aucune fixité dans les idées?

— Il m'a dit que vous étiez entré chez tous les notaires de Villers-Cotterets et de Crépy, sans pouvoir jamais rester chez aucun d'eux.

— Il a un peu exagéré... Au reste, si je ne suis resté chez aucun des notaires où j'ai travaillé, cela tenait à mon constant et profond désir de venir à Paris.

— Eh bien, vous y voilà, et votre désir est accompli.

— Est-ce tout ce que M. Deviolaine vous a dit de moi?

— Non pas... Il m'a dit encore que vous étiez un excellent fils, et que, tout en désolant votre mère, vous l'adoriez; que vous n'aviez jamais rien voulu apprendre, mais plutôt par trop de facilité que par manque d'intelligence; il m'a dit, enfin, que vous étiez certainement une mauvaise tête, mais qu'il vous croyait aussi un excellent cœur... Allez le remercier, allez le remercier.

— Par où va-t-on chez lui?

— Un des garçons de bureau vous conduira.

Il sonna.

— Conduisez M. Dumas chez M. Deviolaine, dit-il.

Puis, s'adressant à moi :

— Vous connaissez déjà Lassagne? me dit-il.

— Oui, je viens de causer cinq minutes avec lui.

— C'est un charmant garçon qui n'aura qu'un défaut : celui d'être trop faible pour vous ; heureusement, je serai là. Lassagne et Ernest Basset vous diront ce que vous aurez à faire.

— Et M. de Broval? lui demandai-je.

M. de Broval était le directeur général.

— M. de Broval va savoir que vous êtes arrivé, et vous fera probablement demander. Vous savez que tout votre avenir dépend de lui?

— Et de vous, oui, monsieur.

— J'espère que, de mon côté, cela ne vous inquiète pas beaucoup... Mais allez remercier M. Deviolaine ; allez ! vous avez déjà trop tardé.

Je saluai M. Oudard, et je sortis.

Cinq minutes après, j'entrais chez M. Deviolaine.

Il travaillait dans un grand cabinet, seul, et à un bureau isolé au milieu de la chambre.

Comme j'étais précédé d'un garçon de bureau, et que l'on présuma que j'étais envoyé par M. Oudard, on me laissa entrer sans m'annoncer.

M. Deviolaine entendit ouvrir la porte : il attendit un instant que l'on parlât ; puis, comme j'attendais, de mon côté, qu'il levât le nez :

— Qui est là? demanda-t-il.

— C'est moi, monsieur Deviolaine.

— Qui, toi?

— Vous voyez bien que vous m'avez reconnu, puisque vous me tutoyez.

— Oui, je t'ai reconnu... C'est donc toi? Eh bien, tu fais un joli garçon !

— Pourquoi, s'il vous plaît?

— Comment ! tu viens trois fois à Paris, sans me rendre une seule visite.

— J'ignorais si je vous ferais plaisir.

— Il n'est pas question de savoir si tu me ferais plaisir, oui ou non; c'était ton devoir de venir.

— Eh bien, me voici; mieux vaut tard que jamais.

— Que viens-tu faire?

— Je viens vous remercier.

— De quoi?

— De ce que vous avez dit de moi à M. Oudard.

— Tu n'es pas difficile, alors.

— Pourquoi cela?

— Tu ne sais donc pas ce que j'ai dit?

— Si fait; vous avez dit que j'étais un paresseux; que je n'étais bon qu'à me faire faire des procès-verbaux; que j'avais usé, les uns après les autres, tous les notaires de Villers-Cotterets et de Crépy.

— Eh bien, tu trouves qu'il y a de grands remerciments à me faire pour cela?

— Aussi, n'est-ce pas pour cela que je viens vous remercier; c'est pour ce que vous avez ajouté.

— Je n'ai rien ajouté.

— Mais si!... Vous avez ajouté...

— Je n'ai rien ajouté, te dis-je; mais à toi j'ajouterai quelque chose : c'est que, si tu t'avises de faire là-haut tes ordures de pièces et tes guenilles de vers, comme tu faisais à Villers-Cotterets, je te réclame, je te prends avec moi, je te claquemure dans un de mes bureaux, et je te rends la vie dure... rapporte-t-en à moi!

— Dites donc, mon cousin...

— Quoi?

— Pendant que je suis ici...

— Eh bien?

— Si vous ne me laissiez pas remonter.

— A cause?

— A cause *que* — c'est une faute de français, je le sais bien; mais Corneille et Bossuet l'ont bien faite; — à cause que je ne suis venu à Paris que pour faire mes guenilles de vers et mes ordures de pièces, et qu'au secrétariat ou ici, il faudra bien que je les fasse.

— Ah çà! sérieusement, est-ce que tu te figures que c'est avec une éducation à trois francs par mois qu'on devient un Corneille, un Racine ou un Voltaire?

— Si je devenais un de ces trois hommes, je deviendrais ce qu'un autre a été, et ce n'est pas la peine.

— Tu feras mieux qu'eux, alors, n'est-ce pas?

— Je ferai autre chose.

— Est-ce que tu ne pourrais pas arriver assez près de moi pour que je t'envoie mon pied quelque part, malheureux?

Je m'approchai.

— Me voici!

— Je crois qu'il s'approche, l'impudent coquin!

— Oui... ma mère m'a dit de vous embrasser pour elle.

— Elle se porte bien, ta pauvre mère?

— J'espère, du moins.

— En voilà une sainte créature! Comment diable as-tu pu être mis au monde par cette femme-là? Allons, embrasse-moi, et va-t'en!

— Adieu, cousin.

Il m'arrêta par la main.

— As-tu besoin d'argent, drôle?

— Merci... J'en ai.

— Où l'as-tu pris?

— Je vous conterai cela un autre jour; ce serait trop long, maintenant.

— Tu as raison; je n'ai pas de temps à perdre. Fiche-moi le camp!

— Adieu, cousin.

— Viens dîner quand tu voudras à la maison.

— Ah! oui, merci! pour qu'on me fasse la mine chez vous.

— Pour qu'on te fasse la mine!... Je voudrais bien voir cela. Ma femme a assez longtemps mangé chez ton grand-père et chez ta grand'mère pour que tu viennes manger chez moi tant que tu voudras... Mais va-t'en donc, animal! tu me fais perdre tout mon temps.

Le garçon de bureau de M. Deviolaine entra. On le nommait Féresse. Nous le retrouverons plus tard.

— Monsieur Deviolaine, dit-il, M. de Broval demande si le rapport sur l'aménagement de la forêt de Villers-Cotterets est terminé?

— Non, pas encore... dans un quart d'heure.

Puis, se tournant vers moi :

— Vois-tu !... vois-tu !

— Je me sauve, monsieur Deviolaine.

Et je me retirai en effet, tandis que M. Deviolaine, en grognant toujours comme d'habitude, retombait le nez sur son rapport.

Je rentrai dans notre cabinet commun, et j'allai me mettre à mon bureau.

Mon bureau était adossé à celui de Lassagne, de sorte que nous n'étions séparés l'un de l'autre que par la largeur de nos tables, et par le petit casier de bois noir dans lequel on met d'habitude le travail courant.

Ernest était sorti, je ne sais pourquoi. Je demandai à Lassagne des indications sur le travail que j'avais à faire.

Lassagne se leva, vint s'appuyer à mon bureau, et me les donna.

J'avais grand intérêt à étudier les gens qui m'entouraient, et surtout l'homme que sa position bureaucratique faisait mon supérieur immédiat; car, pour Ernest, c'était plutôt, quoiqu'il fût commis d'ordre, et que je fusse destiné à être simple expéditionnaire, c'était plutôt un camarade qu'un supérieur.

Lassagne, je crois l'avoir déjà dit, était, alors, un homme de vingt-huit à trente ans, d'une figure charmante, encadrée dans de beaux cheveux noirs, animée par des yeux noirs pleins de vivacité et d'esprit, éclairée, si l'on peut dire cela, par des dents d'une blancheur et d'une régularité que lui eussent enviées les femmes les plus coquettes.

La seule irrégularité de son visage était son nez aquilin, un peu plus incliné d'un côté que de l'autre; mais cette irrégularité donnait même à sa physionomie un cachet original qu'elle n'eût pas eu sans cela.

Ajoutez à cet ensemble une de ces voix sympathiques qui

caressent doucement l'oreille, et à l'accent desquelles il est impossible de ne pas se retourner en souriant.

Au reste, homme d'esprit, comme j'en ai peu vu ; d'instruction réelle ; chansonnier plein de verve ; ami intime de Désaugiers, de Théaulon, d'Armand Gouffé, de Brazier, de Rougemont, et de tous les vaudevillistes de l'époque ; enfin, se délassant du monde bureaucratique, qu'il avait en horreur, par le monde littéraire, qu'il adorait, et, du travail quotidien, par un travail capricieux qui consistait en articles au *Drapeau blanc* et à *la Foudre*, et en part de collaboration à quelques-uns des plus charmants vaudevilles des théâtres chantants.— C'était bien là le chef de bureau qu'il me fallait, on en conviendra, et je l'eusse demandé à Dieu, que, dans sa bonté pour moi, il ne me l'eût pas fait faire autrement.

Aussi, pendant cinq ans que nous restâmes dans le même bureau, jamais, entre Lassagne et moi, un nuage, une discussion, un ennui. Il me faisait aimer l'heure à laquelle j'arrivais, parce que je savais qu'il allait arriver un instant après moi ; il me faisait aimer le temps que je passais dans mon bureau, parce qu'il était là, toujours prêt à me donner une explication, à m'apprendre quelque chose de nouveau sur la vie, dans laquelle j'entrais à peine, sur le monde, que j'ignorais complétement, enfin sur la littérature étrangère ou nationale, qu'en 1823 je ne connaissais guère mieux l'une que l'autre.

Lassagne venait de me classer mon travail de la journée, travail tout machinal, qui consistait à copier, de la plus belle écriture possible, le plus grand nombre possible de lettres que, selon leur importance, devaient signer M. Oudard, M. de Broval ou même le duc d'Orléans.

Au milieu de cette correspondance qui parcourait toutes les branches de l'administration, et qui parfois, en s'adressant aux princes ou aux rois étrangers, passait de l'administration à la politique, se glissaient des rapports sur les affaires contentieuses de M. le duc d'Orléans ; car c'était M. le duc d'Orléans qui exposait lui-même ses affaires contentieuses à son conseil, faisant de sa personne l'office que font les avoués pour les avocats, c'est-à-dire préparant les dossiers.

Ceux-là étaient presque toujours entièrement de la main du duc d'Orléans, ou tout au moins corrigés et annotés de sa grosse et longue écriture, dans laquelle chaque lettre se rattache à la lettre sa voisine par une solide liaison, comme les arguments d'un dialecticien serré se suivent et s'enlacent liés les uns aux autres.

Je venais d'attaquer ma première lettre, et, d'après l'avis de Lassagne, qui avait fort appuyé sur ce point, je l'expédiais de ma plus belle écriture, lorsque j'entendis s'ouvrir la porte de communication du bureau d'Oudard au nôtre. Déjà hypocrite comme un vieil employé, je faisais semblant d'être tellement absorbé par mon travail, qu'aucun bruit ne pouvait m'en tirer, lorsque j'entendis le craquement d'un pas s'approcher de mon bureau et s'arrêter près de moi.

— Dumas? me dit Lassagne en manière d'appel.

Je levai le nez, et je vis près de moi, debout à ma gauche, un personnage qui m'était complétement inconnu.

— M. le chevalier de Broval, ajouta Lassagne joignant l'avis à l'appel.

Je me levai.

— Ne vous dérangez pas, me dit le nouveau venu.

Et il prit la lettre que j'expédiais, et qui était presque achevée, et la lut.

Je profitai du temps qu'il donnait à cette lecture pour l'examiner.

M. le chevalier de Broval, on le sait, avait été un des fidèles de M. le duc d'Orléans. Dans la dernière partie de son exil, il ne l'avait pas quitté, lui servant tantôt de secrétaire, tantôt de négociateur; en cette dernière qualité, il avait été mêlé à tous les longs pourparlers du mariage du duc d'Orléans avec la princesse Marie-Amélie, fille de Ferdinand et de Caroline, roi et reine de Naples, et il avait accroché, à propos de ce mariage, la plaque de Saint-Janvier, qu'il portait sur un habit brodé, les jours de grande fête, près de la croix de la Légion d'honneur.

C'était un petit vieillard de soixante ans à peu près, aux cheveux courts, coupés en brosse, un peu bossu, un peu déjeté à gauche, avec un gros nez rouge qui disait beaucoup, et de petits yeux gris qui ne disaient rien; un type complet de courtisan, poli, obséquieux, caressant avec le maitre, bon par boutades, mais généralement quinteux avec les inférieurs; homme de petits détails, attachant une suprême importance à la manière dont une lettre était pliée ou dont un cachet était fait; au reste, recevant ce genre d'inspiration du duc d'Orléans lui-même, homme de petits détails plus encore que M. de Broval peut-être.

M. de Broval lut la lettre, prit ma plume, ajouta, par-ci par-là, une apostrophe ou une virgule; puis, la replaçant devant moi :

— Achevez, dit-il.

J'achevai.

Il attendait derrière moi, pesant littéralement sur mes épaules.

Chacune des figures que je voyais tour à tour faisait sur moi son effet. J'achevai d'une main assez tremblante.

— Voici, monsieur le chevalier! lui dis-je.

— Bien, fit-il.

Il prit une plume, signa, passa du sable sur mon écriture et sur la sienne; puis, me rendant l'épître, qui était pour un simple inspecteur, — car, du premier coup, on n'avait point osé confier au delà à ma main inexpérimentée; — puis, dis-je, me rendant l'épître :

— Savez-vous plier une lettre? me demanda-t-il.

Je le regardai avec étonnement.

— Je vous demande si vous savez plier une lettre. Répondez-moi!

— Mais oui... je crois, du moins, répondis-je étonné de la fixité qu'avait prise le petit œil gris.

— Vous croyez, voilà tout! vous n'êtes pas sûr.

— Monsieur, je ne suis encore sûr de rien, vous le voyez, pas même de savoir plier une lettre.

— Et vous avez raison, car il y a dix façons de plier une lettre, selon la qualité de celui à qui on l'adresse. Pliez celle-là.

Je m'apprêtai à plier la lettre en quatre.

— Oh! me dit-il, que faites-vous!

Je m'arrêtai.

— Pardon, monsieur, lui dis-je, mais vous m'*ordonnez* de plier cette lettre, et je la plie.

M. de Broval se pinça les lèvres. J'avais souligné le mot « ordonnez » dans la phrase parlée, comme je viens de le souligner dans la phrase écrite.

— Oui, dit-il; mais vous la pliez en carré : c'est bon pour les hauts fonctionnaires. Si vous donnez du carré aux inspecteurs, que donnerez-vous aux ministres, aux princes et aux rois?

— C'est juste, monsieur le chevalier, répondis-je; voulez-vous me dire ce que l'on donne aux inspecteurs et sous-inspecteurs?

— De l'oblong, monsieur, de l'oblong!

— Vous me pardonnerez mon ignorance, monsieur; je sais ce que c'est que l'oblong en théorie, mais je ne le sais pas encore en pratique.

— Tenez...

Et M. de Broval voulut bien me donner la leçon d'oblong que je lui demandais.

— Voilà! me dit-il lorsque la lettre fut pliée.

— Merci, monsieur, répondis-je.

— Maintenant, monsieur, l'enveloppe? me dit-il.

Je n'avais jamais fait d'enveloppes, que pour les rares pétitions que j'avais écrites, au nom de ma mère, et une fois au mien sur le bureau du général Foy, de sorte que j'étais plus ignorant encore en fait d'enveloppes que de pliage.

Je pris une demi-feuille de papier de la main gauche, une paire de ciseaux de la main droite, et je m'apprêtai à tailler ma feuille.

M. le chevalier de Broval jeta un cri mêlé de surprise et d'effroi.

— Eh! bon Dieu! dit-il, qu'allez-vous donc faire?

— Mais, monsieur le chevalier, je vais faire l'enveloppe que vous me demandez.

— Avec des ciseaux?

— Dame!

— D'abord, apprenez ceci, monsieur : le papier ne se coupe pas, il se déchire.

J'écoutais de toutes mes oreilles.

— Ah! fis-je.

— Il se déchire, répéta M. de Broval; et puis il ne s'agit pas même ici de déchirer le papier, ce que vous ne savez peut-être pas non plus?

— Non, monsieur, je ne le sais pas.

— Vous apprendrez... Il s'agit tout simplement de faire une enveloppe anglaise.

— Ah! une enveloppe anglaise?

— Vous ne savez pas faire une enveloppe anglaise?

— Je ne sais même pas ce que c'est, monsieur le chevalier.

— Je vais vous le montrer. En thèse générale, monsieur, les lettres carrées et les enveloppes carrées pour les ministres, pour les princes, pour les rois.

— Bien, monsieur le chevalier, je m'en souviendrai.

— Vous en souviendrez-vous?

— Oui.

— Bon!... Et, pour les chefs de division, les sous-chefs, les inspecteurs et sous-inspecteurs, la lettre oblongue et l'enveloppe anglaise.

Je répétai :

— La lettre oblongue et l'enveloppe anglaise.

— Oh! mon Dieu, oui... Tenez, voici ce que l'on appelle une enveloppe anglaise.

— Merci, monsieur.

— Maintenant, le cachet. — Monsieur Ernest, voulez-vous nous allumer une bougie?

Ernest s'empressa de nous apporter la cire tout allumée. — Ici, je l'avoue à ma honte, mon embarras redoublait; je n'avais jamais guère cacheté mes lettres qu'avec des pains à cacheter, et encore, quand je les cachetais,

Je pris la cire d'une façon si gauche, je l'allumai d'une manière si naïve, je la soufflai si promptement, de peur de brûler le papier, que, cette fois, ce ne fut plus de l'impatience que j'excitai chez M. de Broval, ce fut de la commisération.

— Oh! mais, mon ami, me dit-il, vous n'avez donc jamais cacheté une lettre?

— Jamais, monsieur, répondis-je. A qui vouliez-vous que j'écrivisse, perdu que j'étais dans ma petite ville de province?

Cet humble aveu toucha M. de Broval.

— Tenez, dit-il en allumant la cire, voici comme on cachète une lettre.

Et, en effet, il cacheta la lettre à bras tendus, et d'une main aussi sûre que s'il eût eu vingt-cinq ans.

Puis, prenant le large cachet d'argent, il l'appuya sur le lac de cire bouillante, et ne le retira que lorsque l'empreinte put offrir avec netteté à mon regard l'écusson aux trois fleurs de lis lambellé d'Orléans, surmonté de la couronne ducale.

J'étais atterré, je l'avoue.

— Écrivez l'adresse, me dit majestueusement M. le chevalier de Broval.

J'écrivis l'adresse d'une main tremblante.

— Bon, bon, dit M. le chevalier de Broval, rassurez-vous, mon enfant... C'est bien ; contre-signez, maintenant.

Je m'arrêtai, ignorant complétement ce que c'était qu'un contre-seing.

M. de Broval commençait, comme le général Foy, à comprendre mes ignorances. Il m'indiqua du doigt le coin de la lettre.

— Ici, me dit-il, ici, écrivez : *Duc d'Orléans*. C'est pour la franchise de la poste, vous entendez?

J'entendais parfaitement; mais j'étais si profondément troublé, que je continuais à comprendre assez mal.

— La! dit M. de Broval en prenant la lettre, et en la regardant d'un air assez satisfait, c'est bien ; mais il faudra apprendre tout cela. — Ernest...

Ernest était le favori de M. de Broval, et, dans ses moments d'expansion, le vieux courtisan l'appelait par son petit nom.

— Ernest, vous apprendrez à M. Dumas à plier les lettres, à faire les enveloppes, et à poser les cachets.

Et, sur ce dernier mot, il fit sa sortie.

A peine la porte était elle fermée, que je priai mon camarade Ernest de commencer ses leçons, ce à quoi il s'employa à l'instant même de tout son cœur.

Ernest était de première force sur le pliage, l'enveloppe et le cachet; mais j'avais bonne volonté, et je puis dire que j'atteignis et que je dépassai mon maître.

J'étais arrivé, sur ce dernier point surtout, à une telle perfection, que, lorsqu'en 1831, je donnai ma démission au duc d'Orléans, devenu Louis-Philippe Ier, le seul regret qu'il exprima fut celui-ci :

— Diable! c'est malheureux! c'était le premier faiseur de cachets que j'eusse jamais vu.

Pendant que je prenais ma leçon de pliage et de cachetage avec Ernest, Lassagne lisait les journaux.

— Oh! dit-il tout à coup, je le reconnais bien là!

— Qui donc? demandai-je.

Au lieu de me répondre, Lassagne lut tout haut :

« Une scène qui rappelle celle de la Fontaine à la première représentation du *Florentin* a eu lieu, hier au soir, à la troisième représentation de la reprise du *Vampire*.

» Notre savant bibliophile Charles Nodier a été expulsé de la salle de la Porte-Saint-Martin, parce qu'il troublait la représentation en sifflant. Charles Nodier est un des auteurs anonymes du *Vampire*. »

— Tiens! m'écriai-je, mon voisin d'orchestre était Charles Nodier!

— Avez-vous causé avec lui? me demanda Lassagne.

— Je n'ai fait que cela pendant les entr'actes.

— Vous n'êtes pas malheureux, continua Lassagne; si j'avais été à votre place, j'aurais bien donné la pièce pour les entr'actes.

Je connaissais Charles Nodier de nom; mais j'ignorais complètement ce qu'il avait fait.

En sortant de mon bureau, j'entrai dans un cabinet littéraire, et je demandai un roman de Nodier.

On me donna *Jean Sbogar*.

La lecture de ce livre commença d'ébranler ma foi dans Pigault-Lebrun.

LXXIX

Les illustrations contemporaines. — Ma sentence écrite sur un mur. — Réponse. — J'emménage place des Italiens. — La table de M. de Leuven. — Mot de M. Louis Bonaparte à son avocat. — Lassagne me donne une première leçon de littérature et d'histoire.

A cette époque où j'arrivais à Paris, les hommes qui tenaient un rang dans la littérature, les illustrations parmi lesquelles je venais réclamer une place, étaient : MM. de Chateaubriand, Jouy, Lemercier, Arnault, Étienne, Baour-Lormian, Béranger, Charles Nodier, Viennet, Scribe, Théaulon, Soumet, Casimir Delavigne, Lucien Arnault, Ancelot, Lamartine, Victor Hugo, Désaugiers et Alfred de Vigny.

Bien entendu que, par le rang que je leur assigne, je ne les classe pas, — je les nomme.

Venaient ensuite les hommes demi-littéraires, demi-politiques, comme : MM. Cousin, Salvandy, Villemain, Thiers, Augustin Thierry, Michelet, Mignet, Vitet, Cavé, Mérimée et Guizot.

Puis, enfin, ceux qui, n'étant pas encore connus, devaient peu à peu se produire, tels que Balzac, Soulié, de Musset, Sainte-Beuve, Auguste Barbier, Alphonse Karr, Théophile Gautier.

Les femmes dont on s'occupait, toutes trois poëtes, étaient : mesdames Desbordes-Valmore, Amable Tastu, Delphine Gay.

Madame Sand, encore ignorée, ne devait se révéler que par *Indiana*, en 1828 ou 1829, je crois.

J'ai connu toute cette pléiade, qui a défrayé le monde d'idées et de poésie depuis plus d'un demi-siècle, les uns comme amis et soutiens, les autres comme ennemis et adversaires. Le bien que m'ont fait les uns, le mal qu'ont essayé de me faire les autres, n'influencera en rien le jugement que je porterai sur eux. Les premiers, en me poussant, ne m'ont pas fait faire un pas de plus; les seconds, en essayant de m'arrêter, ne m'ont pas fait faire un pas de moins. A travers les amitiés, les haines, les envies, au milieu d'une existence tourmentée dans ses détails, mais toujours calme et sereine dans sa progression, je suis arrivé à la place que Dieu m'avait marquée; j'y suis arrivé sans intrigue, sans coterie, ne me grandissant jamais qu'en montant sur mes propres œuvres. Arrivé où je suis, c'est-à-dire à ce sommet que tout homme trouve à mi-chemin de la vie, je ne demande rien, je ne désire rien, je n'envie rien. J'ai beaucoup d'amitiés, je n'ai pas une haine. Si, à mon point de départ, Dieu m'eût dit : « Jeune homme, que désires-tu? » je n'eusse pas osé réclamer de sa toute-puissante grandeur ce qu'il a bien voulu m'accorder dans sa bonté paternelle. Je dirai donc de ces hommes que j'ai nommés, au fur et à mesure que je les rencontrerai sur ma route, tout ce qu'il y aura à en dire; si je cache quelque chose, ce sera le mal. Pourquoi serais-je injuste envers eux? Il n'y a pas, parmi eux, une gloire ou une fortune contre laquelle j'aie jamais eu le désir de changer ma réputation ou ma bourse.

Hier, je lisais, sur la pierre d'une maison que j'avais fait bâtir pour moi, ces mots écrits par une main inconnue :

« O Dumas! tu n'as pas su jouir, et pourtant tu regretteras!
» E. L. »

J'écrivis au-dessous :

« Niais!... si tu es un homme. Menteuse!... si tu es une femme.
» A. D. »

Mais je me gardai bien d'effacer la sentence.

Revenons aux contemporains, et ajoutons à la liste des noms illustres qui m'ont conduit à ces réflexions :

Comme compositeurs, Rossini, Meyerbeer, Auber, Donizetti, Bellini, Thalberg.

Comme artistes dramatiques : Talma, Lafont, Mars, Duchesnois, Georges, Leverd, Frédérick-Lemaître, Dorval, Potier,

Monrose père, Déjazet, Smithson, Lablache, Macready, Karatikine, miss Faucett, Schrœder-Devrient, la Malibran, la Hungher.

J'en passe, et des meilleurs, comme dit Ruy Gomez de Sylva au roi Charles V.

A propos de rois et de princes, j'ai eu l'honneur d'en connaître aussi quelques-uns; ils viendront à leur tour; mais à mes rois de l'art avant tout, à mes princes de la pensée d'abord. A tout seigneur, tout honneur.

En sortant de mon bureau, ou plutôt du cabinet littéraire où j'avais loué *Jean Sbogar*, je courus à la place des Italiens. Ma charrette de meubles attendait à la porte; il fallut une heure pour mon emménagement : au bout d'une heure, tout était fait.

Du poëte, j'avais déjà la mansarde; de l'homme heureux, j'avais déjà le grenier.

J'avais mieux que tout cela : j'avais vingt ans!

Je ne fis qu'un bond de la place des Italiens à la rue Pigalle. Il me tardait d'apprendre à Adolphe que j'étais installé chez M. le duc d'Orléans; que j'avais un bureau, du papier, des plumes, de l'encre, de la cire, au Palais-Royal; quatre chaises, une table, un lit et une chambre avec papier jaune, place des Italiens.

On m'invita chez M. de Leuven à adopter un jour pour dîner. Ce jour-là, mon couvert serait toujours mis : c'était une fondation à perpétuité.

A perpétuité! Oh! le grand mot! prononcé si souvent dans la vie, et qui n'existe véritablement que dans la mort!

— Vous êtes condamné à une prison perpétuelle, monseigneur, disait Nogent Saint-Laurent au prince Louis Bonaparte.

— Combien de temps dure la perpétuité en France, monsieur Saint-Laurent? demanda le prince.

Pour lui, en effet, la perpétuité de Ham dura cinq ans, — deux ans de moins que la perpétuité de M. de Peyronnet et de M. de Polignac.

Ma perpétuité à la table de M. de Leuven devait durer juste autant que celle du prince Louis à Ham.

Je dirai comment elle cessa, et d'avance j'inscris ici cette grande vérité, que ce ne fut par la faute ni de M. de Leuven, ni de madame de Leuven, ni d'Adolphe.

Il fut convenu que, pour faire connaissance avec la famille Arnault, je viendrais dîner le lendemain : c'était un dîner hors de compte.

On comprend que, pendant les vingt-deux heures qui me séparaient du moment où l'on devait se mettre à table, la grande préoccupation de ma vie fût de dîner avec l'homme qui avait fait *Marius à Minturnes*, et avec celui qui avait fait *Régulus*.

J'annonçai cette grande nouvelle à Ernest et à Lassagne ; elle parut être indifférente à Ernest, et toucher médiocrement Lassagne.

J'insistai auprès de ce dernier pour savoir d'où lui venait sa froideur à l'endroit de pareilles illustrations.

Lassagne me répondit simplement :

— Comme homme politique, je ne suis pas du même parti que ces messieurs ; comme opinion littéraire, je ne fais pas grand cas de ce qu'ils font.

Je restai stupéfait.

— Mais, lui demandai-je, vous n'avez donc pas lu *Germanicus?*

— Si ; mais c'est très-mauvais !

— Vous n'avez donc pas vu *Régulus?*

— Si ; mais c'est médiocre !

Je baissai la tête, plus stupéfait encore.

Puis, enfin, j'essayai de me débattre sous le poids de l'anathème.

— Mais d'où vient le succès de ces pièces?

— Talma les joue...

— La réputation de ces hommes?...

— Ils se la font eux-mêmes dans leurs journaux !... Que M. de Jouy, M. Arnault ou M. Lemercier donnent une pièce dans laquelle Talma ne joue pas, et, vous verrez, elle aura dix représentations.

Je rebaissai la tête.

— Écoutez, mon cher enfant, ajouta Lassagne avec cette douceur admirable qu'il avait dans les yeux et dans la voix, et surtout avec cette bienveillance presque paternelle que je trouve encore en lui au bout de vingt-cinq ans, lorsque, par hasard, je le rencontre, et que, par bonheur, je l'embrasse; — écoutez, vous voulez faire de la littérature?

— Oh! oui! m'écriai-je.

— Pas si haut! dit-il en riant; vous savez bien que je vous ai dit de ne point parler de cela si haut... ici du moins. Eh bien, pour la littérature que vous comptez faire, ne prenez pas modèle sur la littérature de l'Empire; c'est un conseil que je vous donne.

— Mais sur laquelle, alors?

— Eh! mon Dieu, je serais bien embarrassé de vous le dire; certainement, nos jeunes auteurs dramatiques, Soumet, Guiraud, Casimir Delavigne, Ancelot, ont du talent; — Lamartine et Hugo sont des poëtes; je les mets donc à part; ils n'ont pas fait de théâtre, et je ne sais pas s'ils en feront, quoique, s'ils en font jamais, je doute qu'ils réussissent...

— Pourquoi cela?

— Parce que l'un est trop rêveur, et l'autre trop penseur. Ni l'un ni l'autre ne vit dans le monde réel, et le théâtre, voyez-vous, mon cher, c'est l'humanité. — Je disais donc que nos jeunes auteurs dramatiques, Soumet, Guiraud, Casimir Delavigne, Ancelot, ont du talent; mais souvenez-vous bien de ce que je vous dis : ce sont purement et simplement des hommes de transition, des anneaux qui soudent la chaîne du passé à la chaîne de l'avenir, des ponts qui conduisent de ce qui a été à ce qui sera.

— Qu'est-ce qui sera...?

— Ah! mon cher ami, vous m'en demandez là plus que je ne puis vous en dire. Le public lui-même n'a pas de direction arrêtée; il sait déjà ce qu'il ne veut plus, mais il ne sait pas encore ce qu'il veut.

— En poésie, en drame ou en roman?

— En drame et en roman... là, il y a tout à faire; en poésie,

Lamartine et Hugo répondent assez bien aux exigences du moment; ne cherchons pas autre chose.

— Mais Casimir Delavigne?

— Ah! c'est différent : Casimir Delavigne est le poëte des bourgeois; il faut lui laisser sa clientèle, et ne pas lui faire concurrence.

— Alors en comédie, tragédie, drame, qui faut-il imiter?

— D'abord, il ne faut jamais imiter; il faut étudier; l'homme qui suit un guide est obligé de marcher derrière. Voulez-vous marcher derrière?

— Non.

— Alors, étudiez. Ne faites ni comédie, ni tragédie, ni drame; prenez les passions, les événements, les caractères; fondez tout cela au moule de votre imagination, et faites des statues d'airain de Corinthe.

— Qu'est-ce que c'est que cela, l'airain de Corinthe?

— Vous ne savez pas?

— Je ne sais rien.

— Vous êtes bien heureux!

— Pourquoi cela?

— Parce que vous apprendrez tout par vous-même, alors; parce que vous ne subirez d'autre niveau que celui de votre propre intelligence, d'autre règle que celle de votre propre éducation. — L'airain de Corinthe?... avez-vous entendu dire que Mummius eût un jour brûlé Corinthe?

— Oui; je crois avoir traduit cela un jour quelque part, dans le *De Viris*.

— Vous avez dû voir, alors, qu'à l'ardeur de l'incendie, l'or, l'argent et l'airain avaient fondu, et coulaient à ruisseaux par les rues. Or, le mélange de ces trois métaux, les plus précieux de tous, fit un seul métal; ce métal, on l'appela l'airain de Corinthe. Eh bien, celui qui fera, dans son génie, pour la comédie, la tragédie et le drame, ce que, sans le savoir, dans son ignorance, dans sa brutalité, dans sa barbarie, Mummius a fait pour l'or, l'argent et le bronze; celui qui fondra à la flamme de l'inspiration, et qui fondra dans un seul moule Eschyle, Shakspeare et Molière, celui-là, mon cher ami, aura trouvé un airain aussi précieux que l'airain de Corinthe.

Je réfléchis un instant à ce que me disait Lassagne.

— C'est très-beau, ce que vous me dites là, monsieur, répondis-je; et, comme c'est beau, ce doit être vrai.

— Connaissez-vous Eschyle?

— Non.

— Connaissez-vous Shakspeare?

— Non.

— Connaissez-vous Molière?

— A peine.

— Eh bien, lisez tout ce qu'ont écrit ces trois hommes; quand vous les aurez lus, relisez-les; quand vous les aurez relus, apprenez-les par cœur.

— Et alors?

— Oh! alors... vous passerez d'eux à ceux qui procèdent d'eux; d'Eschyle à Sophocle, de Sophocle à Euripide, d'Euripide à Sénèque, de Sénèque à Racine, de Racine à Voltaire, et de Voltaire à Chénier; voilà pour la tragédie. Ainsi, vous assisterez à cette transformation d'une race d'aigles qui finit par des perroquets.

— Et de Shakspeare à qui passerai-je?

— De Shakspeare à Schiller.

— Et de Schiller?

— A personne.

— Mais Ducis?

— Oh! ne confondons pas Schiller avec Ducis: Schiller s'inspire, Ducis imite; Schiller reste original, Ducis devient copiste, et mauvais copiste.

— Quant à Molière, maintenant?

— Quant à Molière, si vous voulez étudier quelque chose qui en vaille la peine, au lieu de descendre, vous remonterez.

— De Molière à qui?

— De Molière à Térence, de Térence à Plaute, de Plaute à Aristophane.

— Mais Corneille, vous l'oubliez, ce me semble?

— Je ne l'oublie pas, je le mets à part.

— Pourquoi cela?

— Parce que ce n'est ni un ancien Grec, ni un vieux Romain.

— Qu'est-ce que c'est donc, que Corneille?

— C'est un Cordouan, comme Lucain; vous verrez, quand vous comparerez, que son vers a de grandes ressemblances avec celui de la *Pharsale*.

— Voudriez-vous me laisser écrire tout ce que vous me dites là?

— Pourquoi faire?

— Pour en faire la règle de mes études.

— C'est inutile, puisque vous m'avez là.

— Mais peut-être ne vous aurai-je pas toujours.

— Si vous ne m'avez pas, vous en aurez un autre.

— Cet autre ne sera peut-être pas aussi savant que vous?

Lassagne haussa les épaules.

— Mon cher enfant, me dit-il, je ne sais que ce que tout le monde sait; je ne vous dis que ce que le premier venu vous dira.

— Alors, je suis bien ignorant! murmurai-je en laissant tomber ma tête dans mes mains.

— Le fait est que vous avez beaucoup à apprendre; mais vous êtes jeune, vous apprendrez.

— Et en roman, dites-moi, qu'y a-t-il à faire?

— Tout, comme au théâtre.

— Je croyais cependant que nous avions d'excellents romans.

— Qu'avez-vous lu en romans?

— Ceux de Lesage, de madame Cottin et de Pigault-Lebrun.

— Quel effet vous ont-ils produit?

— Les romans de Lesage m'ont amusé; ceux de madame Cottin m'ont fait pleurer; ceux de Pigault-Lebrun m'ont fait rire.

— Alors, vous n'avez lu ni Gœthe, ni Walter Scott, ni Cooper?

— Je n'ai lu ni Gœthe, ni Walter Scott, ni Cooper.

— Eh bien, lisez-les.

— Et, quand je les aurai lus, que ferai-je?

— De l'airain de Corinthe, toujours; seulement, il faudra tâcher d'y mettre un petit ingrédient qu'ils n'ont ni l'un ni l'autre.

— Lequel?

— La passion... Gœthe vous donnera la poésie; Walter Scott l'étude des caractères; Cooper la mystérieuse grandeur des prairies, des forêts et des océans; mais, la passion, vous la chercherez inutilement chez eux.

— Ainsi, l'homme qui sera poëte comme Gœthe, qui sera observateur comme Walter Scott, descriptif comme Cooper, et passionné avec cela?...

— Eh bien, cet homme-là sera à peu près complet.

— Quels sont les trois premiers ouvrages que je dois lire de ces trois maîtres?

— *Wilhem Meister*, de Gœthe; *Ivanhoe*, de Walter Scott; *l'Espion*, de Cooper.

— J'ai déjà lu, cette nuit, *Jean Sbogar*.

— Oh! c'est autre chose.

— Qu'est-ce que c'est?

— C'est le roman de genre. Mais ce n'est pas cela qu'attend la France.

— Et qu'attend-elle?

— Elle attend le roman historique.

— Mais l'histoire de France est si ennuyeuse!

Lassagne leva la tête et me regarda.

— Hein? fit-il.

— L'histoire de France est si ennuyeuse! répétai-je.

— Comment savez-vous cela?

Je rougis.

— On me l'a dit.

— Pauvre garçon! on vous a dit!... Lisez d'abord, et ensuite vous aurez une opinion.

— Que faut-il lire?

— Ah! dame! c'est tout un monde : Joinville, Froissart, Monstrelet, Chatelain, Juvénal des Ursins, Montluc, Saulx-Tavannes, l'Estoile, le cardinal de Retz, Saint-Simon, Villars, madame de la Fayette, Richelieu... Que sais-je, moi?

— Et combien cela fait-il de volumes?

— Deux ou trois cents, peut-être.

— Et vous les avez lus?

— Certainement.

— Et il faut que je les lise?

— Si vous voulez faire du roman, il faut non-seulement que vous les lisiez, mais encore que vous les sachiez par cœur.

— Je vous déclare que vous m'épouvantez! Mais j'en ai pour deux ou trois ans avant d'oser écrire un mot!

— Oh! pour plus que cela, ou vous écrirez sans savoir.

— Mon Dieu! mon Dieu! que j'ai perdu de temps!...

— Il faut le rattraper.

— Vous m'aiderez, n'est-ce pas?

— Et le bureau?

— Oh! je lirai la nuit, j'étudierai la nuit; au bureau, je travaillerai, et, de temps en temps, nous causerons un peu...

— Oui, comme aujourd'hui; seulement, nous avons causé beaucoup.

— Encore un mot. Vous m'avez dit ce qu'il fallait étudier comme théâtre?

— Oui.

— Comme roman?

— Oui.

— Comme histoire?

— Oui.

— Eh bien, maintenant, en poésie, que dois-je étudier?

— D'abord, qu'avez-vous lu?

— Voltaire, Parny, Bertin, Demoustier, Legouvé, Colardeau.

Bon! Oubliez tout cela.

— Vraiment?

— Lisez, dans l'antiquité, Homère; chez les Romains, Virgile; au moyen âge, Dante. C'est de la moelle de lion que je vous donne là.

— Et chez les modernes?

— Ronsard, Mathurin Regnier, Milton, Gœthe, Uhland, Byron, Lamartine, Victor Hugo, et surtout un petit volume qui va paraître, publié par Latouche.

— Et que vous nommez?

— André Chénier.

— Je l'ai lu...

— Vous avez lu Marie-Joseph... Ne confondons pas Marie-Joseph avec André.

— Mais, pour lire les auteurs étrangers, je ne sais ni le grec, ni l'anglais, ni l'allemand.

— Parbleu! la belle affaire, vous apprendrez ces langues-là.

— Comment?

— Je n'en sais rien; mais retenez ceci : on apprend toujours ce que l'on veut apprendre; et maintenant, je crois qu'il est temps que nous nous mettions à la besogne. A propos, une recommandation?

— Laquelle?

— Si vous avez l'intention de suivre les instructions que je vous donne...

— Je crois pardieu bien!

— Il ne faudrait pas dire un mot de ce petit plan d'études à M. Arnault.

— Pourquoi?

— Parce que vous ne seriez pas longtemps de ses amis.

— Vous croyez?

— J'en suis sûr.

— Merci... Je n'en ouvrirai pas la bouche.

— Et vous ferez bien. — Après cette première recommandation, une seconde.

— J'écoute.

— Il ne faudrait pas dire un mot de notre conversation, ni à Oudard, ni à M. de Broval.

— Pourquoi?

— Parce que nous ne resterions pas longtemps dans le même bureau.

— Diable! je veux y rester pourtant.

— Cela dépend de vous.

— Oh! si cela dépend de moi, nous en avons pour quelques années.

— Ainsi soit-il.

Et sur ce, M. Oudard étant entré, je me mis à ma besogne avec un acharnement qui, à la fin de la journée, me valut tous ses compliments.

Je venais de m'apercevoir d'une admirable chose : c'est que je pouvais copier, sans lire ce que je copiais, et, par conséquent, tout en copiant, penser à autre chose.

Dès le second jour, j'en étais arrivé où les autres n'arrivent qu'au bout de quatre ou cinq ans.

Comme on le voit, j'avais marché vite.

LXXX

Adolphe lit une pièce au Gymnase. — M. Dormeuil. — *Le Château de Kenilworth*. — M. Warez et Soulié. — Mademoiselle Lévesque. — La famille Arnault. — *La Feuille*. — *Marius à Minturnes*. — Un mot de Danton. — Le passe-port retourné. — Trois fables. — *Germanicus*. — Inscriptions et épigrammes. — Ramponneau. — Le jeune homme au tilbury. — Hors de l'Église, pas de salut. — Madame Arnault.

Bien m'en prenait de pouvoir copier sans lire; car, on le comprend, la conversation de Lassagne me donnait fort à penser. Tous les jours, je m'apercevais davantage de ma terrible ignorance, et, comme un voyageur perdu dans ces marais de houille tremblante, je ne savais plus où poser le pied pour trouver le passage solide qui devait me conduire au but que je poursuivais.

Comment Adolphe ne m'avait-il pas parlé de tout cela? C'étaient de si lointains horizons que ceux qui m'étaient ouverts à chaque moment, que ma vue s'y perdait.

Adolphe ne croyait donc pas que tout cela fût bien utile pour faire de la littérature? ou bien, la littérature qu'il voulait me faire faire, pouvait-elle se passer de tout cela?

J'avais vu si souvent son père hausser les épaules à nos projets de théâtre; n'était-ce pas que son père, qui savait tant de choses, se moquait tout bas de mes projets, à moi, qui ne savais rien?

Et M. Deviolaine, qui, instinctivement, lui, — car, excepté en expertise et en aménagements forestiers, il n'en savait guère plus que moi, — et M. Deviolaine qui, instinctivement, appelait mes essais de pièce des ordures, et mes tentatives de poésie des guenilles, est-ce qu'il avait raison par hasard?

Enfin, on lirait, on travaillerait, on étudierait! mais comment toutes ces choses dont j'entendais parler depuis la veille tiendraient-elles jamais dans ma tête sans la faire éclater?

Je comptais bien avoir, sur tout cela, une explication avec Adolphe.

A cinq heures et demie, j'étais chez M. de Leuven; mais Adolphe n'était pas encore rentré : il lisait, au Gymnase, une pièce faite en collaboration avec Frédéric Soulié.

A six heures moins un quart, je le vis apparaître, plus morne et plus pensif qu'Hippolyte suivant le chemin de Mycènes.

— Eh bien, mon pauvre ami, lui dis-je, encore refusé?

— Non, me répondit-il; mais reçu à correction, seulement.

— Alors, tout espoir n'est pas perdu?

— Si fait. Après la lecture, Dormeuil nous a fait venir dans son bureau, et, comme il trouvait des longueurs dans la pièce, à ce qu'il paraît, il nous a dit : « Mes petits enfants, mes petits enfants, il faut trancher dans le vif. » A ces mots, Soulié lui a arraché la pièce des mains, en disant : « Monsieur Dormeuil, on ne touche pas à ces choses-là. » Alors, vous comprenez, Dormeuil est furieux.

— Qu'est-ce que c'est que Dormeuil?

— C'est un des directeurs du Gymnase.

— De sorte que...?

— De sorte que Soulié a déclaré que la pièce serait jouée comme cela, ou qu'elle ne le serait pas du tout.

— Ah! diable! ça lui est donc égal, à Soulié, d'être joué ou de n'être pas joué?

— Vous ne connaissez pas la tête de ce garçon-là; pas

moyen de le faire plier. Savez-vous ce qu'il a dit à Warez?

— Qu'est-ce que c'est que Warez?

— Warez, c'est le régisseur de madame Oudinot, directrice de l'Ambigu.

— Eh bien, qu'a-t-il dit à Warez?

— Nous lui avions porté à lire un mélodrame, intitulé *le Château de Kenilworth;* Warez le lit. Il n'avait pas d'opinion bien arrêtée sur l'ouvrage. Quand nous allons, hier, pour avoir la réponse : « Messieurs, nous dit-il, autorisez-moi à faire lire votre pièce par M. Picard. — Oui, répond Soulié, pour qu'il nous la vole. — Oh! monsieur Soulié, s'écrie Warez, vous voler votre pièce! un académicien! — Tiens! dit Soulié, les trois quarts des académiciens volent bien leur fauteuil, pourquoi ne voleraient-ils pas des pièces? » Vous comprenez, mon cher ami, encore une porte fermée! J'avais bien eu l'idée d'aller chez mademoiselle Lévesque, qui est toute-puissante au théâtre, et de lui offrir le rôle de Marie Stuart, qui est magnifique...

— Eh bien?

— Vous savez ce qui est arrivé à Casimir Delavigne, lors de la lecture des *Vêpres siciliennes,* au Théâtre-Français.

— Oui, la pièce a été refusée.

— Non-seulement la pièce a été refusée, mais encore, comme chaque votant est obligé de motiver son refus, une de ces dames a refusé « parce que l'ouvrage était mal écrite. »

— Et mademoiselle Lévesque vous a refusé pour le même motif?

— Non; mais elle nous a dit que, dans ce moment *ici*, elle avait tant de créations, qu'elle ne pouvait pas se charger de *la nôtre*.

— Diable! il paraît qu'il est inutile de faire, pour être actrice, des études aussi fortes que pour être auteur... Ah! mon cher ami, comment ne m'avez-vous pas dit que je ne savais rien, et que j'avais tout à apprendre?

— Eh la! mon cher, ne vous inquiétez donc pas de cela, vous apprendrez au fur et à mesure des besoins... Tenez, voici ma mère qui nous fait signe de venir. Allons nous mettre à table.

Nous montâmes : on me présenta à M. et à madame Arnault; — je connaissais déjà Lucien, Telleville et Louis.

J'avais vu M. Arnault à cette fameuse chasse du bois du Tillet; mais je n'avais pas eu l'honneur de lui parler. Dans le bois, il avait demandé qu'on lui assignât un bon poste; on l'avait placé à un endroit où, lui avait dit M. Deviolaine, le chevreuil ne pouvait manquer de passer. M. Arnault, qui n'y voyait pas à deux longueurs de fusil, avait essuyé les verres de ses lunettes, s'était assis, avait tiré ses tablettes et un crayon, et s'était mis à écrire une fable qui, depuis la veille, lui trottait par la tête. Au bout d'un quart d'heure, il avait entendu du bruit dans les broussailles; il avait déposé tablettes et crayon, pris le fusil, et mis en joue en attendant que l'animal passât.

— Oh! monsieur, s'était écrié une femme, ne tirez pas; vous aller tuer ma vache!

— Êtes-vous bien sûre que ce soit votre vache et pas un chevreuil? avait alors demandé M. Arnault.

— Oh! monsieur, vous allez voir...

Et la femme, courant à la vache, s'était pendue à la queue de l'animal, et l'avait si bien tirée, que la pauvre bête s'était mise à mugir.

— En effet, avait dit M. Arnault, je crois que c'est moi qui me trompe.

Et il s'était rassis, avait reposé son fusil à terre, avait repris son crayon et ses tablettes, et s'était remis à sa fable, qu'il avait conduite à bonne fin.

La famille de M. Arnault se composait de Lucien et de Telleville, ses deux fils d'un premier lit; de Louis et de Gabrielle, ses deux enfants du second.

La seconde femme de M. Arnault était une demoiselle de Bonneuil.

Quelques mots sur cette excellente famille.

Nous commencerons, comme l'Évangile, par les petits et les humbles.

Gabrielle était une jolie enfant de quatorze ou quinze ans, d'une blancheur éblouissante; elle ne comptait encore, dans la maison, que comme un bouton dans un bouquet.

Louis avait notre âge, à peu près, c'est-à-dire vingt ou vingt et un ans. C'était un joli garçon, blond, frais, rose, un peu poupin, souriant toujours, plein d'amitié pour sa sœur, de respect pour sa mère, d'admiration pour son père.

Telleville était un beau capitaine, bien brave, bien loyal, bien aventureux, bonapartiste comme toute la famille, jeté dans le monde artiste sans avoir jamais fait un hémistiche; charmant esprit, du reste, plein de verve et d'originalité.

Lucien, l'auteur de *Régulus,* et, depuis, de *Pierre de Portugal* et de *Tibère*, était un esprit froid et administratif plutôt qu'une âme poétique; cependant, il y avait, dans ses vers, une certaine hardiesse; dans sa pensée, une certaine mélancolie, qui parlaient, à la fois, à l'imagination et au cœur. Il a fait, dans *Pierre de Portugal,* un des vers les plus charmants et les plus vrais que je connaisse, un de ces vers comme Racine en faisait dans ses bons jours, et que tout le monde sait parce qu'ils sont de Racine :

Les chagrins du départ sont pour celui qui reste.

Un an avant mon arrivée à Paris, *Régulus* avait eu un succès énorme. J'en citerai quelques vers, pour donner une idée de l'auteur, qui a renoncé, à ce qu'il paraît, à la littérature.

Régulus va quitter Rome, pour laquelle il se dévoue, et il dit à Licinius :

Je meurs pour la sauver, c'est mourir digne d'elle !
Mais, toi, Licinius, parjure à l'amitié,
Disciple de ma gloire, as-tu donc oublié
Ces jours où j'opposais, dans les champs du carnage,
Ma vieille expérience à ton jeune courage ?
Aimant un vrai soldat dans un vrai citoyen,
Ne te souvient-il plus que, par un doux lien,
Ma tendresse voulait vous unir l'un à l'autre ?

> Le hasard a trahi mon espoir et le vôtre ;
> Mais, des bords du tombeau, je puis enfin bénir
> Les nœuds qui pour jamais doivent vous réunir.
> Si tu l'aimes, viens, jure au dieu de la victoire
> De servir, aujourd'hui, la patrie et la gloire ;
> D'éclairer les Romains par toi seul égarés ;
> De rétablir la paix dans ces remparts sacrés ;
> Jure ! dis-je. A l'instant, je te donne ma fille,
> Je te lègue mon nom, mon honneur, ma famille ;
> Et les dieux ne m'auront opprimé qu'à demi,
> Si, dans un vrai Romain, je retrouve un ami !

Lucien, à cette époque, avait trente ou trente-deux ans ; sa carrière avait été tout administrative jusqu'à la chute de Napoléon, qui l'avait fait auditeur au conseil d'État et préfet à vingt-cinq ans.

C'était bien, du reste, malgré un fond de souffrance physique qui l'attristait, un des meilleurs cœurs, un des caractères les plus bienveillants que je connaisse. Pendant cinq ans, j'ai vu Lucien deux ou trois fois par semaine ; je ne sache pas que, pendant cette longue période d'intimité, il soit sorti de ses lèvres une raillerie contre un de ses confrères, une plainte, un regret ; c'était une de ces douces, tristes et sereines figures, comme on en voit dans les rêves. Qu'est-il devenu ? Je n'en sais rien ; depuis 1829, je l'ai complétement perdu de vue. Vingt-deux ans d'absence et de séparation m'ont, certes, fait sortir de son souvenir ; ces vingt-deux ans l'ont gravé plus profondément dans le mien.

Il n'en était pas de même de M. Arnault : je n'ai pas vu d'esprit plus subtil, plus aiguisé, plus railleur que ce flamboyant esprit. C'était ce que, sous les armes, on appelle un *toucheur*. Jamais Bertrand ni Lozès n'ont riposté par un coup droit plus rapide et plus sûr que ne le faisait M. Arnault, à toute occasion, par un mot, par une épigramme, par une fusée d'esprit. Poëte médiocre au théâtre, il excellait dans la fable ou dans la satire. Une fois, dans un moment de mélancolie, il laissa tomber de ses yeux une larme ; — cette larme, comme celle que versa Aramis sur la mort de Porthos, fut peut-être la seule larme de M. Arnault; — il y trempa sa plume, et il écrivit les vers suivants, c'est-à-dire un chef-d'œuvre que lui envieraient André Chénier ou Millevoye, Lamartine ou Victor Hugo.

LA FEUILLE.

« De ta tige détachée,
Pauvre feuille desséchée,
Où vas-tu? — Je n'en sais rien.
L'orage a brisé le chêne
Qui seul était mon soutien ;
De son inconstante haleine
Le zéphir ou l'aquilon,
Depuis ce jour me promène
De la forêt à la plaine,
De la montagne au vallon.
Je vais où le vent me mène
Sans me plaindre ou m'effrayer;
Je vais où va toute chose,
Où vont la feuille de rose
Et la feuille de laurier! »

Je ne sais pas ce que donneraient les grands poëtes mes confrères pour avoir fait ces quinze vers ; moi, je donnerais celui de mes drames que l'on voudrait prendre.

La grande prétention de M. Arnault, — et cette prétention était malheureuse, — c'était le théâtre. Il avait débuté par *Marius à Minturnes*, du temps qu'il était chez Monsieur. La tragédie avait été représentée en 1790, et, malgré la prédiction du comte de Provence, qui avait déclaré qu'une tragédie sans femme ne pouvait réussir, *Marius* obtint un immense succès.

Saint-Phal jouait le jeune Marius ; Vanhove, Marius, et Saint-Prix, le Cimbre.

Heureuse époque, au reste, où des hommes du mérite de

Saint-Prix acceptaient des rôles où ils avaient une seule scène, et, dans cette seule scène, ces seuls vers :

> Quelle voix, quel regard, et quel aspect terrible !
> Quel bras oppose au mien un obstacle invincible ?...
> L'effroi s'est emparé de mes sens éperdus...
> Je ne pourrais jamais égorger Marius!

La pièce fut dédiée à Monsieur.

J'ai entendu raconter à M. Arnault, qui racontait de la façon la plus spirituelle du monde, que ce succès l'avait rendu fort vain, fort tranchant et fort dédaigneux. Un jour, en 1792, il était au balcon du Théâtre-Français, parlant haut, selon sa coutume, menant grand bruit avec sa canne et empêchant les voisins d'entendre; cela durait depuis le lever du rideau, et l'on était à la fin du premier acte, lorsqu'un monsieur, placé derrière M. Arnault, et séparé de lui seulement par une banquette, se pencha en avant, et, lui touchant l'épaule du bout de sa main gantée :

— Monsieur Arnault, lui dit-il, laissez-nous donc, je vous en supplie, écouter comme si l'on jouait *Marius à Minturnes*.

Ce monsieur si poli, et j'oserai presque ajouter si spirituel, c'était Danton.

Un mois après, cet homme si poli et si spirituel faisait les massacres de septembre.

M. Arnault eut si grand'peur de ces massacres, qu'il se sauva à pied. En arrivant à la barrière, il la trouva gardée par un sans-culotte, de nom comme de fait; ce sans-culotte était occupé à empêcher une pauvre femme de passer, sous prétexte que son passe-port pour Bercy n'était pas visé à la section des Enfants-Trouvés. Or, en voyant l'insistance de l'honorable sentinelle, une idée vint à M. Arnault : c'est que ce terrible cerbère ne savait pas lire. L'esprit est une terrible maladie; on n'en guérit pas. M. Arnault, qui était très-malade de cette maladie, s'avance hardiment vers le sans-culotte, et lui présente son passe-port à l'envers en lui disant : « Visé aux Enfants-Trouvés; voici le timbre. »

M. Arnault avait deviné juste.

— Passez, dit le sans-culotte.

Et M. Arnault passa.

Dans l'intervalle qui s'était écoulé depuis *Marius* jusqu'au 3 septembre, jour auquel on était arrivé, M. Arnault avait fait jouer sa tragédie de *Lucrèce*. La pièce étant tombée, l'auteur mit la chute sur le compte de mademoiselle Raucourt...

On sait que la répulsion de cette illustre artiste pour les hommes ne lui était pas tout à fait imputée à vertu.

Au reste, plus tard, nous aurons à parler de mademoiselle Raucourt, à propos de son élève mademoiselle Georges.

M. Arnault avait suivi Bonaparte en Égypte. Il a raconté d'une façon fort amusante, dans ses mémoires intitulés *Souvenirs d'un sexagénaire*, la part qu'il prit à cette expédition.

Au retour, il donna une tragédie ossianesque, intitulée *Oscar*, qui eut un grand succès, et qu'il dédia à Bonaparte ; puis, *les Vénitiens*, dont le dénoûment fut regardé comme une si grande hardiesse, que les âmes sensibles ne pouvant le supporter, l'auteur fut obligé, à l'usage de ces bonnes âmes, de faire une variante grâce à laquelle, comme l'*Othello* de Ducis, sa pièce, maintenant, finit par une mort ou par un mariage, au choix des spectateurs.

Les Vénitiens eurent un énorme succès.

Pendant l'Empire, étant chef de division à l'Université sous M. de Fontanes, qui en était le grand maître, M. Arnault fit entrer dans ses bureaux Béranger comme expéditionnaire à douze cents francs. Ce fut là que Béranger fit sa première chanson, *le Roi d'Yvetot*.

Au second retour des Bourbons, M. Arnault fut proscrit, et se retira à Bruxelles. Nous avons dit comment, dans l'exil, il fit connaissance avec M. de Leuven, à propos d'un soufflet que celui-ci donna à un officier étranger.

Ce fut dans l'exil que M. Arnault fit presque toutes ses fables, charmant recueil à peu près inconnu, attendu que personne ne lit plus guère de fables aujourd'hui. C'est justement pour cela que je tiens à en faire lire trois.

Qu'on se rassure! ces trois fables sont bien de M. Arnault, et non de M. Viennet.

D'ailleurs, j'en réponds, et l'on acceptera bien ma caution pour trois fables.

Hâtons-nous de dire, au surplus, que les fables qu'on va lire n'ont de fables que le titre : ce sont de véritables épigrammes.

LE COLIMAÇON.

Sans amis comme sans famille,
Ici-bas, vivre en étranger;
Se retirer dans sa coquillle,
Au signal du moindre danger;
S'aimer d'une amitié sans bornes;
De soi seul emplir sa maison;
En sortir, selon la saison,
Pour faire à son prochain les cornes;
Signaler ses pas destructeurs
Par les traces les plus impures;
Outrager les plus belles fleurs
Par ses baisers ou ses morsures;
Enfin, chez soi, comme en prison,
Vieillir, de jour en jour plus triste;
C'est l'histoire de l'égoïste
Ou celle du colimaçon.

LE DROIT DE CHACUN.

Un jour, le roi des animaux
Défendit, par une ordonnance,
A ses sujets, à ses vassaux,
De courir sans une licence
Sur quelque bête que ce soit;
Promettant, il est vrai, de conserver le droit
A quiconque en usait pour un motif honnête.
Tigres, loups et renards, de présenter requête
A Sa Majesté : loups, pour courir le mouton,
Renards, pour courir le chapon,
Tigres, pour courir toute bête.
Parmi les députés, qui criaient à tue-tête,

Un chien s'égosillait à force d'aboyer.
« Plaise à Sa Majesté, disait-il, m'octroyer
Droit de donner la chasse, en toute circonstance,
A tous les animaux vivant de ma substance.
— Gentilshommes, à vous permis de giboyer.
Dit, s'adressant au tigre, au loup, au renard même,
    Des forêts le maître suprême ;
Aux chasseurs tels que vous permis de déployer,
Même chez leurs voisins, leurs efforts, leurs astuces ;
    Mais néant au placet du chien ! »
Que réclamait, pourtant, ce roturier-là ? — Rien,
    Que le droit de tuer ses puces.

LES DEUX BAMBOUS.

    L'an passé, — c'était l'an quarante, —
L'an passé, le Grand Turc disait au grand vizir :
« Quand, pour régner sous moi, je daignai te choisir,
Roustan, je te croyais d'humeur bien différente.
    Roustan met son plus grand plaisir
A me contrarier ; quelque ordre que je donne,
    Au lieu d'obéir, il raisonne ;
    Toujours des *si*, toujours des *mais* ;
    Il défend ce que je permets :
    Ce que je défends, il l'ordonne.
A rien ne tient qu'ici je ne te fasse voir
A quel point je suis las de ces façons de faire !
Va-t'en ! Qu'on fasse entrer mon grand eunuque noir ;
    C'est celui-là qui connaît son affaire,
    C'est lui qui, toujours complaisant,
Sans jamais m'étourdir de droit ni de justice,
    N'ayant de loi que mon caprice,
    Sait me servir en m'amusant.
Jamais ce ton grondeur, jamais cet air sinistre !
Ainsi que tout désir, m'épargnant tout travail,
Il conduirait l'empire aussi bien qu'un sérail.
    J'en veux faire un premier ministre.
— En fait de politique et de gouvernement,
Sultan, dit le vizir, chacun a son système :

Te plaire est le meilleur; le mien, conséquemment,
Est mauvais... Toutefois, ne pourrais-je humblement,
  Te soumettre un petit problème?
  — Parle. — Ce n'est pas d'aujourd'hui
  Que péniblement je me traîne,
Vieux et cassé, sultan, dans ma marche incertaine;
  Ma faiblesse a besoin d'appui.
  Or, j'ai deux roseaux de la Chine :
Plus ferme qu'un bâton, l'un ne sait pas plier;
L'autre, élégant, léger, droit comme un peuplier,
  Est plus souple qu'une badine.
Lequel choisir? — Lequel?... Roustan, je ne crois pas
Qu'un flexible bambou puisse assurer nos pas.
  — Tu le crois! lorsque tu m'arraches
  Ton sceptre affermi par mes mains,
  Pour le livrer à des faquins
  Sans caractère et sans moustaches. »

  Rois, vos ministres sont, pour vous,
Ce qu'est, pour nous, le jonc dont l'appui nous assiste;
Je le dis des vizirs ainsi que des bambous,
On ne peut s'appuyer que sur ce qui résiste.

Lisez, les unes après les autres, les cent-cinquante fables de M. Arnault, et, dans toutes, vous trouverez la même facilité, le même trait, la même allure frondeuse. Lorsque vous les aurez lues, vous ne direz certes pas de l'auteur : « C'est un bon homme; » mais, à coup sûr, vous direz : « C'est un honnête homme. »

En 1815, M. Arnault avait donc été exilé. Pour quel motif? C'était si peu important, qu'on ne s'en était pas préoccupé; on avait mis son nom sur la liste, et voilà tout! Et qui avait signé cette liste? Louis XVIII, autrefois Monsieur, c'est-à-dire ce même comte de Provence, près duquel le poëte avait commencé sa carrière, et auquel il avait dédié son *Marius*.

Or, comme il n'y avait point de motif pour qu'on exilât M. Arnault, l'esprit de parti en avait inventé un, et l'on disait qu'il était proscrit en qualité de régicide; mais il y avait deux raisons péremptoires pour que cela ne fût pas : la première c'est que M. Arnault n'était pas de la Convention ; la seconde, c'est qu'en 1792 et 1793, il était à l'étranger. Néanmoins, le bruit prit tacitement consistance, et personne ne douta bientôt que M. Arnault ne fût exilé pour cette cause.

De Bruxelles, M. Arnault envoya *Germanicus,* qui fut joué le 22 mars 1817, et défendu le lendemain. Pendant la représentation, la tragédie était descendue du théâtre dans le parterre, où il s'engagea une terrible bataille, et où il y eut des blessés et même un mort. Le combat se livrait entre les gardes du corps et les partisans du gouvernement déchu. L'arme dont on se servit généralement dans cette mêlée était du genre de ces bambous sur lesquels Roustan, le premier vizir de ce Grand Turc dont nous venons d'entendre les doléances, avait l'habitude de s'appuyer. On comprend que, plus ils étaient gros et moins ils pliaient, meilleurs ils étaient pour l'attaque et la défense. On nomma, dès lors, ce genre de cannes des *germanicus*.

Les haines étaient vigoureuses à cette époque. Le surlendemain de la représentation, Martainville publia un article virulent qui atteignait M. Arnault jusque dans son honneur privé.

Cet article, à la suite d'un soufflet donné par Telleville au critique, amena un duel dans lequel, comme nous l'avons dit plus haut, le journaliste eut la cuisse fouettée par une balle.

Plus tard, on a repris *Germanicus*. Nous avons assisté à cette reprise; mais, jetée hors des passions du moment, la pièce n'eut plus aucun succès.

Cette proscription inattendue, inouïe, imméritée, avait infiltré dans le caractère de M. Arnault un certain fiel qui perçait à toute occasion, et que ne parvint point à lui chasser du sang le legs de cent mille francs que, par son testament, lui fit Napoléon.

Ce legs servit à bâtir, rue de la Bruyère, une jolie maison dans laquelle, comme toujours, le bâtisseur enfouit le double de la somme qu'il comptait y mettre, de sorte qu'après avoir hérité de cent mille francs, M. Arnault se trouva de cent mille francs plus pauvre qu'auparavant.

M. Arnault aimait les vers pour les vers : il en faisait sur tout. Il en avait fait sur son portrait, sur la porte de son jardin, sur l'abbé Geoffroy, sur la niche de son chien, sur un poëte en uniforme dont le portrait venait d'être exposé au dernier salon.

Voici ces vers, dans lesquels se trouve non-seulement l'esprit, mais encore le caractère de l'auteur :

VERS SUR LE PORTRAIT DE L'AUTEUR.

Sur plus d'un ton je sais régler ma voix :
Ami des champs, des arts, des combats et des fêtes,
En vers dignes d'eux, quelquefois,
J'ai fait parler les dieux, les héros et les bêtes.

POUR LA PORTE DE MON JARDIN.

Bons amis dont ce siècle abonde,
Je suis votre humble serviteur;
Mais passez : ma porte et mon cœur
Ne s'ouvrent plus à tout le monde.

SUR UN BON HOMME QUI N'A PAS LE VIN BON (1).

Il est altéré de vin ;
Il est altéré de gloire ;
Il ne prend jamais en vain
Sa pinte ou son écritoire.
Des flots qu'il en fait couler,
Abreuvant plus d'un délire,
Il écrit pour se soûler,
Il se soûle pour écrire.

POUR LA NICHE DE MON CHIEN.

Je n'attaque jamais en traître,
Je caresse sans intérêt,
Je mords parfois, mais à regret :
Bon chien se forme sur son maître.

(1) L'abbé Geoffroy.

POUR LE PORTRAIT D'UN POÈTE EN UNIFORME.

> Au Parnasse ou sur le terrain,
> En triompher est peu possible :
> L'épée en main il est terrible,
> Terrible il est la plume en main ;
> Et pour se battre et pour écrire,
> Nul ne saurait lui ressembler ;
> Car, s'il ne se bat pas pour rire,
> Il écrit à faire trembler.

Au milieu de toutes ses tribulations, M. Arnault avait toujours adoré les chiens. Sur cinquante de ses fables, plus de vingt ont pour héros ces intéressants quadrupèdes. Au moment où j'eus l'honneur de pénétrer dans le sanctuaire de la famille, la porte en était gardée par une horrible bête, moitié roquet, moitié caniche, ayant nom Ramponneau. De ce chien, M. Arnault ne pouvait se passer ; il l'avait dans son cabinet pendant son travail, dans son jardin pendant ses promenades. Il n'y avait que dans la rue que M. Arnault ne l'emmenait pas, de peur des boulettes.

M. Arnault avait présidé lui-même à l'éducation de son chien, et, sur un certain point, il avait été inexorable. C'était sur les ordures que Ramponneau se permettait de faire dans son cabinet. A peine la vue et l'odorat avaient-ils dénoncé le crime commis, que Ramponneau, saisi par le bas des reins et par la peau du cou, était conduit vers l'endroit où l'incongruité avait été faite, et fustigé d'importance. Après quoi, selon une vieille tradition qui se perd dans l'obscurité des âges, on frottait le nez de Ramponneau dans le corps du délit, opération qu'il subissait avec une répugnance visible.

Ces fautes quotidiennes et la correction qu'elles entraînaient durèrent deux mois à peu près, et M. Arnault commençait à craindre que Ramponneau, qui, du reste, possédait une foule de talents d'agrément, comme de faire le mort, de monter la garde, de fumer la pipe, de sauter pour l'empereur, ne fût inéducable... — J'en demande pardon ! ne trouvant pas le mot que je cherche, je crois que j'en fais un. — M. Arnault, dis-je, commençait à craindre qu'il ne fût inéducable sur ce seul point, lorsqu'un jour, Ramponneau, qui venait de commettre son crime accoutumé, voyant son maître tellement plongé dans sa tragédie de *Guillaume de Nassau*, qu'il ne paraissait pas s'apercevoir le moins du monde de ce qui venait d'arriver, alla le tirer par le bas de sa robe de chambre. M. Arnault se retourna. Ramponneau fit deux ou trois gambades pour attirer son attention; puis, lorsqu'il fut bien sûr de l'avoir captivée, il alla droit vers la chose que nous avons appelée le corps du délit, et s'y frotta de lui-même sans y être contraint ni forcé, avec une répugnance visible, il est vrai, mais avec une touchante résignation.

Le pauvre animal s'était trompé! Il avait cru que les coups de fouet, et la punition qui en était la suite, n'avaient d'autre but que de lui apprendre à se frotter le nez tout seul dans l'objet en question.

L'éducation de Ramponneau était complétement faussée, et il conserva toute sa vie ce défaut, auquel la muselière dont il fut doté n'apporta qu'une légère amélioration.

J'ai parlé de cet esprit de riposte si rapide et si remarquable chez M. Arnault. J'en citerai d'abord deux exemples; puis, en leur lieu et place, ceux qui se présenteront plus tard.

Un jour, je descendais avec lui la rue de la Tour-des-Dames. Un élégant qui conduisait un tilbury, et qui n'était pas maître de son cheval dans cette rapide descente, manque de l'écraser. M. Arnault n'était pas endurant.

— Fichu polisson, dit-il, ne pouvez-vous donc pas faire attention à ce que vous faites?

— Comment, fichu polisson? s'écrie le jeune homme.

— Eh! oui, répète M. Arnault, fichu polisson!

— Monsieur! vous me rendrez raison de cette insulte!... Voici mon adresse!

— Votre adresse!... répond M. Arnault, gardez-la pour conduire votre cheval.

Un autre jour, aux Champs-Élysées, il passait à côté d'un prêtre sans le saluer. Nous avons dit que M. Arnault avait la vue très-courte; d'ailleurs, il n'aimait pas beaucoup les hommes noirs, comme on les appelait à cette époque.

Le prêtre, qu'il avait presque coudoyé, se retourne.

— Voyez-vous ce jacobin, dit-il, qui me coudoie, et qui ne me salue pas?

— Monsieur, lui répondit M. Arnault, ne soyons pas plus exigeant que l'Évangile : *Hors de l'Église, pas de salut!*

Je m'aperçois que, dans tout cela, j'ai oublié madame Arnault, qui pouvait avoir quarante ans lorsque je lui fus présenté, et qui, à cet âge, était encore une charmante femme, petite, brune, ronde, jolie, pleine de grâces et d'esprit.

Madame Arnault fut parfaitement bonne pour moi pendant cinq ans, puis cela changea.

Peut-être aussi fut-ce ma faute; on en jugera à l'occasion.

LXXXI

Frédéric Soulié, son caractère, son talent. — Choix de morceaux d'ensemble, d'entrée et de sortie. — Transformation du vaudeville. — Le Gymnase et M. Scribe. — *La Folle de Waterloo.*

Le soir, Adolphe m'emmena chez Frédéric Soulié.

Frédéric Soulié réunissait quelques amis pour fêter son refus du Gymnase; car Frédéric Soulié regardait cette réception à correction comme un refus.

Je reviendrai souvent à Soulié; j'en parlerai beaucoup; c'est une des plus puissantes organisations littéraires de l'époque, c'est un des tempéraments les plus vigoureux que j'aie connus.

Il est mort jeune! Il est mort, non-seulement dans la force de son talent, mais encore avant d'avoir produit l'œuvre irréprochable et complète qu'il eût certainement produite, un jour ou l'autre, si la mort ne se fût pas tant hâtée.

Soulié avait quelque chose d'emmêlé et d'obscur dans le cerveau; sa pensée était, comme le monde, éclairée d'un côté seulement; l'antipode de ce côté illuminé par le soleil était impitoyablement plongé dans les ténèbres.

Soulié ne savait commencer ni un drame ni un roman. Son exposition se faisait au hasard : tantôt au premier, tantôt au dernier acte, si c'était un drame; tantôt au premier, tantôt au dernier volume, si c'était un roman.

Presque toujours, cette exposition, timidement abordée, se débrouillait péniblement. On eût dit que, pareil à ces oiseaux de nuit qui ont besoin des ténèbres pour jouir de toutes leurs facultés, Soulié n'était à son aise que dans une demi-obscurité.

C'était, avec lui, l'objet de mon éternelle querelle. Comme il avait des qualités d'imagination et de puissance que personne n'avait, une fois l'action engagée, je l'invitais éternellement à jeter le plus de jour possible sur le commencement de son action.

— Sois clair jusqu'à la limpidité, lui disais-je toujours. Dieu n'est grand que parce qu'il a fait la lumière; sans la lumière, le monde n'eût pas su apprécier la sublime grandeur de la création.

Soulié avait, à l'époque où je l'ai connu, vingt-six ans : c'était un vigoureux jeune homme, de taille moyenne, mais admirablement prise; il avait le front proéminent; les cheveux, les sourcils et la barbe noirs; le nez bien fait, et les yeux à fleur de tête; les lèvres grosses, les dents blanches.

Il riait facilement, quoiqu'il n'ait jamais eu le rire jeune. Ce qui le vieillissait, c'était un frissonnement strident et ironique. Il était naturellement railleur, et l'ironie était chez lui une arme admirablement emmanchée dans le sarcasme.

Il avait essayé un peu de tout, et il lui était resté un peu de tout ce qu'il avait essayé. Après avoir reçu une excellente éducation provinciale, il avait été faire son droit à Rennes, je crois. De là, cette admirable peinture de la vie d'étudiant qu'il a faite dans la *Confession générale*.

Il avait passé ses examens de droit, et avait été reçu avocat; mais il éprouvait une certaine répugnance pour le barreau. Aussi, plutôt que d'exercer cette profession toute libérale, il eût préféré un travail industriel.

Cette répugnance devait le conduire, en 1824 ou 1825, à se mettre à la tête d'une grande entreprise de scierie mécanique.

En attendant, Soulié, — il signait alors Soulié de Lavelanet, — en attendant, Soulié vivait d'une petite rente que lui faisait son père : cent louis, autant que je puis me le rappeler; il demeurait rue de Provence, à l'entre-sol, dans un appartement plein de coquetterie qui nous paraissait un palais. Il y avait surtout, luxe inouï! dans cet appartement, un piano sur lequel Soulié jouait deux ou trois airs.

Il était à la fois fort libéral et fort aristocrate, deux choses qui, à cette époque, marchaient souvent de compagnie : témoin Carrel, que nous avons déjà vu apparaître, à propos de l'affaire de Béfort, et que nous verrons reparaître, lors de l'amnistie accordée par Charles X, à son avénement au trône.

Soulié était brave, sans être querelleur; seulement, il avait à la fois la susceptibilité de l'étudiant et du Méridional; il tirait passablement l'épée, et bien le pistolet.

Je fus d'abord pour Soulié, et la chose était toute naturelle, un enfant sans valeur et sans importance. Mes débuts l'étonnèrent, le blessèrent presque. Quand nous en serons là, je montrerai Soulié tel qu'il était : jaloux, presque envieux, mais brisant, par la puissante volonté de son cœur droit et honnête, toutes les mauvaises tendances de son esprit. C'était en lui une lutte continuelle du bon et du mauvais principe, et, cependant, pas une seule fois peut-être le mauvais principe ne l'emporta.

Bien souvent, il essaya de me haïr, sans jamais pouvoir en venir à bout; bien souvent, il entreprit, en commençant par dire du mal de moi, une conversation qu'il acheva en en disant du bien.

Et, en effet, je fus l'homme qui le gêna le plus dans sa carrière : au théâtre, au journal, en librairie, il me trouva partout sur son chemin, lui faisant partout un tort involontaire mais réel; et, malgré cela, j'étais si sûr de Soulié, si sûr de son cœur, de sa suprême probité, que, si j'eusse eu un service à demander, c'est à Soulié que j'eusse demandé ce service, à lui, plutôt qu'à tout autre, — et lui, plutôt que tout autre, me l'eût rendu.

Soulié s'était, d'abord, tourné vers la poésie. C'était à la poésie, je crois, qu'il comptait demander ses triomphes. Sa première pièce au théâtre fut une imitation de *Roméo et Juliette*, de Shakspeare. Je n'ai jamais senti d'émotion pareille à celle que j'éprouvai à la première représentation de cette pièce.

Nous fûmes souvent des mois, une année sans nous voir; mais, lorsque le hasard nous jetait en face l'un de l'autre, du plus loin que nous nous apercevions, nous marchions l'un à l'autre le cœur et les bras ouverts. Peut-être, avant de m'apercevoir, Soulié eût-il autant aimé ne pas me rencontrer; peut-être, si on lui eût dit : » Dumas vient de ce côté, » eût-il fait un détour; mais, du moment où il m'avait vu, le courant électrique dominait sa volonté, et il était à moi corps et âme, comme si jamais une pensée jalouse n'eût traversé son esprit.

Il n'en était point de même pour Hugo ni pour Lamartine : il ne les aimait pas, et rarement parlait-il de leur talent d'une façon impartiale.

Je suis convaincu que ce sont les *Odes et Ballades* de l'un, et les *Méditations* de l'autre qui conduisirent Frédéric Soulié à écrire en prose.

Oh! sois tranquille, ami de ma jeunesse, compagnon de mes premiers travaux sérieux, je te peindrai bien tel que tu étais; je ferai, non pas un buste de toi, mais une statue; je t'isolerai, je te placerai sur le piédestal de tes œuvres, pour que tous ceux qui ne t'ont pas connu puissent faire le tour de ta puissante ressemblance; car tu es de ces hommes que l'on peut étudier sous toutes les faces, et qui n'ont point à craindre, vivants ou morts, d'être placés en pleine lumière.

Les amitiés de Soulié, à cette époque, étaient, en littérature, Jules Lefèvre et Latouche, — Latouche, avec lequel il se brouilla si cruellement depuis, à propos de *Christine;* — dans la vie privée, c'était un grand et gros garçon, nommé David; il était, à cette époque, et doit être encore aujourd'hui agent de change. Je ne crois pas qu'il ait fait un seul ami à Soulié; mais je crois qu'en échange, il lui a fait pas mal d'ennemis.

Soulié nous attendait chez lui avec une douzaine d'amis, du

thé, des gâteaux, et des sandwichs. C'était un si grand luxe, que j'en fus un peu ébloui.

Soulié sentait ce qu'il renfermait en lui, et cela le rendait fort méprisant pour la littérature secondaire. Tout en essayant de braconner sur leurs terres, en attendant qu'il fît mieux, il traitait du haut de sa grandeur certaines réputations contemporaines dont, moi, j'enviais fort la position. Il se proposait, disait-il, de publier, pour la prochaine année 1824, un almanach intitulé *le Parfait Vaudevilliste*, où l'on trouverait des couplets de vieux soldats et de jeunes colonels tout faits.

Parmi les couplets de vieux soldats était au premier rang, et comme modèle à suivre, ce couplet, que chantait Gontier dans *Michel et Christine*, couplet qu'on applaudissait tous les soirs avec acharnement :

> Sans murmurer,
> Votre douleur amère,
> Frapp'rait mes yeux, plutôt tout endurer!
> Moi, j'y suis fait, c'est mon sort ordinaire;
> Un vieux soldat sait souffrir et se taire,
> Sans murmurer!

Il y avait aussi, à cette époque, dans les pièces en cours de représentation, un certain nombre de chœurs applicables à des circonstances données, et qui devaient trouver leur place dans *le Parfait Vaudevilliste*. Malheureusement, je ne les copiai point chez Soulié à cette époque. Trois ou quatre mois avant sa mort, je le priai de me communiquer sa collection : il l'avait perdue.

En échange, il m'envoyait cinq ou six de ces chœurs qu'il trouvait dans sa mémoire; seulement, il ne pouvait me dire précisément de quelle époque ils étaient; ce qu'il pouvait m'affirmer, c'est qu'ils existaient, non pas, comme on aurait pu le croire à l'état de bâtards ou d'enfants trouvés, mais à l'état de fils légitimes et reconnus; et, pour preuve, il me les faisait passer avec le nom de leurs pères.

Ces chœurs étaient, bien entendu, la propriété exclusive

de l'auteur. Il les plaçait dans toutes les situations identiques ; tel d'entre eux avait déjà servi dix, vingt, trente fois, et n'attendait l'occasion que de resservir une trente et unième.

Commençons par un chœur du *Barbier châtelain*, de Théaulon : à tout seigneur tout honneur.

> Bonne nuit !
> Bonne nuit !
> Ça soulage,
> En voyage.
> Bonne nuit !
> Bonne nuit !
> Retirons-nous sans bruit.

Celui-là était devenu proverbial ; dès que l'on voyait apparaître la situation, chacun, d'avance, fredonnait le chœur qui devait la terminer.

Un chœur de Brazier et de Courcy, dans *le Parisien à Londres*, n'était pas non plus sans mérite. Malheureusement, il appartenait à une situation tellement excentrique, qu'il n'avait pu servir qu'une fois.

Il n'en était pas moins resté dans la mémoire de bon nombre d'amateurs.

Il s'agissait d'un Français surpris en conversation criminelle, et qui, amené devant ses juges, excitait une vive curiosité dans l'auditoire.

En conséquence, l'auditoire chantait :

> Nous allons voir juger
> Cet étranger,
> Qui fut bien léger !
> A l'audience,
> On défend l'innocence,
> Et l'on sait la venger.

L'étranger était condamné au mariage, et l'auditoire, satisfait, se retirait en chantant le même chœur, avec cette légère variante :

> Nous *avons vu* juger
> Cet étranger,
> Qui fut bien léger !
> A l'audience,
> On défend l'innocence,
> Et l'on sait la venger.

Mais, comme les déjeuners, les dîners, les soupers sont plus fréquents au théâtre que les étrangers condamnés à épouser des Anglaises, il existait un chœur de Dumanoir qui, utilisé chaque fois qu'on se mettait à table, donnait au public une idée de l'ivresse des convives.

Ceux-ci chantaient donc :

> Quel repas
> Plein d'appas,
> Où, gai convive,
> L'Amour arrive !...
> Quel repas
> Plein d'appas !
> On n'en fait pas
> De pareils ici-bas !

Malgré les saintes lois de la propriété, plus respectées, on le sait, parmi les auteurs dramatiques que dans aucune autre classe de la société, un jour, Adolphe se permit de subtiliser ce couplet, et eut l'audace de le mettre dans une pièce à lui, sans prendre la peine d'y changer un iota.

Ce fut toute une histoire : menacé d'un procès par Dumanoir, il ne s'en tira qu'en lui prêtant, en échange de ce chœur de convives, un chœur de danseurs.

Voici le chœur de Leuven ; on verra que, si Dumanoir n'y gagnait pas beaucoup, il n'y perdait pas grand'chose :

> A la danse,
> A la danse,
> Allons, amis, que l'on s'élance !

> Entendez-vous du bal
> Les gais accords, le doux signal?...

Fidèle à l'exécution de la transaction, Dumanoir ne s'en servit qu'une fois, et le rendit à Adolphe, qui, rentré en possession de son chœur, continua de s'en servir, à la grande satisfaction des spectateurs.

Il est vrai que tous ces chœurs-là s'inclinaient humblement devant le chœur de *Jean de Calais*.

Il était d'Émile Vanderburch, un des auteurs du *Gamin de Paris*, et terminait la pièce.

Le voici :

> Chantons les hauts faits
> De Jean de Calais!
> On dira, dans l'histoire,
> Qu'il a mérité
> Sa gloire
> Et sa félicité!...

Au reste, une grande révolution était en train de s'opérer dans le vaudeville à cette époque, et cette révolution était faite par un homme qui, depuis, a proscrit les autres comme révolutionnaires. Nous voulons parler de Scribe, qui, dans la révolution littéraire de 1820 à 1828, joua à peu près le rôle que jouèrent les girondins dans la révolution politique de 1792 à 1793.

Avant Scribe, à part les charmantes ébauches de Désaugiers, les vaudevilles n'étaient guère que des canevas sur lesquels brodaient les acteurs. Comme on se préoccupe aujourd'hui de faire un rôle à M. Arnal, à M. Bouffé ou à mademoiselle Rose Chéri, on ne se préoccupait point, alors, de faire un rôle à M. Potier, à M. Brunet ou à M. Perrin. — M. Perrin, M. Brunet ou M. Potier, trouvaient leurs rôles indiqués à la première répétition, et les faisaient ce qu'ils étaient à la première représentation.

Ce fut Scribe, qui, le premier, au lieu de canevas, fit des pièces. Entre ses mains habiles, l'intrigue se noua, et l'on eut, au bout de trois ou quatre ans, tout ce Théâtre du Gymnase, qui n'était pas modelé sur une société quelconque, mais qui créait une société que l'on pouvait appeler la société de M. Scribe, société composée presque exclusivement de colonels, de jeunes veuves, de vieux soldats et de domestiques fidèles. Jamais on n'avait vu de pareilles veuves ; jamais on n'avait vu de semblables colonels ; jamais on n'avait entendu de vieux soldats parlant ainsi ; jamais on n'avait rencontré de domestiques aussi dévoués! Mais, telle que l'avait faite M. Scribe, la société du Gymnase fut à la mode, et la protection directe de madame la duchesse de Berry ne contribua pas peu à faire la fortune du directeur et la réputation de l'auteur.

Le couplet lui-même changea de forme. Il abandonna les vieux airs de nos pères, à qui suffisaient la ronde gaieté du *lon lon la larira dondaine*, et du *gai gai larira dondé*, pour se maniérer en façon d'opéra-comique, pour s'aiguiser en trait, pour s'étendre en couplets de facture. Lorsque la situation devenait tendre, huit ou dix vers exprimant le sentiment du personnage empruntaient le charme de la musique, et soupiraient la déclaration d'amour, que la prose cessa de se permettre. Enfin, naquit ce genre bâtard, mais gracieux à tout prendre, dont M. Scribe fut à la fois, comme on dit au village, père et parrain, et qui n'est ni l'ancien vaudeville, ni l'opéra-comique, ni la comédie.

Les modèles du genre furent : *la Somnambule, Michel et Christine, l'Héritière, le Mariage de raison, Philippe et la Marraine.*

Quelques vaudevillistes, par la suite, montèrent encore un degré de plus, et s'appelèrent *le Chevalier de Saint-Georges, un Duel sous Richelieu, la Vie de bohème.* Ceux-là touchaient à la comédie, et pouvaient à la rigueur se jouer sans couplets.

Nous signalerons les autres changements, au fur et à mesure qu'ils s'opéreront dans les arts. Constatons seulement que nous sommes entrés dans l'ère des transitions. — Dès 1818, Scribe a commencé pour le vaudeville ; de 1818 à 1820, Hugo et Lamartine jettent, au milieu du monde littéraire, l'un avec les *Odes et Ballades*, l'autre avec les *Méditations*, les premiers essais d'une poétique nouvelle; de 1820 à 1824, Nodier publie des romans de genre qui ouvrent une voie nouvelle, celle du pittoresque; de 1824 à 1828, ce sera le tour de la peinture de faire son mouvement; enfin, de 1828 à 1835, s'accomplira la révolution dramatique, que suivra presque immédiatement celle du roman historique et de fantaisie.

Alors, le XIXe siècle, sorti des langes paternels, prendra sa couleur et conquerra son originalité.

Il va sans dire que, lié comme je l'ai été avec tous les grands peintres et tous les grands statuaires de l'époque, chacun d'eux passera à son tour dans ces mémoires, gigantesque galerie où chaque nom illustre laissera sa vivante statue.

Revenons à Soulié.

On venait de lui renvoyer en épreuve la première de ses pièces de vers qui ait eu les honneurs de l'impression; elle était intitulée *la Folle de Waterloo*, et avait été faite à la demande de Vatout, pour l'ouvrage qu'il publiait sur la galerie du Palais-Royal.

Il va sans dire que Soulié nous la lut.

La voici. — Nous tâcherons de constater ainsi le point de départ de tous nos grands poëtes. En voyant le but auquel ils sont arrivés, on mesurera la distance parcourue. Peut-être quelques contemporains maussades nous diront que peu leur importent et le point de départ et le point d'arrivée : à ceux-là, nous répondrons que nous n'écrivons pas précisément pour l'an 1851 ou l'an 1852, mais pour ce pieux avenir qui ramasse le ciseau, le crayon ou la plume échappés aux mains des illustres mourants.

LA FOLLE DE WATERLOO.

Un jour, livrant mon âme à la mélancolie,
    J'avais porté mes pas errants
    Dans ces prisons où la folie
Est offerte en spectacle aux yeux indifférents.

C'était à l'heure qui dégage
Quelques infortunés des fers et des verrous ;
Et mon cœur s'étonnait d'écouter leur langage,
Où se mêlaient les pleurs, le rire et le courroux.

Tandis que leur gardien les menace ou les raille,
Une femme paraît, pâle et le front penché ;
Sa main tient l'ornement qui, les jours de bataille,
Brille au cou des guerriers sur l'épaule attaché,
Et de ses blonds cheveux s'échappe un brin de paille
    A sa couche arraché.

En voyant sa jeunesse et le morne délire,
Qui doit, par la prison, la conduire au tombeau,
Je me sentis pleurer... Elle se prit à rire,
Et cria lentement : « Waterloo ! Waterloo ! »

« Quel malheur t'a donc fait ce malheur de la France ? »
    Lui dis-je... Et son regard craintif
Où, sans voir la raison, je revis l'espérance,
S'unit pour m'appeler à son geste furtif.

« Français, parle plus bas, dit-elle. Oh ! tu m'alarmes !
Peut-être ces Anglais vont étouffer ta voix ;
Car c'est à Waterloo que, la première fois,
Adolphe m'écouta sans répondre à mes larmes.

» Lorsque, dans ton pays, la guerre s'allumait,
Il me quitta pour elle, en disant qu'il m'aimait ;
C'est là le seul adieu dont mon cœur se souvienne...
La gloire l'appelait, il a suivi sa loi ;
Et, comme son amour n'était pas tout pour moi,
Il servit sa patrie, et j'oubliai la mienne !

    » Et, quand je voulus le chercher,
Pour le voir, dans le sang il me fallut marcher ;
J'entendais de longs cris de douleur et d'alarmes ;
La lune se leva sur ce morne tableau ;

J'aperçus sur le sol des guerriers et des armes,
Et des Anglais criaient : « Waterloo! Waterloo! »

» Et moi, fille de l'Angleterre,
Indifférente aux miens qui dormaient sur la terre,
J'appelais un Français, et pleurais sans remords...
Tout à coup, une voix mourante et solitaire
    S'éleva de ce champ des morts :

« Adolphe? « me dit-on. » Des héros de la garde
» Il était le plus brave et marchait avec nous ;
» Nous combattions ici... Va, baisse-toi, regarde,
» Tu l'y retrouveras, car nous y sommes tous! »

» Je tremblais de le voir et je le vis lui-même...
Dis-moi quel est ce mal qu'on ne peut exprimer?
Ses yeux, sous mes baisers, n'ont pu se ranimer...
Oh! comme j'ai souffert à cette heure suprême,
    Car il semblait ne plus m'aimer!

» Et puis... je ne sais plus!... Connaît-il ma demeure?
Jadis, quand il venait, il venait tous les jours!
Et sa mère, en pleurant, accusait nos amours...
Hélas! il ne vient plus, et pourtant elle pleure! »

La folle vers la porte adresse alors ses pas,
Attache à ses verrous un regard immobile,
M'appelle à ses côtés, et, d'une voix débile :
« Pauvre Adolphe, dit-elle, en soupirant tout bas ;
Comme il souffre!... il m'attend, puisqu'il ne revient pas! »

Elle dit, dans les airs la cloche balancée
Apprit à la douleur que l'heure était passée
D'espérer que ses maux, un jour, pourraient finir.
La folle se cachait ; mais, dans le sombre asile
Où, jeune, elle portait un si long avenir,
A la voix des gardiens d'où la pitié s'exile,
    Seule, il lui fallut revenir.

« Adieu ! je ne crains pas qu'un Français me refuse,
Dit-elle, en me tendant la main ;
Si tu le vois, là-bas, qui vient sur le chemin ;
D'un aussi long retard si son amour s'accuse,
Dis-lui que je le plains, dis-lui que je l'excuse,
Dis-lui que je l'attends demain !

LXXXII

Le duc d'Orléans. — Ma première entrevue avec lui. — Maria-Stella Chiappini. — Son procès en réclamation d'état. — Son histoire. — Mémoire du duc d'Orléans. — Jugement de la cour ecclésiastique de Faenza. — Rectification de l'acte de naissance de Maria-Stella.

J'étais depuis un mois à peu près installé au bureau, — à la grande satisfaction d'Oudard et de M. de Broval, qui, grâce à ma belle écriture, trouvaient que M. Deviolaine avait été bien sévère pour moi, — lorsque le premier me fit prévenir par Raulot qu'il m'attendait dans son cabinet.

Je m'empressai de me rendre à l'invitation.

Oudard avait un air solennel.

— Mon cher Dumas, me dit-il, M. le duc d'Orléans vient de me faire demander quelqu'un qui pût lui copier vite et bien un travail qu'il fait pour son conseil. Sans que ce travail ait rien de mystérieux, vous comprendrez, en le copiant, qu'il ne doit pas traîner dans un bureau. J'ai pensé à vous, qui écrivez rapidement et correctement : c'est un moyen de vous présenter au duc. Je vais vous conduire dans son cabinet.

Mon émotion fut vive, je l'avoue, en apprenant que j'allais me trouver en face d'un homme dont la pression pouvait être importante sur ma destinée.

Oudard s'aperçut de l'effet que produisait sur moi cette nouvelle, et essaya de me rassurer en me parlant de la parfaite bonté du duc.

Tout cela n'empêcha point que je n'abordasse avec une grande inquiétude le cabinet de Son Altesse royale.

Son Altesse royale était en train de déjeuner, ce qui me

donna un moment de répit; mais bientôt j'entendis un pas que je devinai être le sien, et la peur me reprit.

La porte s'ouvrit, et le duc d'Orléans parut.

Je l'avais vu déjà, une ou deux fois, à Villers-Cotterets, lorsqu'il y était venu pour la vente des bois. Je crois avoir dit qu'alors il logeait chez M. Collard, où il recevait une hospitalité que celui-ci faisait la plus fastueuse possible, tandis que, de son côté, le duc d'Orléans tentait toujours de la restreindre à une simple visite de famille.

M. le duc d'Orléans avait, au reste, le bon esprit de reconnaître, presque publiquement, ses liens de demi-parenté; il avait auprès de lui, au Palais-Royal, ses deux oncles naturels, les deux abbés de Saint-Phar et de Saint-Aubin, et il ne faisait aucune différence entre eux et les autres membres de sa famille.

Le prince allait avoir cinquante ans au mois d'octobre suivant: c'était encore un fort bel homme, un peu alourdi par un embonpoint qui, depuis dix ans, allait croissant; il avait la figure ouverte, l'œil vif et spirituel, sans fixité ni profondeur; une grande affabilité de paroles qui, cependant, n'allait jamais jusqu'à empêcher l'aristocratie de se faire sentir, à moins qu'il n'eût tout intérêt de caresser quelque bourgeois vaniteux; la voix agréable, presque toujours bienveillante dans ses moments de bonne humeur; et, quand il avait envie de causer, on l'entendait venir de loin, chantant la messe d'une voix presque aussi fausse que celle de Louis XV.

Nous lui avons, depuis, entendu chanter *la Marseillaise*, qu'il ne chantait guère plus juste que la messe.

En deux mots je fus présenté; on ne faisait pas grande cérémonie avec moi.

— Monseigneur, c'est M. Dumas, dont je vous ai parlé, le protégé du général Foy.

— Ah! bien, répondit le duc; j'ai été enchanté de faire quelque chose d'agréable au général Foy, qui vous a vivement recommandé à moi, monsieur. Vous êtes le fils d'un brave que Bonaparte, à ce qu'il paraît, a laissé mourir de faim ou à peu près?

Je m'inclinai en signe d'assentiment.

— Vous avez une très-belle écriture ; vous faites admirablement les cachets et les enveloppes ; travaillez, et M. Oudard aura soin de vous.

— En attendant, reprit Oudard, monseigneur veut bien vous confier un important travail ; Son Altesse désire qu'il soit fait promptement et correctement.

— Je ne le quitterai point qu'il ne soit terminé, répondis-je, et je ferai de mon mieux pour arriver à cette correction que désire Son Altesse.

Le duc fit à Oudard un signe qui voulait dire : « Ce n'est pas trop mal pour un provincial. » Puis, passant devant moi :

— Venez dans cette chambre, me dit-il, et mettez-vous à cette table.

En même temps, il m'indiqua un bureau.

— Ici, vous serez tranquille.

Et il ouvrit une liasse dans laquelle étaient rangées, par ordre, une cinquantaine de pages, toutes de sa longue écriture, écrites des deux côtés et numérotées au recto.

— Tenez, me dit-il, copiez depuis ici jusque-là ; si vous arrivez là avant que je sois rentré, vous m'attendrez ; j'ai quelques corrections à faire à certains passages, et je les ferai en vous dictant.

Je m'assis, et me mis à la besogne.

Le travail que l'on m'avait confié se rapportait à un événement dont le bruit venait de se répandre, et qui ne laissait pas que de préoccuper Paris.

Il s'agissait de la réclamation que faisait Maria-Stella-Petronilla Chiappini, baronne de Sternberg, du rang et de la fortune du duc d'Orléans, qu'elle prétendait lui appartenir.

Voici sur quelle fable était fondée cette prétention. Il est bien entendu que, sans croire un seul instant à la justice de sa réclamation, nous nous plaçons au point de vue de Maria-Stella.

Madame la duchesse d'Orléans, mariée en 1768, n'avait encore donné, au commencement de janvier 1772, à Louis-Philippe-Joseph d'Orléans, son mari, qu'une fille morte en naissant.

Cette stérilité d'enfants mâles désolait M. le duc d'Orléans, dont la fortune, composée plus qu'à moitié d'apanages, devait retourner à la couronne, en cas d'extinction des mâles.

Ce fut avec cette préoccupation, et avec l'espérance qu'un voyage disposerait peut-être la duchesse d'Orléans à une nouvelle grossesse, que Joseph-Philippe et sa femme partirent pour l'Italie, au commencement de l'année 1772, sous le nom du comte et de la comtesse de Joinville.

Je répète une dernière fois que, pendant tout ce récit, ce n'est point moi qui vais parler; c'est la demanderesse Maria-Stella-Petronilla.

En effet, les augustes voyageurs étaient à peine arrivés au sommet des Apennins, que les symptômes d'une nouvelle grossesse se manifestèrent chez madame la duchesse d'Orléans, et l'obligèrent à s'arrêter à Modigliana.

Dans ce village de Modigliana, il y avait une prison, et, pour garder cette prison, un geôlier.

Ce geôlier se nommait Chiappini.

M. le duc d'Orléans, fidèle à ses traditions de familiarité avec le peuple, se lia d'autant plus aisément avec ce geôlier, que cette liaison avait lieu sous le voile de l'incognito.

D'ailleurs, à cette liaison, il y avait un motif.

La femme de Chiappini était grosse, juste de la même époque que madame la duchesse d'Orléans.

Cette convention fut, alors, arrêtée entre les illustres voyageurs et l'humble geôlier, que, si madame la comtesse de Joinville accouchait, par hasard, d'une fille, et la femme Chiappini d'un garçon, échange serait fait, entre les deux mères, de leurs deux enfants.

Le hasard voulut que les choses arrivassent selon les prévisions des parents : la femme du geôlier accoucha d'un garçon, la femme du prince accoucha d'une fille; et l'échange fut fait comme il avait été convenu, moyennant une somme considérable qui fut remise par le prince au geôlier.

L'enfant destiné à jouer le rôle de prince fût, alors, transporté à Paris, et, quoique sa naissance remontât au 17 avril 1773, elle fut tenue cachée jusqu'au 6 octobre, jour où elle fut déclarée, et où se fit, par l'aumônier du Palais-Royal, en présence du curé de la paroisse et de deux valets, la cérémonie de l'ondoiement.

Pendant ce temps, la fille de la duchesse, restée en Italie, y était élevée sous le nom de Maria-Stella-Petronilla.

On devine le reste de la fable. Suivons-la, cependant, dans ses détails.

Maria-Stella demeura jusqu'à la mort du geôlier Chiappini sans connaître sa naissance. Sa jeunesse fut triste. La femme du geôlier, qui regrettait son fils, et qui reprochait éternellement à son mari le pacte conclu, rendait l'enfant très-malheureuse. Très-belle, d'ailleurs, la jeune fille, à l'âge de dix-sept ans, fit une telle impression sur lord Newborough, qui passait à Modigliana, que ce seigneur, l'un des plus riches d'Angleterre, l'épousa presque malgré elle, et l'emmena à Londres. Restée veuve, encore jeune, avec plusieurs enfants, — dont l'un est aujourd'hui pair d'Angleterre, — elle épousa bientôt le baron de Sternberg, qui l'emmena à Pétersbourg, et dont elle eut un fils.

Un jour, la baronne de Sternberg, à peu près séparée de son mari, reçut une lettre timbrée d'Italie ; elle l'ouvrit et lut les lignes suivantes, écrites de la main de celui qu'elle croyait son père :

« Milady,

» Je suis finalement arrivé au terme de mes jours, sans avoir révélé à personne un secret qui regarde directement vous et moi.

» Ce secret est le suivant :

» Le jour où vous naquîtes d'une personne que je ne puis nommer, et qui a déjà quitté cette terre, il me naquit aussi, à moi, un garçon. Je fus requis de faire un échange, et, attendu le peu de fortune que j'avais en ce temps-là, je consentis à des propositions instantes et avantageuses. Ce fut alors que je vous adoptai pour ma fille, en même temps que l'autre partie adoptait mon fils. Je vois que le ciel a suppléé à mes fautes, puisque vous êtes placée dans un état de meilleure condition que votre père, quoiqu'il fût dans un rang presque semblable, et c'est ce qui me permet de mourir avec quelque tranquillité. Gardez ceci par devers vous, pour ne pas m'en rendre totalement responsable. Tout en vous demandant pardon de ma faute, je vous prie de la tenir, s'il vous plaît, cachée, pour ne pas faire parler le monde sur une affaire sans remède. Cette lettre ne vous sera même remise qu'après ma mort.

» LAURENT CHIAPPINI. »

Cette lettre reçue, Maria-Stella s'occupa immédiatement des préparatifs de son voyage, et partit pour l'Italie.

Elle ne croyait pas, comme le lui disait le geôlier Chiappini, l'affaire sans remède ; elle voulait connaître son véritable père. Elle prit des renseignements partout où elle put en trouver, et, enfin, elle apprit qu'en 1772, c'est-à-dire un an avant sa naissance, deux voyageurs français étaient arrivés à Modigliana, et y étaient restés jusqu'au mois d'avril 1773. Ces deux voyageurs s'appelaient le comte et la comtesse de Joinville.

Sur ces simples renseignements, la baronne de Sternberg partit pour la France, et commença par se rendre dans la petite ville de Joinville, dont son père portait le nom. Là, elle apprit que Joinville était autrefois un apanage de la famille d'Orléans, et que le duc Louis-Philippe-Joseph, qui avait, en 1772, voyagé en Italie, était mort en 1793 sur l'échafaud.

Seulement, le duc d'Orléans, son fils, habite Paris, jouit de toute la fortune paternelle, et se trouve, — les deux frères cadets étant morts, le duc de Montpensier en Angleterre, et le duc de Beaujolais à Malte, — seul prince du sang de la branche d'Orléans.

Maria-Stella part aussitôt pour Paris, essaye, mais inutilement, de parvenir jusqu'au duc, se livre à des intrigants qui l'exploitent, à des hommes d'affaires qui la volent, et finit par écrire dans les journaux que la baronne de Sternberg, chargée d'une communication de la plus haute importance pour les héritiers du comte de Joinville, est arrivée à Paris, et désire leur faire le plus tôt possible cette communication.

Le duc d'Orléans ne voulait pas recevoir cette communication d'une façon directe; il ne voulait pas non plus recourir à l'entremise d'un homme d'affaires; il chargea son oncle, le vieil abbé de Saint-Phar, de passer chez la baronne (1).

Alors, tout s'éclaircit; alors, le duc découvre toute la machination qui se trame contre lui, et, apprenant que, soit bonne foi, soit cupidité, la poursuite de Maria-Stella est sérieuse, et que celle-ci va retourner en Italie pour se munir des pièces qui doivent constater son identité, il se met, à tout hasard, en mesure, par un mémoire destiné à son conseil, de repousser la fable à l'aide de laquelle Maria-Stella — qui s'est adressée à la duchesse d'Angoulême, comme à la personne dont les ressentiments contre la famille d'Orléans doivent être les plus vifs, — veut lui enlever son rang et sa fortune, ou du moins lui faire payer le droit de les conserver.

C'était ce mémoire que j'étais appelé à transcrire.

Celui-là, je l'avoue, je ne l'écrivis point sans le lire, quoique ma parfaite ignorance de l'histoire laissât beaucoup de points obscurs pour moi dans la réfutation du prince.

Au reste, non-seulement il reposait sur la vérité, mais encore il était écrit avec cette force de dialectique qui, dans les affaires de chicane, même inférieures, était un des côtés saillants du duc d'Orléans, lequel avait un conseil pour la forme; car c'était lui qui toujours remettait à maître Dupin, non pas de simples notes sur les procès qu'il avait à soutenir, mais de véritables mémoires qui faisaient l'admiration du célèbre avocat.

Au bout de deux heures de travail, j'étais arrivé où le duc m'avait dit de m'arrêter. Je m'arrêtai donc et j'attendis.

Le duc rentra.

Il vint à la table où j'écrivais, prit ma copie, fit un signe

---

(1) J'ignore si M. l'abbé de Saint-Phar vit ou ne vit pas Maria-Stella. Je transcris le mémoire de cette femme, voilà tout.

d'approbation en voyant mon écriture; mais presque aussitôt :

— Ah! ah! dit-il, vous avec une ponctuation à vous, à ce qu'il paraît.

Et, prenant une plume, il s'assit à l'angle de la table, et se mit à ponctuer ma copie selon les règles de la grammaire.

Le duc me faisait beaucoup d'honneur en disant que j'avais une ponctuation à moi; je ne savais pas plus la ponctuation qu'autre chose : je ponctuais selon mon sentiment, ou plutôt je ne ponctuais pas du tout.

Aujourd'hui encore, je ne ponctue que sur les épreuves, et je crois qu'on pourrait prendre au hasard dans mes manuscrits, et parcourir tout un volume, sans y trouver ni un point d'exclamation, ni un accent aigu, ni un accent grave.

Après que le duc d'Orléans eut lu, après qu'il eut corrigé la ponctuation, il se leva, et, en marchant, me dicta la partie qu'il voulait corriger.

J'écrivais presque aussi rapidement qu'il dictait, ce qui paraissait le satisfaire beaucoup. J'arrivai à cette phrase :

« Et quand il n'y aurait que la *ressemblance frappante qui existe entre le duc d'Orléans et son auguste aïeul Louis XIV*, cette ressemblance ne suffirait-elle pas à démontrer la fausseté des prétentions de cette aventurière?... »

Je n'étais pas, je l'ai déjà dit, très-fort en histoire; mais, dans cette circonstance, j'en savais juste assez, — comme on dit en duel d'un homme qui a trois mois de salle, — j'en savais juste assez pour me faire tuer : c'est-à-dire que je savais que M. le duc d'Orléans descendait de Monsieur; que Monsieur était le fils de Louis XIII et le frère de Louis XIV, et que, par conséquent, Louis XIV, étant le frère de Monsieur, ne pouvait pas être l'aïeul du duc d'Orléans qui me faisait l'honneur de me dicter un mémoire contre les prétentions de Maria-Stella.

Aussi, à ces mots : « Et quand il n'y aurait que la *ressemblance frappante qui existe entre le duc d'Orléans et son auguste aïeul Louis XIV...* » je levai la tête.

C'était une grande impertinence! Un prince ne se trompe jamais, et, dans cette circonstance, le prince ne se trompait pas.

Aussi, le duc d'Orléans, s'arrêtant devant moi :

— Monsieur Dumas, me dit-il, apprenez ceci : c'est que, lorsqu'on ne descendrait de Louis XIV que par les bâtards, c'est encore un assez grand honneur pour qu'on s'en vante!... Continuez.

Et il reprit :

« ...Cette ressemblance ne suffirait-elle pas à démontrer la fausseté des prétentions de cette aventurière?... »

Cette fois, j'écrivis sans lever le nez, et ne le levai plus, pendant tout le reste de la séance.

A quatre heures, le duc d'Orléans me rendit la liberté, en me demandant si je pouvais venir travailler le soir.

Je répondis que j'étais aux ordres de Son Altesse.

Je pris mon chapeau, je saluai, je sortis, j'enjambai les escaliers quatre à quatre, et je courus retrouver Lassagne.

Le hasard fit qu'il était encore à son bureau.

— Mais, lui demandai-je en entrant et sans autres préliminaires, comment se fait-il donc que Louis XIV soit l'aïeul du duc d'Orléans?

— Pardieu! me dit-il, c'est bien simple : parce que le régent a épousé mademoiselle de Blois, fille naturelle de Louis XIV et de madame de Montespan, à telles enseignes que, lorsqu'il a annoncé ce mariage à la princesse Palatine, seconde femme de Monsieur, celle-ci lui a allongé un soufflet en pleine joue pour lui apprendre à se mésallier. Vous trouverez cela dans les Mémoires de la princesse Palatine et dans Saint-Simon.

Je demeurai écrasé sous cette réponse si prompte et si sûre.

— Ah! me dis-je en courbant la tête, je n'en saurai jamais tant que cela!

Le soir même, à onze heures, la copie de mon mémoire fut terminée. M. Dupin, à qui elle fut envoyée le lendemain, doit l'avoir encore, toute de mon écriture.

Finissons-en tout de suite avec Maria-Stella.

Comme elle en avait menacé le duc d'Orléans, elle était retournée en Italie, pour chercher les pièces qui devaient établir l'authenticité de sa naissance, et la substitution de la fille de la comtesse de Joinville au fils du geôlier Chiappini.

Le 29 mai 1824, elle obtint, en effet, de la cour ecclésiastique de Faenza le jugement suivant; nous le donnons pour ce qu'il vaut, ou plutôt pour ce qu'il a valu.

Ce jugement est suivi de la rectification de l'acte de naissance.

Jugement de la cour ecclésiastique de Faenza.

» Ayant invoqué le très-saint nom de Dieu, nous, séant dans notre tribunal, et n'ayant devant les yeux que Dieu et sa justice, prononçant dans le procès qui s'agite ou qui s'agitera par-devant nous, en première ou toute autre plus véritable instance : entre Son Excellence Maria Newborough, baronne de Sternberg, domiciliée à Ravenne, demanderesse, d'une part; et M. le comte Charles Bandini, comme curateur judiciairement député par M. le comte Louis et madame la comtesse N. de Joinville ou tout autre absent qui aurait ou prétendrait avoir intérêt en cause, défendeurs comparus en justice, ainsi que l'excellentissime M. le docteur Nicolas Chiappini, domicilié à Florence, également défendeur convenu, non comparu en justice; — considérant que, par-devant cette cure épiscopale, comme tribunal compétent, à cause des actes ecclésiastiques sous-indiqués assujettis à sa juridiction, la demanderesse a requis qu'il fût ordonné, moyennant annotation convenable, la correction de son acte de baptême, etc.; que, de la part du curateur, défendeur convenu, il a été requis que l'instance de la demanderesse fût rejetée, les frais reportés; que l'autre défendeur convenu, le docteur Chiappini, n'est point comparu en justice, quoique, par le moyen d'un huissier archiépiscopal de Florence, il ait été deux fois cité, suivant la coutume de cette cure, et que l'effet de cette contumace a été joint à la décision du procès;

» Vu les actes, etc.; — ayant entendu les défendeurs respectifs, etc.; — Considérant que Laurent Chiappini, étant près du terme de sa vie, a, par une lettre qui fut remise à la demanderesse, après le décès du susdit Chiappini, révélé à la même demanderesse le secret de sa naissance, en lui manifestant clairement qu'elle n'est pas sa fille, mais la fille d'une personne qu'il déclare ne pas pouvoir nommer; qu'il a été légalement reconnu par les experts que cette lettre est écrite de la main de Laurent Chiappini; que le dire d'un homme moribond fait pleine preuve, puisqu'il n'a plus intérêt à mentir, et que l'on présume qu'il ne pense qu'à son salut éternel; qu'on doit regarder un tel aveu comme un serment solennel, et comme une disposition faite en faveur de l'âme et de la cause pie; qu'en vain, M. le curateur essayerait d'ôter à ladite lettre sa vigueur, attendu qu'il n'y est point indiqué quels étaient les vrais père et mère de la demanderesse, puisque — quoiqu'il y ait réellement le défaut de cette indication — on a eu néanmoins recours, de la part de la même demanderesse, à la preuve testimoniale, aux présomptions et aux conjectures; que, lorsqu'il y a commencement de preuve par écrit, comme dans le cas présent, on peut, même dans la question d'état, introduire la preuve testimoniale et tout autre argument; que, si, dans la cause d'état, à la suite du principe de preuve par écrit, celle au moyen de témoins est aussi admissible, on devra, à plus forte raison, la retenir dans cette cause, où l'on ne requiert qu'une pièce pour s'en servir après, dans la question d'état; — considérant que, des dépositions judiciaires et assermentées des témoins, Marie et Dominique-Marie, sœurs Bandini, il résulte clairement avoir eu lieu la convention entre M. le comte et le sieur Chiappini de troquer leurs enfants respectifs, dans le cas où la comtesse donnerait le jour à une fille et la femme Chiappini à un garçon; que le troc convenu s'effectua véritablement, et, le cas prévu s'étant vérifié, que la fille fut baptisée dans l'église du prieuré de Modigliana, sous les noms de *Maria-Stella*, en l'indiquant faussement fille des époux Chiappini; qu'elles déposent unanimement de l'époque du troc, laquelle coïncide avec celle de la naissance de la de-

manderesse, et qu'elles allèguent la cause de la science, etc.;
— considérant que c'est en vain que M. le curateur oppose
l'invraisemblance de cette déposition, puisque, non-seulement
on ne rencontre aucune impossibilité dans leurs dires, mais
qu'ils sont, au contraire, appuyés et vérifiés par une très-
grande quantité d'autres présomptions et conjectures; qu'une
très-forte conjecture se déduit de la voix publique et des bruits
qui, alors, se répandirent sur le fait du troc, laquelle voix
publique, par rapport aux choses anciennes, se compte pour
une vérité et pour une pleine science; que cette voix publique
est prouvée, non-seulement par les dépositions des sœurs Bandini susdites, mais aussi par l'attestation de M. Dominique de
la Valle et par celles des autres témoins de Brisighella et des
témoins de Ravenne, toutes légalement et judiciairement exa-
minées dans leurs pays et devant les tribunaux respectifs; que
les vicissitudes auxquelles fut assujetti M. le comte convain-
quent de la réalité du troc; qu'il est prouvé aux actes que,
par suite des bruits répandus à Modigliana sur l'échange en
question, le comte de Joinville fut forcé de quitter les lieux
pour se réfugier dans le couvent de Saint-Bernard de Brisighella, d'où, étant sorti pour se promener, il fut arrêté, et puis,
après avoir été gardé pendant quelque temps au palais public
de Brisighella, il fut conduit par les gardes suisses de Ravenne
par-devant Son Éminence M. le cardinal légat, qui le remit en
liberté, etc.; que M. le comte Biancoli Borghi atteste, dans son
examen judiciaire, que, tandis qu'il dépouillait les anciens
papiers de la maison Borghi, il lui tomba sous la main une
lettre écrite de Turin à M. le comte Pompée Borghi dont il ne
se rappelle pas la date, signée : « Louis, comte de Joinville, » laquelle portait que l'enfant troqué était mort, et qu'il ne restait
plus de scrupule à son égard; — considérant que le même
comte Biancoli Borghi allègue la science comme motif de sa
déposition; que le fait du troc est aussi prouvé par le changement en meilleure fortune de Chiappini, etc.; que celui-ci
parla du troc à un certain don Bandini de Variozo, etc.; que
la demanderesse reçut une éducation convenable à son rang
distingué, et non pas comme on aurait élevé la fille d'un geô-

lier, etc.; qu'il résulte clairement de toutes les choses jusqu'ici motivées, et de plusieurs autres existantes aux actes, que Maria-Stella fut faussement indiquée, dans l'acte de naissance, comme étant fille des époux Chiappini, et qu'elle doit sa naissance à M. le comte et à madame la comtesse de Joinville; qu'il est, en conséquence, de toute justice d'accorder la correction de l'acte de naissance que réclame, maintenant, cette même Maria-Stella; enfin, que M. le docteur Thomas Chiappini, au lieu de s'opposer à sa demande, s'est rendu contumace;

« Ayant répété le très-saint nom de Dieu, nous disons, arrêtons et jugeons définitivement que l'on doit rejeter, ainsi que nous rejetons, les exceptions de M. le curateur, susdit défendeur convenu; nous voulons et ordonnons qu'on les tienne comme rejetées, et, par conséquent, nous avons aussi dit, arrêté et définitivement jugé que l'on ait à rectifier et corriger l'acte de naissance du 17 avril 1773, inséré au registre baptistaire de l'église priorale de Saint-Étienne, pape et martyr, à Modigliana, diocèse de Faenza, où il se trouve que Maria-Stella est indiquée comme étant fille de Laurent Chiappini et de Vincenzia Diligenti, et qu'on ait, au contraire, à l'indiquer fille de M. le comte Louis et de madame la comtesse N. de Joinville, Français; auquel effet nous avons également arrêté que la rectification dont il s'agit soit opérée d'office par notre greffier, avec faculté aussi par M. le prieur de l'église Saint-Étienne, pape et martyr, de Modigliana, diocèse de Faenza, de délivrer copie de l'acte ainsi corrigé et rectifié à tous ceux qui pourraient la demander, etc.;

« Considérants que j'ai prononcés : — Le chanoine privé, signé : *Valerio Borchi*, provicaire général.

« Le présent jugement a été prononcé, donné, et, par ces écrits, promulgué par le très-illustre et très-révérend monseigneur provicaire général, séant en son audience publique, et il a été lu et publié par moi, notaire-greffier soussigné, l'an de la naissance de Notre-Seigneur Jésus-Christ 1824, indiction XII; aujourd'hui 29 mai, sous le règne de notre seigneur Léon XII, pape P. O. M., l'an Ier de son pontificat, y étant présents, outre plusieurs autres : M. Jean Ricci, notaire; M. le docteur Thomas Beneditti, tous deux plaidants de Faenza, témoins.

» *Signé :* ANGE MORIGNY, notaire-greffier général épiscopal. »

Rectification de l'acte de naissance.

« Cejourd'hui, 24 juin 1824, séant en la sainteté de notre seigneur le pape Léon XII, souverain pontife, heureusement régnant, l'an Ier de son pontificat, indiction XII, à Faenza; — le délai de dix jours, temps utile pour interjeter appel, étant écoulé depuis le jour de la notification du jugement prononcé par le tribunal ecclésiastique de Faenza, le 29 mai dernier, — dans le procès de Son Excellence Maria Newborough, baronne de Sternberg, contre M. le comte Charles Bandini de cette ville, comme curateur judiciaire député, — à M. le comte Louis et madame la comtesse N. de Joinville, et à tout autre absent non comparant qui aurait ou prétendrait avoir intérêt en cause, ainsi qu'à M. le docteur Thomas Chiappini, demeurant à Florence, États de Toscane, sans que personne ait interjeté appel; moi, soussigné, en vertu des facultés qui m'ont été données par le jugement susénoncé, j'ai procédé à l'exécution du même jugement, moyennant la rectification du certificat de naissance produit aux actes du procès, qui est de la teneur ci-après : « Au nom de Dieu, *amen*, je soussigné chanoine
» chapelain, curé de l'église priorale et collégiale de Saint-
» Étienne, pape et martyr, en la terre de Modigliana, dans les
» États de Toscane, et du diocèse de Faenza, certifie avoir
» trouvé dans le quatrième livre des actes de naissance, le
» mémoire suivant : *Maria-Stella-Petronilla, née hier, des*
» *époux Lorenzo, fils de Ferdinand Chiappini, huissier pu-*
» *blic de cette terre, et de Vincenzia Diligenti, fille de feu N.*
» *de cette paroisse, fut baptisée, le 17 avril 1773, par moi,*
» *chanoine, François Signari, l'un des chapelains ; les par-*
» *rain et marraine furent François Bandelloni, archer, et*
» *Stella Ciabatti.* — En foi de quoi, etc., à Modigliana, le

» 16 avril 1824; signé : Gaëtan Violani, chanoine, etc. » J'ai, dis-je, procédé à l'exécution du jugement susénoncé, moyennant la rectification susdite, laquelle s'opère définitivement dans les forme et termes ci-après : « Maria-Stella-Petronilla,
» née hier, des époux M. le comte Louis et madame la com-
» tesse N. de Joinville, Français, — demeurant, alors, dans la
» terre de Modigliana, — fut baptisée, le 17 avril 1773, par
» moi, chanoine François Signari, l'un des chapelains; les
» parrain et marraine furent : François Bandelloni, archer, et
» Stella Ciabatti. »

» *Signé*. Ange Morigny, notaire-greffier du tribunal épiscopal de Faenza. »

Munie de ces pièces, la baronne revint à Paris vers la fin de 1824; mais, sans doute, ou ces pièces ou les personnages qui la mettaient en avant n'inspirèrent pas une grande confiance; car, ni de Louis XVIII, qui n'aimait pas beaucoup son cousin, puisque, sous aucun prétexte, il ne voulut jamais, tant qu'il régna, le faire *altesse royale*, disant qu'il serait toujours assez près du trône; — ni de Charles X, elle ne put obtenir aucun appui pour poursuivre la restitution de son nom et de ses biens.

Charles X tombé, et le duc d'Orléans devenu roi, ce fut bien autre chose. Il n'y avait pas moyen d'en appeler de Philippe endormi à Philippe éveillé. L'intimidation était sans effet; les ennemis les plus acharnés du nouveau roi n'avaient pas voulu prêter les mains à cette réclamation qu'ils regardaient comme une intrigue, et Maria-Stella, n'ayant pas même les honneurs de la persécution à laquelle elle s'attendait, Maria-Stella resta à Paris. Elle demeurait à l'extrémité de la rue de Rivoli, vers la rue Saint-Florentin, au cinquième; et, à défaut de courtisans à deux pieds et sans plumes, elle s'était fait une cour à deux pattes et emplumée qui, dès cinq heures du matin, réveillait par son caquetage toute la rue de Rivoli. Ceux de mes lecteurs qui habitent Paris se rappellent peut-être avoir vu les moineaux francs s'abattre par volées, tourbillonner par milliers sur trois fenêtres à balcon : ces trois fenêtres étaient celles de Maria-Stella-Pétronilla Newborough, baronne de Sternberg, qui, pour n'en pas avoir le démenti, signa jusqu'à la fin de sa vie : « Née JOINVILLE. »

Elle mourut en 1845, le lendemain de l'ouverture des Chambres. Ses dernières paroles furent :

— Passez-moi donc le journal, que je lise les paroles de ce brigand-là.

Depuis cinq ans, elle ne sortait plus, de peur, disait-elle, que le roi ne la fît arrêter.

La pauvre créature était devenue à peu près folle...

Une vingtaine de jours après que j'eus fait la copie du mémoire qui la concernait, M. Oudard m'appela dans son bureau, et m'annonça que j'étais *porté sur les états*.

Cela voulait dire qu'en récompense de ma belle écriture, et de mon habileté à faire les enveloppes et les cachets, j'étais nommé employé à douze cents francs d'appointements.

Je n'avais pas à me plaindre : c'était juste ce qu'avait eu Béranger à son entrée à l'Université.

Le même jour, j'annonçai cette bonne nouvelle à ma mère, en la priant de s'apprêter à venir me rejoindre à la première augmentation que j'obtiendrais.

LXXXIII

L'année aux procès. — Procès de Potier avec le directeur de la Porte-Saint-Martin. — Procès et condamnation de Magallon. — Le journaliste anonyme. — Beaumarchais à Saint-Lazare. — Procès de Benjamin Constant. — Procès de M. de Jouy. — Quelques mots sur l'auteur de *Sylla*. — Trois lettres tirées de *l'Ermite de la Chaussée-d'Antin*. — Louis XVIII auteur.

Le désir que j'ai de conduire mes lecteurs sans interruption jusqu'au moment où mon sort, ainsi que celui de ma mère, a été fixé par ma mise sur les états comme expéditionnaire à douze cents francs, m'a fait passer par-dessus une foule d'événements bien autrement importants sans doute pour les étrangers que ceux que j'ai racontés, mais qui — l'on me permettra cet égoïsme — à mes yeux, et dans mon appréciation, devaient tenir le second rang.

L'année 1823, que l'on pourrait appeler l'année des procès, s'était ouverte, le 7 janvier, par le procès de Potier.

Ceux qui n'ont pas vu Potier ne se figureront jamais l'influence que ce grand comédien, tant admiré par Talma, avait sur le public; au reste, les dommages et intérêts que lui demandait M. Serres, directeur de la Porte-Saint-Martin, pourront donner une idée du prix auquel on l'estimait.

Un beau matin, Potier, fidèle à ses *premières amours*, comme eût dit M. Étienne, avait eu l'idée de retourner aux Variétés, projet qu'il avait accompli, à ce qu'il paraît, en oubliant, avant de partir, de demander à M. Serres la résiliation de son engagement. — Or, Potier venait de créer avec un tel succès de rire et d'argent le père Sournois des *Petites Danaïdes*, que M. Serres refusa non-seulement de sanctionner cette désertion, mais encore, faisant le compte du dommage qu'à son avis, Potier lui causait par son départ, et lui causerait dans l'avenir, toujours à cause de ce même départ, se décida, après avoir envoyé par huissier sa note à l'illustre comédien, à l'envoyer par *duplicata* à la première chambre de la cour royale. Ce qu'il y a de curieux, c'est que le directeur du théâtre de la Porte-Saint-Martin ne réclamait absolument rien que ce qui lui était dû au terme de son contrat.

Voici le détail de sa réclamation :

1° Pour chaque jour de retard, le montant de la recette la plus forte qui ait eu lieu au théâtre, pendant tout le temps qui s'est écoulé depuis le 1er mars 1822 jusqu'au 1er avril de la même année, étant de trois mille six cent onze francs, ci.. 144,408 f.
   2° Plus, comme restitution d'avances....... 30,000 »
   3° Plus, pour dédit...................... 20,000 »

A reporter....... 194,408 »

Report.....	194,408 »
4° Plus, pour dommages et intérêts.........	60,000 »
5° Plus, pour cent vingt-deux jours écoulés depuis la première réclamation..............	440,542 »
6° Plus, pour sept ans et dix mois restant à courir au terme de l'engagement..............	10,322,840 »
7° Plus, enfin, pour dommages et intérêts applicables à cette période de sept ans..........	200,000 »
Total...... fr.	11,217,790 »

Si le directeur de la Porte-Saint-Martin avait eu le malheur de gagner son procès, il eût été obligé, pour faire signifier le jugement à Potier, de payer à l'enregistrement une somme de trois à quatre cent mille francs.

La cour condamna Potier à reprendre son service dans la huitaine; quant aux dommages et intérêts, elle le condamna, *par corps,* à les payer selon son état estimatif.

Trois jours après, on sut que l'affaire s'était arrangée, moyennant un rabais de onze millions deux cent sept mille cent quatre-vingt-dix francs qu'avait fait le directeur.

Le 8 février, ce fut le tour de Magallon, rédacteur en chef de *l'Album.* Magallon paraissait devant la septième chambre de police correctionnelle comme accusé d'avoir, sous une rubrique littéraire, caché des articles politiques dont le but était d'exciter à la haine et au mépris du gouvernement.

Le tribunal condamna Magallon à treize mois de prison, et à deux mille francs d'amende.

La condamnation était exorbitante; aussi fit-elle scandale; mais ce qui fit bien autrement scandale, ou plutôt ce qui poussa le scandale jusqu'à l'odieux, c'est que, pour ce simple délit littéraire, sous prétexte que la condamnation était de plus d'une année, Magallon fut acheminé vers la maison centrale de Poissy, à pied, les mains liées, et attaché à un forçat galeux condamné pour récidive, lequel, ivre-mort, ne cessa de vociférer pendant toute la route : « Vive les galériens! »

En arrivant à Poissy, Magallon fut revêtu de l'habit de l'établissement. Dès le soir même, il dut manger à la gamelle, et apprendre à tresser de la paille...

On se contente de citer de pareils faits ; seulement, il faut ajouter qu'ils se passaient sous le règne d'un prince qui se prétendait homme de lettres, pour avoir pris un quatrain à Lemierre et une comédie à Merville....

Nous avons raconté comment M. Arnault, dont le *Marius à Minturnes* avait réussi, malgré la prédiction de Monsieur, paya, selon toute probabilité, ce manque de respect aux décisions de l'altesse royale par quatre ans d'exil, au retour des Bourbons.

Au reste, ce n'était pas le coup d'essai de Louis XVIII à l'endroit de ses *confrères* les hommes de lettres. Sans compter M. de Chateaubriand, qu'il chassa du ministère comme un laquais ; — ce qui fit dire au noble pair en recevant sa démission : « C'est étrange, je n'avais cependant pas volé la montre du roi ! » — sans compter Magallon, qu'il envoya à Poissy enchaîné à un forçat galeux ; sans compter M. Arnault, qu'il exila, il avait eu aussi une petite histoire du même genre avec Beaumarchais.

M. Arnault a plus d'une fois raconté devant moi cette curieuse histoire, assez inconnue, de l'emprisonnement de Beaumarchais.

La voici.

Il y a toujours eu une censure, — excepté dans les deux ou trois premiers mois qui suivent le jour où les princes montent sur le trône, et les deux ou trois mois qui suivent le jour où ils en sont chassés ; mais, ces trois mois écoulés, la censure, qui a fait le plongeon, reparaît sur l'eau, et finit par trouver quelque ministre, autrefois libéral ou même républicain, pour lui tendre la perche.

A l'époque du *Mariage de Figaro*, M. Suard était censeur, et, en même temps, journaliste. C'était un de ceux qui s'étaient, avec le plus d'acharnement, opposés à la représentation de l'œuvre de Beaumarchais, et il était pour beaucoup dans ces *cinquante-neuf voyages* que fit l'illustre auteur —

du Marais à la police — sans pouvoir arriver à obtenir l'autorisation de faire jouer sa pièce.

Enfin, grâce à l'intervention de la reine et du comte d'Artois, *la Folle Journée*, tirée intacte des griffes de ces messieurs, fut jouée le 27 avril 1784.

M. Suard était rancunier tout à la fois comme un censeur et comme un journaliste; de sorte que, voyant la censure des ciseaux qui lui échappait, il en appela à la censure de la plume. M. Suard était des familiers du comte de Provence, et M. Suard servait au comte de Provence de paravent, lorsque Son Altesse royale voulait se livrer incognito à quelque petite vengeance littéraire.

M. le comte de Provence détestait Beaumarchais presque autant que le faisait M. Suard lui-même; il en résultait que, par le canal de M. Suard, le comte de Provence s'en donnait à cœur joie, dans le *Journal de Paris*, contre ce pauvre *Mariage de Figaro*, qui continuait le cours de ses succès, malgré les articles signés de M. Suard ou les articles anonymes de Son Altesse royale.

Sur ces entrefaites, Beaumarchais abandonna aux *pauvres mères nourrices* les droits d'auteur que lui avait rapportés *le Mariage de Figaro*, c'est-à-dire une somme qui pouvait monter à trente ou quarante mille francs.

Monsieur, qui ne devait pas avoir d'enfant, — un autre chroniqueur moins parlementaire que moi, dirait : qui ne pouvait pas avoir d'enfant, — et qui, par conséquent, vu sa complète impuissance, n'avait pas une grande sympathie pour les *mères nourrices*, Monsieur se donna le plaisir, toujours sous le voile de l'anonyme, d'attaquer l'homme, après avoir attaqué la pièce, et d'écrire contre lui, dans le *Journal de Paris*, une lettre pleine d'amertume et de fiel. Beaumarchais, qui connaissait la meurtrière pour y avoir vu passer le bout de l'escopette de M. Suard, crut encore avoir affaire à lui, et sangla le pédant d'importance. Par malheur, c'était Son Altesse royale qui avait reçu les étrivières sur le dos du censeur. Il en résulta que Monsieur, tout endolori de la riposte, s'en alla conter ses peines à Louis XVI, lui donnant à entendre que

Beaumarchais avait parfaitement su qu'il répondait, non pas au censeur royal, mais au frère du roi. Louis XVI, blessé dans la personne de Monsieur, ordonna que le bourgeois qui s'était permis de fustiger une altesse royale sans respect pour son rang fût arrêté et conduit, non pas à la Bastille, — prison trop noble pour un *polisson* comme lui, — mais dans une maison de correction; et, comme Sa Majesté jouait à la bête au moment où elle prit cette décision, c'est sur un sept de pique que fut donné l'ordre d'arrêter Beaumarchais, et de le conduire à Saint-Lazare.

Ainsi qu'on le voit, Louis XVIII, en faisant conduire Magallon à Poissy, restait fidèle aux traditions de Monsieur.

Entre la remise à huitaine de l'affaire Magallon et le jugement rendu contre lui, Benjamin Constant avait comparu devant la cour royale, à propos de deux lettres : l'une adressée à M. Mangin, procureur général près la cour de Poitiers, l'autre à M. Carrère, sous-préfet de Saumur.

Comme c'était un parti pris de condamner, la cour condamna Benjamin Constant à mille francs d'amende et aux frais.

Le 29 janvier, c'est-à-dire huit jours auparavant, la police correctionnelle avait condamné M. de Jouy à un mois de prison, à cent cinquante francs d'amende et aux frais du procès, pour un article de la *Biographie des contemporains* dont il s'était reconnnu l'auteur.

Cet article était la biographie des frères Foucher.

Cette condamnation fit grand bruit. M. de Jouy était alors à l'apogée de sa réputation. *L'Ermite de la Chaussée d'Antin* l'avait fait populaire; les cent représentations de *Sylla* l'avaient fait illustre.

J'ai beaucoup connu M. de Jouy : c'était un homme d'une loyauté remarquable, et d'un esprit charmant, la plume à la main. Ancien marin, je crois, il avait servi dans l'Inde, où il avait connu Tippo-Saëb, sur lequel il fit une tragédie, commandée, ou à peu près, par Napoléon, et qui fut jouée le 27 janvier 1813. L'ouvrage était médiocre, et n'obtint qu'un médiocre succès.

Au retour des Bourbons, la cour eut un instant la velléité de s'attacher les gens de lettres, et notamment M. de Jouy, qui tenait une des premières places parmi eux. La chose était d'autant plus facile que M. de Jouy était un ancien royaliste, soldat de l'armée de Condé, si je ne me trompe ; ce n'était pas même une recrue à faire, c'était un ancien ami à réclamer. Ses articles dans la *Gazette*, signés « l'Ermite de la Chaussée-d'Antin, » avaient un énorme succès. On fait venir M. de Jouy chez M. de Vitrolles, à ce que j'ai entendu dire dans le temps ; on lui demande ce qu'il désire. Ce qu'il désirait, c'était une chose due à ses services, la croix de Saint-Louis ; — en général, les honnêtes gens ne désirent que les choses auxquelles ils ont droit ; — désirant la croix de Saint-Louis, l'ayant méritée, il la demande. Alors, on veut lui faire des conditions ; on veut qu'il ne se contente pas de ne point frapper sur les ridicules de la Restauration ; on veut qu'il frappe sur les gloires de l'Empire. Pour qu'un loyal soldat, pour qu'un honnête homme, pour qu'un poëte considérable parmi ses confrères obtienne la croix, il faut qu'il fasse une mauvaise action. Qu'arrive-t-il ? c'est que le poëte considérable, c'est que le loyal soldat envoie promener la croix, et met à la porte celui qui venait la lui proposer à de pareilles conditions. C'est bien fait pour le ministre ; c'est mal fait pour la croix, qui n'eût pas honoré M. de Jouy, mais que M. de Jouy eût honorée ! Et voilà M. de Jouy dans l'opposition, voilà M. de Jouy faisant, dans la *Biographie*, des articles qui lui valent un mois de prison, et qui doublent sa popularité. Quels niais que ces gouvernements qui refusent à un homme la croix qu'il demande, et qui lui accordent la persécution qu'il ne demandait pas, persécution qui lui sera bien plus profitable, comme intérêt et comme gloire, que ce bout de ruban auquel personne n'eût fait attention ! Ce n'était pourtant pas bien méchant ce qu'écrivait M. de Jouy ! Non, au contraire ; ce qui distinguait M. de Jouy, c'était la douceur de sa critique, l'urbanité de son opposition, la politesse de sa colère. On a oublié certainement la manière de ce bon Ermite ; et même la génération qui nous suit ne l'a pas lu. Eh bien, si elle me lit, elle le lira, car je vais ouvrir ses œuvres, et citer au hasard quelques pages de lui. Cela remonte aux premiers mois de la seconde rentrée des Bourbons, à l'époque où tout le monde se ruait sur les places, à ces jours de grande curée qui faisaient dire, à qui? je ne sais plus, je crois que c'est à tout le monde :

— Après une révolution, on doit haïr les hommes; après une restauration, on ne peut plus que les mépriser!

M. B. de L*** est accablé de demandes de places, et il écrit à l'Ermite de la Chaussée-d'Antin pour le prier d'insérer dans son journal les lettres suivantes :

« Monsieur,

» Nous n'avons pas de temps à perdre, ni l'un ni l'autre. Je vous expliquerai donc en très-peu de mots l'objet de ma lettre.

» J'avais autrefois l'honneur d'être attaché à un des princes de la maison de Bourbon; peut-être ai-je été assez heureux pour donner quelques preuves de dévouement à cette auguste famille, dans un temps où il y avait, sinon du mérite, au moins du danger à laisser éclater son zèle; mais je tâche de ne point oublier que les Mornay, les Sully, les Crillon, appelaient cela modestement remplir un devoir.

» Je ne sais sur quel fondement on me suppose, dans ma province, un crédit dont je ne jouis pas, et auquel je suis redevable des sollicitations sans nombre que je reçois, sans pouvoir être utile à ceux qui me les adressent.

» Je n'ai trouvé qu'un moyen d'échapper à cette persécution d'un genre nouveau; c'est de publier la lettre d'une de mes parentes, et la réponse que j'ai cru devoir y faire. La première est en quelque sorte un résumé de trois ou quatre cents lettres que j'ai reçues pour le même objet. Je répugne d'autant moins à la rendre publique, que je me réserve de n'en pas nommer l'auteur, et qu'après tout, cette lettre ne fait pas moins l'éloge du cœur de celle qui l'a écrite, que la critique de l'esprit qui l'a dictée.

» B. de L***. »

Voici la lettre de la parente :

« Que je suis heureuse, mon ami, des événements qui ramènent sur le trône nos illustres princes! quel bonheur! Vous n'avez pas l'idée du crédit que les événements et votre séjour à Paris me donnent ici. Le préfet a peur de moi, et sa femme, qui ne me saluait pas, m'a invitée deux fois à dîner.

» Mais il ne faut pas perdre de temps, et nous comptons sur vous. Croiriez-vous que mon mari n'a pas encore fait la moindre démarche pour rentrer dans sa place, sous prétexte qu'elle n'existe plus, et que la charge lui a été remboursée en assignats? C'est l'homme le plus apathique qu'il y ait en France.

» Mon beau-frère a pris la croix de Saint-Louis; il ne lui manquait plus que neuf années pour l'avoir lorsque la Révolution a éclaté. Il ne serait pas juste que l'on refusât de compter au nombre de ses services les vingt ans de troubles et de malheurs qu'il a passés dans ses terres; il compte sur vous pour lui en faire expédier promptement le brevet.

» Je joins à ma lettre un mémoire du marquis, mon fils aîné; il avait droit à la survivance de son oncle; il vous sera facile de la lui faire obtenir. Je désirerais que son frère, le chevalier, fût placé dans la marine, mais avec un grade digne de son nom et des anciens services de sa famille. Quant à mon petit-fils Auguste de G***, il est d'âge à entrer dans les pages, et vous n'aurez, pour cela, qu'un mot à dire.

» Nous partirons pour Paris dans les premiers jours du mois prochain. J'amènerai ma fille avec moi; j'ai le désir de la placer à la cour. C'est une faveur qu'on ne refusera point à vos sollicitations, si vous y mettez un peu de suite et de bonne volonté.

« Pensez au pauvre F***. A la vérité, il a manqué, dans le temps de la Révolution; mais, depuis un mois, il est tout à fait corrigé; vous savez qu'il n'a rien, et qu'il est prêt à tout sacrifier pour nos maîtres. Son dévouement le porte à les servir dans une place de préfet, et il est très-capable. Vous vous rappelez la jolie chanson qu'il a faite pour moi?

» M. de B***, fils de l'ancien intendant de la province, ira vous voir; faites en sorte de lui être utile; c'est un ami de la famille. Si l'on ne rétablit point les intendances, il se contentera d'une place de receveur général; c'est bien le moins que l'on puisse faire pour un homme dévoué à son prince, et qui a été enfermé six mois pendant la Terreur.

» Je ne veux pas oublier de vous recommander M***. On lui reproche d'avoir servi tous les partis, parce qu'il a été employé par tous les gouvernements qui se sont succédé en France depuis vingt ans; mais c'est un brave garçon, vous pouvez m'en croire; il est le premier qui ait arboré la cocarde blanche; d'ailleurs, il ne demande qu'à être conservé dans sa place de directeur des postes. Ayez soin de m'écrire sous son couvert.

» Je vous adresse ci-joints les papiers de mon beau-père; il lui est dû, par les états du Languedoc, une somme de quarante-cinq mille francs qui ne lui a jamais été payée. J'espère qu'on ne vous fera pas attendre le remboursement, et que vous ne me refuserez pas de faire usage de ces fonds, si vous éprouvez un moment de gêne, ce qui n'est guère probable dans la position où vous devez être.

» Adieu, mon cher cousin, je vous embrasse pour toute la famille, en attendant le plaisir de venir bientôt vous voir à Paris.

» J. de P***. »

Réponse.

« Paris, ce 15 juin 1814.

» Vous ne sauriez croire, ma chère cousine, avec quel intérêt j'ai lu la lettre que vous m'avez fait l'honneur de m'écrire, et combien j'ai mis de zèle à faire valoir les prétentions si justes et si légitimes de toutes les personnes que vous me recommandez. Vous ne serez pas plus étonnée que je ne l'ai été moi-même des obstacles que l'on m'oppose, et que vous jugeriez insurmontables, si vous connaissiez aussi bien que moi les gens auxquels nous avons affaire.

» Quand j'ai parlé de votre fils, qui a toujours eu l'intention de servir, pour une place de chef d'escadron dans le régiment que son père a eu autrefois, ne m'a-t-on pas donné, comme objection d'un certain poids, que la paix était faite, et qu'avant de songer à placer le marquis de V***, il fallait pourvoir au sort de vingt-cinq mille officiers, dont les uns, le croiriez-vous! se prévalent de leurs campagnes, de leurs blessures, et vont même jusqu'à se faire un titre des batailles où ils se sont trouvés; tandis que les autres, plus étroitement liés aux malheurs de la famille royale, rentrent en France sans autre fortune que les bontés et les prévenances du roi. J'ai demandé alors, avec un peu d'humeur, ce que l'on ferait pour votre fils et une foule de braves royalistes qui ont tant gémi sur les malheurs de l'État, et dont les vœux n'ont pas cessé de rappeler en secret la famille royale au trône de ses ancêtres. On m'a répondu qu'ils se réjouiraient de voir la fin de tous nos maux, et l'accomplissement de leurs vœux.

» C'est un homme bien singulier que votre mari. Je conçois, ma chère cousine, tout ce que vous devez avoir à souffrir de son incroyable apathie. A soixante-cinq ou soixante-six ans tout au plus, réduit à une fortune de quarante mille livres de rente, il se confine au fond d'un château, et croit pouvoir renoncer à la carrière de l'ambition, comme si un père ne se devait pas à ses enfants, comme si un gentilhomme ne devait pas mourir debout!

» Je suis fâché que votre beau-frère ait pris la croix de Saint-Louis avant de l'avoir eue; car il pourrait arriver que le roi ne se dessaisît pas facilement du droit de conférer lui-même cette décoration, et qu'il n'approuvât point la justice que certaines personnes s'empressent de se rendre. Vous sentez qu'il y a moins d'inconvénients à ne pas avoir la croix de Saint-Louis que de se trouver dans l'obligation de la quitter.

» Je n'ai pas négligé de faire valoir les droits de votre fils le chevalier, et je ne désespère pas de le faire recevoir à l'examen des gardes de la marine royale. Nous ferons ensuite tout notre possible pour le faire passer sur le corps de cent officiers, beaucoup trop fiers de leur valeur, de leur vieille renommée, et du dévouement dont ils prétendent avoir fait preuve à Quiberon.

» Votre petit-fils Auguste est inscrit pour les pages; je ne puis vous dire au juste, ma chère cousine, quand il sera admis à l'hôtel, attendu que votre demande vient à la suite de celles de trois mille sept cent soixante et quinze autres, formées par des fils de gentilshommes ou d'officiers morts sur le champ de bataille, sans la moindre distinction des services rendus à l'État ou aux princes.

» Vous avez eu une très-bonne idée de vouloir placer votre fille à la cour, et la chose ne sera pas difficile lorsque vous aurez trouvé pour elle un mari que son rang et sa fortune pourront y appeler. Jusque-là, je ne vois pas trop ce qu'elle viendrait y faire, et quel rôle convenable elle pourrait y jouer, toute majeure qu'elle est : les filles d'honneur ne sont point rétablies.

» J'ai présenté, en faveur de F***, une pétition à laquelle j'ai annexé la jolie chanson qu'il a faite pour vous; mais l'on devient si exigeant, que de pareils titres ne suffisent plus pour obtenir une place de préfet. Je vous dirai même qu'on ne tient pas grand compte à votre protégé de sa conversion et des sacrifices qu'il est prêt à faire; ses ennemis s'obstinent à dire que ce n'est point un homme sûr. Moi qui l'ai vu opérer dans le temps, je suis convaincu que, s'il mettait aujourd'hui à servir la bonne cause la moitié du zèle qu'il a mis autrefois à faire triompher la mauvaise, on pourrait l'employer très-utilement. Mais aura-t-on assez d'esprit pour faire cette épreuve?

» On ne dit pas si les intendances seront rétablies, mais on paraît croire que les recettes générales seront diminuées, ne fût-ce que du nombre de celles qui existaient dans les départements séparés de notre territoire. Cela me fait craindre que M. de B*** ne soit obligé de s'en tenir à la fortune énorme que son père a faite dans les anciennes fermes, et qu'il a trouvé le moyen de mettre à l'abri dans les orages révolutionnaires : il faut avoir un peu de philosophie.

» Soyez bien tranquille sur le sort de M***, je le connais : il a du liant dans le caractère et dans les principes; depuis vingt ans, il s'est glissé entre tous les partis, sans avoir été froissé par aucun. C'est un homme d'une merveilleuse adresse, et qu'on ne servira jamais si bien qu'il sera servi par lui-même; il n'est plus directeur des postes, et vient d'obtenir une place plus lucrative dans une autre administration. Vous intéresserez-vous toujours autant à lui?

» Je vous renvoie, chère cousine, les papiers de votre beau-père, relatifs à la créance sur les états du Languedoc. La liquidation ne m'en paraît pas très-prochaine, quelque juste que soit votre réclamation. On a décidé que la solde arriérée des troupes, la dette publique, les pensions militaires et une foule d'autres objets de cette nature seraient prises en considération; cette mesure est évidemment le fruit de quelque intrigue. Vous pourriez charger F*** de faire un pamphlet sur les besoins les plus urgents de l'État, et l'engager à placer cette créance en première ligne. Vous ne vous faites point une idée combien le gouvernement est influencé par cette foule de petites brochures que la mauvaise foi, la colère et la faim produisent, chaque jour, avec une si louable émulation.

» Du train dont vont les choses, vous voyez, ma chère cousine, qu'il faut vous armer de patience. Je vous dirai même que le voyage que vous vous proposez de faire à Paris n'avancera pas vos affaires. De compte fait, il y a sur les relevés de la police, au moment où je vous écris, cent vingt-trois mille provinciaux de tout rang, de tout sexe, de tout âge, qui sont ici en réclamation, armés de titres presque aussi incontestables que les vôtres, et qui auront sur vous, pour obtenir un refus, l'avantage de l'antériorité de leur demande. Au reste, comme je vous connais de la philosophie et le goût des bonnes lettres, je vous prie de relire un chapitre du *Spectateur anglais* sur les justes prétentions de ceux qui demandent un emploi : c'est le trente-deuxième du septième volume dans l'édition in-12; les mêmes événements retrouvent les mêmes hommes.

» Recevez, ma chère cousine, avec l'expression de mes regrets, l'assurance de mes sentiments les plus respectueux.

» B. de L***. »

En 1830, après la révolution de juillet, Auguste Barbier fit sur le même sujet une pièce de vers intitulée *la Curée*. Qu'on relise ce terrible ïambe, et que l'on compare : on aura à la fois sous les yeux, dans M. de Jouy, un modèle de cet atticisme qui appartenait à l'ancienne école, et, dans Barbier, un exemple de cette brutale et fougueuse improvisation qui est un des caractères principaux de sa muse.

Au reste, vers le temps où nous sommes arrivés, Louis XVIII, tout en faisant poursuivre les gens de lettres avec un acharnement dont nous venons de citer quelques exemples, réclamait sa place au milieu d'eux. Mal conseillé par ses flatteurs, l'auteur couronné publiait une brochure ayant pour titre *Voyage de Paris à Bruxelles*.

Je ne sais si l'on pourrait se procurer aujourd'hui un seul exemplaire de la brochure royale, dans laquelle on trouvait, non-seulement des fautes de français dans le genre de celle-ci : « J'étais déjà un peu gros, à cette époque, pour *monter et descendre de cabriolet*, » mais encore, ce qui est bien pis, des fautes de reconnaissance et de cœur.

Une pauvre veuve risque sa tête à recevoir les fugitifs, et consacre son dernier louis à leur donner à dîner ; Monsieur raconte ce dévouement comme une chose due, et termine le chapitre en disant : « Le dîner était exécrable ! »

— C'est du français de cuisine, disait le colonel Morisel à M. Arnault.

— C'est tout simple, répondait l'auteur de *Germanicus*, puisque l'ouvrage est d'un restaurateur.

Le Miroir, chargé de rendre compte du *Voyage de Paris à Bruxelles*, se contenta de dire :

« Si l'ouvrage est de l'auguste personnage auquel on l'attribue, il est au-dessus de la critique ; s'il n'est pas de lui, il est au-dessous. »

Nous reviendrons sur le colonel Morisel, une des originalités de l'époque.

On ne pouvait pas faire à l'auteur des *Messéniennes*, des *Vêpres siciliennes*, des *Comédiens* et du *Paria,* un procès du genre de ceux qu'on avait faits à M. de Jouy et à Magallon ; on ne pouvait pas l'enfermer à Sainte-Pélagie ou l'envoyer à Poissy, attaché main à main et côte à côte avec un forçat galeux ; mais on pouvait le destituer, et c'est ce que l'on fit.

Le 15 avril, on lisait dans les journaux libéraux :

« On annonce que M. Ancelot, auteur de *Louis IX* et du *Maire du Palais,* vient de recevoir des lettres de noblesse, et que M. Casimir Delavigne, auteur des *Vêpres siciliennes,* du *Paria* et des *Messéniennes,* vient de perdre sa place à la bibliothèque du ministère de la justice. »

C'était vrai : M. Ancelot était fait baron, et M. Casimir Delavigne jeté sur le pavé !

Ce fut à cette époque que, sur la recommandation de Vatout, qui venait de publier l'*Histoire de la Fille d'un Roi,* le duc d'Orléans nomma Casimir Delavigne bibliothécaire adjoint au Palais-Royal, où, six ans après, je me trouvai son collègue.

C'était un excellent homme que Vatout, un peu vaniteux ; mais sa vanité même était un éperon avec lequel les autres lui faisaient faire le bien qu'il n'avait pas l'idée de faire de lui-même.

Une de ses vanités était d'être le fils naturel de je ne sais quel prince de la maison d'Orléans, vanité bien innocente qui ne faisait de tort à personne, et dont personne ne lui faisait un crime, puisqu'il employait l'influence qu'il avait prise au Palais-Royal à rendre service à ses amis, et quelquefois même à ses ennemis.

... Au moment où je vais clore ce chapitre, on me raconte une bonne histoire de la censure d'aujourd'hui, 6 juin 1851 ; je crois devoir lui consacrer le chapitre suivant. Cette brave censure en fait tant de pareilles, qu'il faut enregistrer ses faits et gestes sans ordre chronologique, mais où l'on peut et quand on peut, sinon on court risque d'en oublier, et, en vérité, ce serait dommage!...

Ah! mon cher Victor Hugo, vous qui êtes en train de demander devant le jury, où vous défendez votre fils, l'abolition de la peine de mort en toute matière, faites une exception en faveur de la censure, et priez qu'à la première révolution, on la tue deux fois, puisque ça n'a jamais été assez d'une!

Je me crois obligé d'affirmer sur l'honneur, que ce que je vais dire est l'exacte vérité.

LXXXIV

La maison de la rue de Chaillot. — Quatre poëtes et un médecin. — Corneille et la censure. — Ce que M. Faucher ne sait pas. — Ce que le président de la République devrait savoir.

L'an III de la deuxième République française, le 2 juin au soir, M. Louis Bonaparte étant président, M. Léon Faucher étant ministre, M. Guizard étant directeur des beaux-arts, voici ce qui se passait, dans un salon tendu en étoffe perse, au rez-de-chaussée d'une maison de la rue de Chaillot.

Cinq ou six personnes causaient d'art, chose assez étonnante à une époque où on ne parle plus guère que de solution, de révision, de prorogation.

Il est vrai que, sur ces cinq personnes, il y avait quatre poëtes et un médecin presque poëte, et tout à fait homme d'esprit.

Ces quatre poëtes étaient :

1º Madame Émile de Girardin, la maîtresse de cette maison de la rue de Chaillot où l'on était réuni; 2º Victor Hugo; 3º Théophile Gautier; 4º Arsène Houssaye.

Le médecin était le docteur Cabarus.

Celui que nous avons indiqué sous le nº 4 cumulait; peut-être était-il un peu moins poëte que les trois autres, mais il était beaucoup plus directeur, ce qui rétablissait l'équilibre, — directeur du Théâtre-Français, dont il a donné déjà trois fois sa démission, qu'on n'accepte pas, il est vrai.

Peut-être demanderez-vous pourquoi M. Arsène Houssaye est si facile à se démettre.

Rien de plus simple : MM. les sociétaires du Théâtre-Français lui font la vie si dure, que le poëte est toujours prêt à envoyer promener ses demi-dieux, ses héros, ses rois, ses princes, ses ducs, ses marquis, ses comtes et ses barons de la rue de Richelieu, pour en revenir à ses barons, à ses comtes, à ses marquis, à ses ducs, à ses princes, à ses rois, à ses héros et à ses demi-dieux du xviie et du xviiie siècle, qu'il connaît et qu'il fait parler, comme s'il était le comte de Saint-Germain, qui était familier avec eux.

Maintenant, pourquoi MM. les sociétaires du Théâtre-Français font-ils la vie si dure à leur directeur?

Parce qu'il fait de l'argent, et que rien n'irrite un sociétaire du Théâtre-Français comme de voir son théâtre *faire de l'argent*.

Cela peut paraître inexplicable aux gens sensés : c'est inexplicable, en effet; mais je ne me charge pas d'expliquer le fait; je le consigne, voilà tout.

Or, en sa qualité de directeur du Théâtre-Français, M. Arsène Houssaye songeait à une chose à laquelle ne songeait personne.

Cette chose, c'est qu'on était au 2 juin 1851, et que, dans quatre jours, c'est-à-dire le 6 juin, on verrait s'accomplir le deux cent quarante-quatrième anniversaire de la naissance de Corneille.

Il en fit l'observation tout haut, et, se tournant vers Théophile Gautier :

— Pardieu! lui dit-il, mon cher Théo, vous devriez bien me faire, pour ce jour-là, une soixantaine de vers sur le père de la tragédie; cela vaudrait mieux que ce que l'on nous donne ordinairement en pareille circonstance, et le public ne s'en plaindrait pas.

Théophile Gautier fit semblant de ne pas entendre.

Arsène Houssaye renouvela sa demande.

— Ma foi! non, dit Gautier.

— Pourquoi cela?

— Parce que je ne sais rien de plus ennuyeux à faire qu'un éloge officiel, fût-ce celui du plus grand poëte du monde. D'ailleurs, plus le poëte est grand, plus l'éloge est difficile.

— Vous avez tort, Théophile, dit Hugo, et, si j'étais en position de faire en ce moment-ci ce qu'Arsène vous demande, je le ferais.

— Vous vous amuseriez à passer en revue les vingt ou trente pièces de Corneille? Vous auriez le courage de parler de *Mélite*, de *Clitandre*, de la *Galerie du Palais*, de *Pertharite*, d'*Œdipe*, d'*Attila* et d'*Agésilas*?

— Non, je ne parlerais de rien de tout cela.

— Alors, vous ne feriez pas l'éloge de Corneille; quand on fait l'éloge d'un poëte, il faut surtout louer ce qu'il a fait de mauvais : ce qu'on ne loue pas, on le critique.

— Non, dit Hugo, je ne prendrais pas la chose ainsi; je ne ferais pas un éloge vulgaire. Je montrerais le vieux Corneille, errant à pied dans les rues du vieux Paris, avec son manteau râpé sur les épaules, oublié de Louis XIV, moins généreux pour lui que son persécuteur Richelieu, et faisant raccommoder à une pauvre échoppe son soulier troué, tandis que Louis XIV trône à Versailles, se promène avec madame de Montespan, mademoiselle de la Vallière et madame Henriette dans les galeries de Le Brun ou dans les jardins de Le Nôtre; puis je consolerais l'ombre du poëte en montrant la postérité remettant chacun à sa place, et, au fur et à mesure que les jours s'ajoutent aux jours, les mois aux mois et les années aux années, grandissant le poëte et diminuant le roi...

— Eh bien, que cherchez-vous donc, Théophile? demanda madame de Girardin à Gautier, qui se levait vivement.

— Je cherche mon chapeau, dit Gautier.

— Girardin dort dessus, dit tranquillement Cabarus.

— Oh! ne le réveillez pas, dit madame de Girardin, il ferait un article!

— Je ne puis pourtant pas m'en aller sans chapeau, dit Gautier.

— Vous vous en allez donc? demanda Arsène Houssaye.

— Sans doute, je vais faire vos vers; vous les aurez demain.

On tira le chapeau de Théophile de dessous les épaules de Girardin. Il était un peu passé à l'état de gibus; mais qu'importait à Théophile l'état de son chapeau?

Il rentra chez lui, et se mit à l'œuvre.

Le lendemain, comme il avait promis, Arsène Houssaye avait ses vers.

Seulement, poëte et directeur avaient compté sans la censure.

Voici les vers de Théophile Gautier sur le grand Corneille, — vers arrêtés par la censure dramatique, comme je l'ai dit, l'an III de la deuxième République, M. Louis Bonaparte étant président, M. Léon Faucher étant ministre, M. Guizard étant directeur des beaux-arts:

Par une rue étroite, au cœur du vieux Paris,
Au milieu des passants, du tumulte et des cris,
La tête dans le ciel et le pied dans la fange,
Cheminait à pas lents une figure étrange.
C'était un grand vieillard sévèrement drapé,
Noble et sainte misère, en son manteau râpé!
Son œil d'aigle, son front, argenté vers les tempes
Rappelaient les fiertés des plus mâles estampes;
Et l'on eût dit, à voir ce masque souverain,
Une médaille antique à frapper en airain.
Chaque pli de sa joue, austèrement creusée,
Semblait continuer un sillon de pensée,
Et, dans son regard noir, qu'éteint un sombre ennui,
On sentait que l'éclair autrefois avait lui.
Le vieillard s'arrêta dans une pauvre échoppe.

Le roi-soleil, alors, illuminait l'Europe,
Et les peuples baissaient leurs regards éblouis
Devant cet Apollon qui s'appelait Louis.
A le chanter, Boileau passait ses doctes veilles;

Pour le loger, Mansard entassait ses merveilles;
Cependant, en un bouge, auprès d'un savetier,
Pied nu, le grand Corneille attendait son soulier!
Sur la poussière d'or de sa terre bénie,
Homère, sans chaussure, aux chemins d'Ionie,
Pouvait marcher jadis avec l'antiquité,
Beau comme un marbre grec par Phidias sculpté;
Mais Homère, à Paris, sans crainte du scandale,
Un jour de pluie, eût fait recoudre sa sandale.
Ainsi faisait l'auteur d'*Horace* et de *Cinna*,
Celui que de ses mains la muse couronna,
Le fier dessinateur, Michel-Ange du drame,
Qui peignit les Romains si grands, d'après son âme.
O pauvreté sublime! ô sacré dénûment,
Par ce cœur héroïque accepté simplement!
Louis, ce vil détail que le bon goût dédaigne,
Ce soulier recousu me gâte tout ton règne.
A ton siècle en perruque et de luxe amoureux,
Je ne pardonne pas Corneille malheureux.
Ton dais fleurdelisé cache mal cette échoppe;
De la pourpre où ton faste à grands plis s'enveloppe,
Je voudrais prendre un pan pour Corneille vieilli,
S'éteignant, pauvre et seul, dans l'ombre et dans l'oubli.
Sur le rayonnement de toute ton histoire,
Sur l'or de ton soleil c'est une tache noire,
O roi! d'avoir laissé, toi qu'ils ont peint si beau,
Corneille sans souliers, Molière sans tombeau!
Mais pourquoi s'indigner! Que viennent les années,
L'équilibre se fait entre les destinées;
A sa place chacun est remis par la mort:
Le roi rentre dans l'ombre, et le poëte en sort!
Pour courtisans, Versaille a gardé ses statues;
Les adulations et les eaux se sont tues;
Versaille est la Palmyre où dort la royauté.
Qui des deux survivra, génie ou majesté?
L'aube monte pour l'un, le soir descend sur l'autre;
Le spectre de Louis, au jardin de Le Nôtre,
Erre seul, et Corneille, éternel comme un dieu,
Toujours sur son autel voit reluire le feu,
Que font briller plus vif en ses fêtes natales
Les générations, immortelles vestales.

> Quand en poudre est tombé le diadème d'or ;
> Son vivace laurier pousse et verdit encor ;
> Dans la postérité, perspective inconnue,
> Le poëte grandit et le roi diminue !

Ça, causons un peu, monsieur Guizard, car vous n'avez pas compté que cela se passerait ainsi ; vous n'avez point espéré que vous en seriez quitte pour quelques mots à double entente insérés dans un journal qui s'imprime hier, qui paraît aujourd'hui, et qu'on oublie demain.

Non, quand on fait de pareils outrages à l'art, il est bon que le coupable soit distrait de ses juges naturels, et conduit devant une chambre haute, comme vos modèles ont fait pour Trélat et Cavaignac devant la chambre des pairs, comme vos amis ont fait pour Raspail, Hubert et Sobrier devant la cour de Bourges.

Et c'est moi qui vous cite à comparaître, monsieur Guizard, vous qui avez remplacé mon ami Cavé, comme chargé du département des beaux-arts.

Voyons, maintenant que l'on rogne sur tout, n'aurait-on pas rogné quelques lettres à votre emploi ? et, au lieu d'être chargé du *département*, ne seriez-vous pas tout simplement chargé du *départ* des beaux-arts ?

D'ailleurs, j'ai à raconter ce qui s'est passé entre vous et moi, il y a trois mois.

Vous rappelez-vous que j'eus l'honneur de vous faire une visite, il y a trois mois ?

J'allais vous prévenir, de la part du directeur du Cirque, que, pour nous donner le temps d'attendre *la Barrière de Clichy*, nous allions remettre à l'étude *le Chevalier de Maison-Rouge*.

— *Le Chevalier de Maison-Rouge!* vous écriâtes-vous.

— Oui.

— Mais *le Chevalier de Maison-Rouge*, n'est-ce point un drame à vous ?

— Oui.

— N'est-ce pas dans *le Chevalier de Maison-Rouge* qu'il y a le fameux chœur :

> Mourir pour la patrie?

— Oui.

— Eh bien, nous ne laisserons pas jouer *le Chevalier de Maison-Rouge!*

— Vous ne laisserez pas jouer *le Chevalier de Maison-Rouge?*

— Non, non, non, non, non.

— Mais pourquoi cela?

Alors, vous me regardâtes en face, et vous me dîtes :

— Mais vous ne savez donc pas que *le Chevalier de Maison-Rouge* a contribué à l'avénement de la République?

Vous me dites cela, monsieur Guizard! vous me fîtes ce singulier aveu, l'an III de la République! M. Léon Faucher étant ministre de la République! vous, monsieur Guizard, étant directeur des beaux-arts de la République!

Je fus si étourdi de la riposte, que je ne trouvai que cette réponse à vous faire :

— Comment diable se fait-il que, moi qui ai perdu deux cent mille francs à peu près à l'avénement de la République, je sois républicain, tandis que, vous qui y avez gagné une place rapportant une dizaine de mille francs, vous soyez réactionnaire?...

Il est vrai que vous ne daignâtes point me donner la raison de cette anomalie, que je sortis de votre cabinet sans l'avoir trouvée, et qu'aujourd'hui, au moment où j'écris ces lignes, je la cherche encore!

Or, dans l'espérance qu'il se trouvera un chercheur d'énigmes plus fort que moi, je me suis résolu à imprimer ce qui m'est arrivé à moi, il y a trois mois, et ce qui est arrivé à Gautier aujourd'hui.

Que voulez-vous! chacun se sert de l'outil ou de l'instrument qu'il a en main : les uns ont des ciseaux, et ils coupent ; les autres ont un burin, et ils gravent !

Moi, ce que j'écris, je vous en préviens, monsieur Guizard, ce que j'écris se traduit en huit ou neuf langues différentes.

Nous aurons donc, pour nous aider dans nos recherches, les savants de plusieurs pays, et les archéologues de trois générations; car, en supposant que mes œuvres ne vivent que le temps qu'il faudra aux rats pour les manger, les rats mettront bien cent ans à manger mes mille volumes.

Peut-être me direz-vous que l'ordre d'arrêter les vers de M. Théophile Gautier est venu de plus haut, qu'il est venu du ministre.

A cela je n'ai rien à dire : si l'ordre est venu du ministre, vous avez dû vous conformer à cet ordre.

C'est donc à M. Léon Faucher qu'il faut que je m'en prenne. Soit.

O monsieur Faucher! est-il bien possible, si peu républicain que vous soyez, vous qui payez — et, en cela, à mon avis, vous avez tort, — une subvention au Théâtre-Français pour qu'il exhume les morts et qu'il enterre les vivants, est-il bien possible, je le répète, si peu républicain que vous soyez, que vous ne vouliez pas que l'on dise, sur la scène que Corneille a créée, que le génie passe avant la royauté, et que Corneille est plus grand poëte que Louis XIV n'est grand roi?

Mais, monsieur Faucher, entre nous, vous savez cependant bien que Louis XIV n'est grand roi que parce qu'il a eu de grands ministres et de grands poëtes?

Peut-être me direz-vous que ce sont les grands rois qui font les grands poëtes et les grands ministres.

Non, monsieur Faucher, vous ne direz pas cela, car je vous dirai : « Napoléon, qui était un grand empereur, n'a pas eu de Corneille, et Louis XIII, qui était un piètre roi, a eu Richelieu. »

Non, monsieur le ministre, Louis XIV, croyez-le bien, — et Michelet, un des plus grands historiens qui aient existé, vous le dira, — non, Louis XIV n'est grand roi que parce qu'il a eu pour précurseur Richelieu, tandis que Corneille a eu pour précurseur... qui? Jodelle.

Pour être grand poëte, Corneille n'a eu besoin ni de Condé, ni de Turenne, ni de Villars, ni de Catinat, ni de Vauban, ni de Mazarin, ni de Colbert, ni de Louvois, ni de Boileau, ni de

Racine, ni de Benserade, ni de Le Brun, ni de Le Nôtre, ni même de M. de Saint-Aignan.

Non ; Corneille prenait une plume, de l'encre et du papier ; il laissait tomber sa tête dans sa main, et il était grand poëte.

Si vous aviez lu seulement les vers de Théophile Gautier, monsieur le ministre, — mais vous ne les avez pas lus, j'en suis sûr ! — si vous les aviez lus, vous auriez vu que ces vers sont, non-seulement des plus beaux qu'ait faits Théophile Gautier, mais encore des plus beaux que l'on ait faits depuis que l'on fait des vers.

Vous auriez vu que, comme forme, ils étaient excellents, que, comme pensée, ils étaient irréprochables.

A un homme qui eût écrit ces vers-là, tel empereur que je connais, et que vous ne connaissez pas, à ce qu'il paraît, tel empereur que je connais eût envoyé la croix d'officier de la Légion d'honneur et une pension.

Vous, monsieur le ministre, vous avez envoyé l'ordre de ne pas lire les vers de Théophile Gautier sur la scène du Théâtre-Français !

Ah ! mais aussi, cet ordre, peut-être venait-il de plus haut ? peut-être venait-il du président de la République ?

S'il venait du président de la République, c'est autre chose... et c'est au président de la République que je vais avoir affaire.

Avec le président de la République, ce ne sera pas long.

Ah ! monsieur le président de la République, lui dirai-je, vous qui, au milieu des affaires dont vous êtes accablé, avez oublié tant de choses, auriez-vous, par hasard, oublié que monsieur votre oncle disait de l'auteur du *Cid* : « Si Corneille eût vécu de mon temps, je l'eusse fait prince ? »

Maintenant que j'ai dit au président de la République, à M. le ministre de l'intérieur, et à M. le chef de division chargé du département des beaux-arts, ce que j'avais à leur dire, revenons à l'année 1823, qui avait aussi une censure, mais bien moins dure que celle de 1851.

LXXXV

Chronologie dramatique. — Mademoiselle Georges Weymer. — Mademoiselle Raucourt. — Legouvé et ses œuvres. — Marie-Joseph Chénier. — Lettre de lui aux sociétaires de la Comédie-Française. — Les petits garçons perfectionnés. — Ducis. — Son théâtre.

Au reste, la réaction royaliste, dont nous avons parlé avant de nous interrompre pour causer avec MM. les hauts fonctionnaires publics qui font au lecteur les honneurs du précédent chapitre, — ne frappait pas seulement les hommes de lettres, mais elle s'abattait cruelle, acharnée, mortelle, sur les hommes politiques.

Elle s'était ouverte sur l'expulsion de Manuel de la Chambre; elle devait se fermer sur le supplice de Riégo.

Mais ce qui me préoccupait, à cette époque-là, je l'avoue, ce n'étaient ni les querelles de la Chambre, ni la guerre d'Espagne, ni la fête que madame du Cayla — qui plus tard devait être si gracieuse pour moi — donnait à Saint-Ouen en mémoire de la rentrée de Louis XVIII, ni la mort du pape Pie VII; c'étaient deux événements qui, à mes yeux, avaient une bien autre importance : la première représentation de *Pierre de Portugal*, de Lucien Arnault, et celle de *l'École des Vieillards*, de Casimir Delavigne.

Quoique la statistique dramatique de l'année 1823 présente un total de deux cent neuf pièces nouvelles représentées, et de cent soixante et un auteurs joués, les grandes scènes avaient, pendant les neuf premiers mois de l'année, surtout, présenté un effectif assez pauvre, et qui était bien loin d'atteindre celui de l'année précédente.

En effet, le 26 avril 1822, l'Odéon avait représenté l'*Attila* de M. Hippolyte Bis.

Le 5 juin, le Théâtre-Français avait représenté le *Régulus* de Lucien Arnault.

Le 14 juin, l'Odéon avait représenté *les Macchabées* de

M. Guiraud; Frédérick-Lemaitre, qui sortait du Cirque, jouait un des frères Macchabées.

Le 7 novembre, le Théâtre-Français avait représenté la *Clytemnestre* de M. Soumet, dans laquelle Talma jouait à la fois d'une façon si mélancolique et si fatale le rôle d'Oreste.

Le 9 novembre, l'Odéon avait représenté le *Saül* du même auteur, dans lequel Joanny commença de se faire une réputation.

Enfin, le 21 décembre, le Théâtre-Français avait représenté la *Valérie* de MM. Scribe et Mélesville.

Pour faire pendant à toutes ces nouveautés, l'année 1823 n'avait encore eu à nous offrir que la comédie de *l'Éducation ou les Deux Cousines*, de M. Casimir Bonjour, et *le Comte Julien*, de M. Guiraud.

L'Éducation ou les Deux Cousines est la meilleure comédie de M. Casimir Bonjour; mais la meilleure comédie de M. Casimir Bonjour avait le droit d'être médiocre, et elle usa de la permission.

Quant au *Comte Julien*, c'était une pièce sage et honnête, comme l'ont toujours été les pièces de son auteur; le principal mérite de l'ouvrage était d'être joué par mademoiselle Georges, qui faisait sa rentrée à Paris, après quatre ou cinq ans d'absence.

A cette époque, mademoiselle Georges était toujours fort belle, et avait encore *tous ses diamants.*

Ceux qui ont connu Harel et les affiches fantastiques inventées par lui savent le rôle qu'ont joué les diamants de mademoiselle Georges dans les rôles que mademoiselle Georges a joués.

J'ai dit qu'au fur et à mesure que les noms célèbres s'inscriraient sous ma plume, j'éclairerais ces noms de toutes les lueurs répandues sur eux à l'époque où je me trouvai en contact avec ces noms, lueurs éphémères pour quelques-uns, éteintes aujourd'hui pour beaucoup, mais qui n'en présenteront que plus de curiosité, ayant été saisies au moment où elles entouraient l'artiste de tout leur éclat.

Nous l'avons dit, l'âge de toute actrice vivante encor est

incertain; mais, en se reportant à l'année où mademoiselle Georges a débuté, c'est-à-dire au 29 novembre 1802, mademoirelle Georges pouvait avoir trente-huit ans en 1823.

Un mot sur la façon dont mademoiselle Georges était entrée au théâtre, et dont elle s'y est maintenue. — Aimée de Bonaparte, et restée en faveur près de Napoléon, mademoiselle Georges, qui demanda la faveur d'accompagner Napoléon à Sainte-Hélène, est presque un personnage historique.

Vers la fin de 1800 et le commencement de 1801, mademoiselle Raucourt, qui jouait les premiers rôles de tragédie au Théâtre-Français, mademoiselle Raucourt donnait des représentations en province. C'était l'époque où le gouvernement, quoiqu'il eût beaucoup à faire, n'avait pas honte de s'occuper d'art, dans ses moments perdus. Mademoiselle Raucourt avait reçu, en conséquence, l'ordre du gouvernement, si elle rencontrait dans sa tournée quelque élève qu'elle ne jugeât point indigne de ses leçons, de la ramener avec elle à Paris. Cette élève serait considérée comme élève du gouvernement, et recevrait douze cents francs de pension.

Mademoiselle Raucourt s'arrêta à Amiens.

Là, elle trouva une belle jeune fille de quinze ans, qui en paraissait dix-huit; on eût dit la Vénus de Milo descendue de sa base.

Mademoiselle Raucourt, presque aussi Grecque que la Lesbienne Sapho, aimait fort les statues vivantes. En voyant marcher cette jeune fille, en voyant le pas de la déesse se révéler en elle, comme dit Virgile, l'actrice s'informa, et apprit qu'elle s'appelait Georges Weymer; qu'elle était fille d'un musicien allemand, nommé Georges Weymer, directeur du théâtre, et de mademoiselle Verteuil, qui jouait les soubrettes.

La jeune fille était destinée à la tragédie.

Mademoiselle Raucourt lui fit jouer, avec elle, Élise, dans *Didon*, et Aricie, dans *Phèdre*. L'épreuve réussit, et, le soir même de la représentation de *Phèdre,* mademoiselle Raucourt demanda la jeune tragédiene à ses parents.

La perspective d'être élève du gouvernement, et surtout élève de mademoiselle Raucourt, avait, à part quelques petits inconvénients dont, à la rigueur, la jeune fille pouvait se garantir, trop d'attraits aux yeux des parents pour qu'ils refusassent.

La demande fut accordée, et mademoiselle Georges partit, suivie de sa mère.

Les leçons durèrent dix-huit mois.

Pendant ces dix-huit mois, la jeune élève habita un pauvre hôtel de la rue Croix-des-Petits-Champs, que, par antiphrase probablement, on appelait l'hôtel du *Pérou*.

Quant à mademoiselle Raucourt, elle habitait, au bout de l'allée des Veuves, une magnifique maison qui avait appartenu à madame Tallien, et qui, sans doute aussi par antiphrase, s'appelait *la Chaumière*.

Nous avons dit « une magnifique maison, » nous aurions dû dire « une petite maison, » car c'était une véritable petite maison dans le style Louis XV, que cet hôtel de mademoiselle Raucourt.

Vers la fin du XVIIIe siècle, siècle étrange où l'on appelait tout haut les choses par leur nom, Sapho-Raucourt jouissait d'une réputation dont elle ne cherchait pas le moins du monde à atténuer l'originalité.

Le sentiment que mademoiselle Raucourt portait aux hommes était plus que de l'indifférence, c'était de la haine. Celui qui écrit ces lignes a sous les yeux un manifeste signé de l'illustre artiste, qui est un véritable cri de guerre poussé par mademoiselle Raucourt contre le sexe masculin, et dans lequel, nouvelle reine des Amazones, elle appelle toutes les belles guerrières enrôlées sous ses ordres à une rupture ouverte avec les hommes.

Rien n'est plus curieux pour la forme, et surtout pour le fond, que ce manifeste.

Et cependant, chose singulière, malgré ce dédain pour nous, mademoiselle Raucourt, dans toutes les circonstances où le costume de son sexe ne lui était pas indispensable, avait adopté celui du nôtre.

Ainsi, bien souvent, le matin, mademoiselle Raucourt donnait ses leçons à sa belle élève avec un pantalon à pieds, et une robe de chambre, — comme eût fait M. Molé ou M. Fleury, — ayant près d'elle une jolie femme qui l'appelait « mon ami, » et un charmant enfant qui l'appelait « papa. »

Nous n'avons pas connu mademoiselle Raucourt, morte en 1814, et dont l'enterrement fit un prodigieux scandale; mais nous avons connu la mère, qui est morte en 1832 ou 1833; mais nous connaissons encore l'*enfant,* qui est aujourd'hui un homme de cinquante-cinq ans.

Nous connaissons un autre artiste dont toute la carrière a été entravée par mademoiselle Raucourt, à propos d'une jalousie qu'il eut le malheur d'inspirer à la terrible Lesbienne. Mademoiselle Raucourt se présenta au comité du Théâtre-Français, exposa ses droits de possession et d'antériorité sur la personne que voulait lui enlever l'impudent comédien, et, l'antériorité et la possession étant reconnues, l'impudent comédien, qui vit encore, et qui est un des plus honnêtes cœurs de la terre, fut chassé du théâtre, les sociétaires craignant que, comme Achille, mademoiselle Raucourt, à cause de cette nouvelle Briséis, ne se retirât sous sa tente.

Revenons à la jeune fille, que sa mère ne quittait pas d'un seul instant dans les visites qu'elle rendait à son professeur, et qui, trois fois par semaine, faisait, pour prendre ses leçons, cette longue traite de la rue Croix-des-Petits-Champs à l'allée des Veuves.

Les débuts furent fixés à la fin de novembre. Ils devaient avoir lieu dans Clytemnestre, dans Émilie, dans Aménaïde, dans Idamé, dans Didon et dans Sémiramis.

C'était une grande affaire, et pour l'artiste et pour le public, qu'un début au Théâtre-Français, en 1802; c'était une bien plus grande affaire encore d'être reçue sociétaire; car, si l'on était reçu sociétaire, — homme, on devenait le collègue de Monvel, de Saint-Prix, de Baptiste aîné, de Talma, de Lafond, de Saint-Phal, de Molé, de Fleury, d'Armand, de Michot, de Grandménil, de Dugazon, de Dazincourt, de Baptiste cadet, de la Rochelle; — femme, on devenait la camarade de mademoiselle Raucourt, de mademoiselle Contat, de mademoiselle Devienne, de madame Talma, de mademoiselle Fleury, de mademoiselle Duchesnois, de mademoiselle Mézeray, de mademoiselle Mars.

Quant aux auteurs de l'époque, c'étaient : Legouvé, Lemercier, Arnault, Alexandre Duval, Picard, Chénier et Ducis.

De ces sept hommes, j'en ai connu quatre : Arnault, dont j'ai essayé de tracer le portrait; Lemercier et Alexandre Duval, dont j'essayerai, le moment venu, de traduire les bilieuses ressemblances ; puis Picard, que l'on disait l'ami de la jeunesse, et qui exécrait les jeunes gens.

Legouvé, Chénier et Ducis étaient morts quand j'arrivai à Paris.

Legouvé avait une grande influence au Théâtre-Français. C'était lui qui, au moment où mademoiselle Georges s'apprêtait à y paraître, venait, avec une affection presque paternelle, d'y guider les débuts de mademoiselle Duchesnois; il y avait donné, en 1793, *la Mort d'Abel*, tragédie patriarcale qui dut son succès, d'abord au talent de l'auteur, mais, ensuite et surtout, à son opposition avec les événements qui s'accomplissaient. Jouée entre l'échafaud de Louis XVI et celui de Marie-Antoinette, entre les massacres de septembre et le supplice des girondins, elle détourna un instant les esprits de la vue du sang qui ruisselait par les rues. Quand, toute la journée, on a vu pendre à des réverbères, et porter des têtes au bout des piques, on n'est pas fâché de passer la soirée avec des bergers et des bergères. Néron se couronnait de roses et chantait des vers sur le mode ionien, après avoir vu brûler Rome.

En 1794, Legouvé avait fait représenter *Épicharis*. Un très-beau monologue qu'il n'aurait certes pas eu l'idée de concevoir, mais qu'il emprunta à une page de Mercier, lui fournit son dernier acte.

Ce dernier acte fit le succès de la pièce.

J'ai entendu dire ce monologue à Talma d'une façon magistrale.

Enfin, Legouvé avait, en 1799, fait représenter *Étéocle*. — *Étéocle* était tombé, ou à peu près; ce que voyant, au lieu de donner au Théâtre-Français une nouvelle tragédie, Legouvé lui avait donné une nouvelle tragédienne.

Mademoiselle Duchesnois venait de débuter avec le plus grand succès lorsque mademoiselle Georges débuta à son tour.

Puisque j'ai dit que je reviendrais, en temps et lieu, à Lemercier, à Alexandre Duval et à Picard, je vais en finir tout de suite avec Chénier et Ducis, dont je n'aurai peut-être plus l'occasion de parler.

C'était un singulier orgueil que celui de Marie-Joseph Chénier; j'ai sous les yeux une dizaine de lettres de lui, lettres écrites à propos de *Charles IX;* j'en choisis une qui est un modèle de naïveté : elle montrera sous quel point de vue les hommes que certains critiques ont l'audace d'appeler des maîtres, et qui, en effet, peuvent être des maîtres pour eux, elle montrera, dis-je, sous quel point de vue ces hommes envisageaient la tragédie historique.

Cette lettre est adressée à MM. les comédiens français; elle avait pour but de faire reprendre *Charles IX,* que ces messieurs ne voulaient absolument pas jouer.

Pourquoi MM. les comédiens français ne voulaient-ils pas jouer *Charles IX*, puisque *Charles IX* faisait de l'argent?

Ah! je vais vous le dire tout bas, ou plutôt tout haut : c'est parce que Talma y avait un énorme succès...

Voici la lettre :

« Pressé de tous côtés, messieurs, par les amis de la liberté, dont plusieurs sont au nombre des députés confédérés, de faire donner en ce moment quelques représentations de *Charles IX*, je viens vous inviter à annoncer sur votre affiche, pour un des jours de la semaine prochaine, la trente-quatrième représentation de cette tragédie, indépendamment d'un autre ouvrage que j'ai composé pour célébrer la fête de la Fédération. J'ai cru devoir ajouter, en outre, dans le rôle du chancelier de l'Hospital, *quelques vers relatifs à cette auguste circonstance;* car je serai toujours empressé de payer mon tribut civique, et vous, messieurs, vous ne saurez mieux marquer, en cette occasion, votre patriotisme, qu'en donnant la seule tragédie *vraiment nationale* qui existe encore en France, tragédie dont le sujet est si philosophique, si digne de la scène, au jugement même de M. de Voltaire, qui s'y connaissait un peu, comme vous le savez.

» Dans cette tragédie, j'ai fait, le premier de tous, *retentir l'éloge du roi citoyen* qui nous gouverne aujourd'hui.

» Recevez, etc. »

Voyez-vous le chancelier de l'Hospital applaudissant à la fête de la Fédération, et Charles IX faisant l'éloge de Louis XVI?

Enfin!...

Chénier avait débuté par *Charles IX*, dont il réclamait la reprise, et dont la reprise fit conduire chez le commissaire de police Danton et Camille Desmoulins, accusés d'avoir fait cabale au parterre. *Henri VIII* avait suivi *Charles IX,* et avait réussi comme lui. Deux ans après *Henri VIII*, était venu *Calas*. Enfin, le 9 janvier 1793, au plus fort du procès de Louis XVI, et quelques jours avant la mort de ce pauvre roi, Chénier avait encore fait représenter *Fénelon*, tragédie à l'eau de rose, du genre de *la Mort d'Abel*, et qui eut un de ces honnêtes succès que les amis appellent un triomphe, et les ennemis une chute.

Chénier comptait se relever par *Timoléon*.

Mais Robespierre, qui avait entendu parler de l'ouvrage, le lut, et l'arrêta.

Entendez-vous, messieurs de la censure? Robespierre marchait sur vos brisées; il arrêtait *Timoléon,* comme, avant lui, messieurs vos confrères arrêtaient *Tartufe*, qui a été joué; *Mahomet*, qui a été joué; *le Mariage de Figaro*, qui a été joué, et comme vous même enfin, arrêtez *Pinto*, qui a été joué; *Marion Delorme,* qui a été jouée, et *Antony*, qui a été joué.

Robespierre arrêta donc *Timoléon*, déclarant que, lui vivant, la pièce ne serait jamais jouée.

Oui; mais Robespierre oubliait l'âge que vivaient les hommes à l'époque où il parlait; il comptait sans le 9 thermidor... Robespierre monta sur l'échafaud de Danton, et *Timoléon* fut joué.

Malheureusement, deux jours avant Robespierre, était tombé ce cygne au doux chant, qu'on appelait André Chénier, poëte bien autrement poëte que monsieur son frère, celui-là, quoiqu'il n'eût pas fait de tragédies.

Comment Marie-Joseph Chénier, qui avait à pleurer ce frère, eut-il le temps de soigner les répétitions de sa tragédie, aussitôt après thermidor?

Ah! c'est qu'André n'était que son frère, et que *Timoléon* était son enfant.

Mais la Némésis populaire était là, qui gardait au poëte oublieux une vengeance terrible.

Timoléon fait tuer son frère, et Chénier était accusé de n'avoir pas sauvé le sien.

On demanda l'auteur.

— C'est inutile, cria une voix du parterre, l'auteur se nomme Caïn!

A dater de ce jour, Chénier avait renoncé au théâtre, et cependant on parlait d'un *Tibère* et d'un *Philippe II*, qui devaient sortir, un jour, du portefeuille où ils étaient enfermés.

Après Chénier venait Ducis. Depuis la mort de Beaumarchais, — qui avait fait deux si charmantes comédies d'intrigue et trois si mauvais drames, — Ducis était le patriarche de la littérature.

Il y avait à Rome, sous tous les papes, jusqu'à Grégoire XVI, qui les a fait disparaître, des enseignes de chirurgiens sur lesquelles on lisait ces mots :

ICI ON *perfectionne* LES PETITS GARÇONS.

On savait ce que cela voulait dire : les parents qui désiraient des garçons sans barbe et avec une jolie voix conduisaient là leurs enfants, et, en un tour de main, ils étaient... perfectionnés.

Ducis fit à peu près, pour Sophocle et pour Shakspeare, ce que les chirurgiens de Rome faisaient pour les petits garçons.

Ceux qui aiment les mentons imberbes et les jolies voix peuvent préférer l'*Œdipe-roi*, l'*Œdipe à Colone*, l'*Hamlet*, le *Macbeth*, le *Roméo et Juliette* et l'*Othello*, de Ducis aux *Œdipe* de Sophocle, et à l'*Hamlet*, au *Macbeth*, au *Roméo et*

Juliette et à l'*Othello* de Shakspeare; mais nous avouons que, nous qui aimons la nature dans toute sa virilité, qui trouvons que plus l'homme est fort, plus il est beau, nous préférons les drames étalons aux drames hongres, et, sous ce rapport, qu'il soit question de petits garçons ou de tragédies, nous tenons tout *perfectionnement* pour un sacrilége.

Cependant, rendons à Ducis la part de justice qui lui est due. Il a conduit à Sophocle par une route pauvre, à Shakspeare par un chemin étroit; mais, au moins, a-t-il laissé sur la route ces poteaux indicateurs que Voltaire enlevait avec tant de soin. Quand, du mouchoir de Desdémone, Voltaire fait un voile pour Zaïre, il démarque avec grand soin le linge qu'il a pris.

Ce n'est plus une imitation, c'est un vol.

A cette époque, Ducis avait fait représenter, dans la période de 1769 à 1795, *Hamlet, OEdipe chez Admète, le Roi Lear, Macbeth, Othello* et *Abufar*.

Voilà où en était le Théâtre-Français; voilà où en était la littérature française, en l'an de grâce 1802, Napoléon Bonaparte étant premier consul, et Cambacérès et Lebrun étant consuls adjoints.

LXXXVI

Ce que Bonaparte a tenté pour faire éclore des poëtes. — Luce de Lancival. — Baour-Lormian. — Lebrun-*Pindare*. — Lucien Bonaparte auteur. — Débuts de mademoiselle Georges. — Critique de l'abbé Geoffroy. — Le prince Zappia. — Hermione à Saint-Cloud.

Un mot de cette petite cour de Bonaparte. Nous faisons des mémoires, cette fois, et non un roman. Il en résulte que nous nous reposons de la fable par la vérité, du plan par le caprice, de l'intrigue par le vagabondage.

Ah! si un homme nous eût laissé sur le XVIe, le XVIIe et le XVIIIe siècle, ce que j'essaye de faire pour le XIXe, combien j'eusse béni cet homme, et que de rudes travaux il m'eût épargnés!

Un mot donc, sur Bonaparte et sa petite cour.

On avait fait grand bruit, nous ne dirons pas, comme on disait autrefois : à Paris et à Versailles, — il n'y avait plus de Versailles en 1802, — mais à Paris et à la Malmaison, des débuts de mademoiselle Georges.

Le premier consul et sa famille s'occupaient beaucoup de littérature, à cette époque.

En fait de poëtes, Bonaparte aimait Corneille et Ossian, les deux extrémités de l'art : Corneille la suprême logique, Ossian la suprême imagination.

Aussi, parmi les poëtes qui figuraient sur le catalogue de sa bibliothèque égyptienne, Corneille et Ossian occupaient-ils la première place.

Cette prédilection pour le barde écossais était si connue, que Bourrienne, en formant cette bibliothèque, devina plutôt qu'il ne lut.

Bonaparte avait écrit *Océan*.

Ce ne fut pas la faute de Bonaparte si les poëtes lui manquèrent, quoiqu'il proscrivit trois des premiers de son époque : Chateaubriand, madame de Staël et Lemercier.

Bonaparte demandait des poëtes à son grand maître de l'Université, comme il demandait des soldats à son ministre de la guerre. Par malheur, il était plus facile à M. le duc de Feltre de trouver trois cent mille conscrits, qu'à M. de Fontanes de trouver douze poëtes. Aussi, Napoléon fut-il forcé de s'accrocher à tout ce qu'il trouva, à Lebrun, à Luce de Lancival, à Baour-Lormian : tout cela eut des places et des pensions, comme si c'eût été de vrais poëtes, — plus des compliments.

— Vous avez fait une belle tragédie, disait Napoléon à Luce de Lancival, à propos d'*Hector ;* je la ferai jouer dans un camp.

Et, le soir de la représentation, il envoyait un brevet de six mille francs de pension à Luce de Lancival, en ordonnant, « vu le besoin d'argent qu'ont toujours les poëtes, » qu'on lui payât une année d'avance.

Lisez *Hector*, et vous verrez qu'*Hector* ne vaut pas les six mille francs une fois payés.

En outre, il plaçait chez Cambacérès le neveu de Luce de Lancival, Harel, dont il faisait un sous-préfet en 1815.

Baour-Lormian, lui aussi, eut une pension de six mille livres, témoin la spirituelle plainte qu'il porta aux Bourbons sur les persécutions de l'usurpateur, qui avait poussé le despotisme « jusqu'à le flétrir d'une pension de deux mille écus, » qu'il n'avait pas osé refuser, ajoutait-il, avouant sa faiblesse.

Un jour, — c'était au moment des bruits de guerre de 1809, — une ode commençant par cette strophe tomba entre les mains de Napoléon :

> « Suspends ici ton vol... D'où viens-tu, Renommée?
> Qu'annoncent tes cent voix à l'Europe alarmée?...
> — Guerre! — Et quels ennemis veulent être vaincus?
> — Russe, Allemand, Suédois déjà lèvent la lance;
>   Ils menacent la France!
> — Reprends ton vol, déesse, et dis qu'ils ne sont plus! »

Ce début le frappa.

— De qui sont ces vers? demanda-t-il.

— De M. Lebrun, sire.

— A-t-il déjà une pension?

— Oui, sire.

— Ajoutez une seconde pension de cent louis à celle qu'il a déjà.

Et on ajouta cent louis à la pension que touchait déjà Lebrun, qu'on appelle *Lebrun-Pindare,* parce qu'il a fait dix mille vers dans le genre de ceux-ci :

> La colline qui vers le pôle
> Domine d'antiques marais (1),
> Occupe les enfants d'Éole (2)
> A broyer les dons de Cérès (3);

---

(1) Montmartre.
(2) Le vent.
(3) Le blé.

> Vanvres, qu'habite Galatée (1),
> Du nectar d'Io, d'Amalthée,
> Épaissit les flots écumeux (2);
> Et Sèvres, de sa pure argile,
> Nous pétrit l'albâtre fragile,
> Où Moka nous verse ses feux (3).

Seulement, il arriva une chose qu'on n'avait pas prévue : c'est qu'il existait un autre poëte qui s'appelait, non pas Lebrun-Pindare, mais Pierre Lebrun.

C'était à Pierre Lebrun qu'appartenait l'ode, et non à Lebrun-Pindare.

Il en résulta que Lebrun-Pindare toucha fort longtemps la pension gagnée par Pierre Lebrun.

Vous voyez bien que Napoléon faisait tout ce qu'il pouvait pour trouver des poëtes, et que ce n'était pas sa faute s'il n'en trouvait point.

Quand, en 1811, Casimir Delavigne publie sa première œuvre, un dithyrambe au roi de Rome, commençant par ce vers :

> Destin, qui m'as promis l'empire de la terre!

Napoléon flaire le poëte, et, quoique les vers sentent le collège, il fait donner à l'auteur le prix académique et une place dans les droits réunis.

Talma est une poésie vivante. Aussi, dès 1792, il est lié avec Talma. Où passe-t-il ses soirées? Dans les coulisses du Théâtre-Français; et plus d'une fois, en montrant celui qui, vingt ans après, devait dater de Moscou le fameux décret sur les comédiens, plus d'une fois le semainier demanda à Talma :

— Quel est ce jeune officier?

---

(1) Galatée ayant été nymphe, *Vanvres, qu'habite Galatée*, signifie : Vanvres, où il y a des bergers.

(2) Fait du beurre et du fromage.

(3) Façon poétique de dire qu'il y a une manufacture de porcelaines à Sèvres.

— Napoléon Bonaparte.

— Son nom n'est pas porté sur le livre des entrées.

— Ne faites pas attention, il est avec moi ; c'est un de mes amis.

— Ah! s'il est avec vous, c'est autre chose...

Plus tard, Talma, à son tour, eut ses entrées aux Tuileries, et plus d'un ambassadeur, plus d'un prince, plus d'un roi, demanda à l'empereur :

— Sire, quel est cet homme?

Et Napoléon répondit :

— C'est Talma, un de mes amis.

Il est vrai qu'en voyant la facilité de Talma à draper sa toge, Napoléon s'était dit :

— Cet homme-là pourra m'apprendre, un jour, à porter le manteau impérial.

Ce n'était pas le tout d'avoir un premier consul aimant Corneille et Ossian ; ce premier consul avait des frères qui essayaient de devenir poëtes.

Ils n'y arrivaient pas ; mais, enfin, ils essayaient. Il faut tenir compte aux gens de l'intention.

Lucien faisait des poëmes. Ce farouche républicain, qui refusa des royaumes, et qui finit par se laisser faire prince romain, — et prince de quoi? je vous le demande! prince de Petit-Chien (*Canino*) ; — Lucien faisait des poëmes ; il nous reste de lui, ou plutôt il ne nous reste pas un poëme intitulé *Charlemagne*.

Quant à Louis, il avait un autre tic : il faisait des vers blancs, trouvant cela plus commode que de faire des vers rimés. Il a travesti de cette façon *l'Avare* de Molière.

Joséphine, la coquette créole, avec sa grâce nonchalante et son flexible esprit, se pliait à tout, laissant faire tout le monde autour d'elle, comme Hamlet, et, comme Hamlet, applaudissant tout le monde.

Talma était un des familiers de cette petite cour bourgeoise. Il y avait parlé de la débutante mademoiselle Georges ; il avait dit sa beauté, les espérances qu'elle donnait. Lucien s'en était monté la tête, et, en véritable saint Jean précurseur, il était arrivé à voir par un trou de serrure quelconque, peut-être même par une porte toute grande ouverte, celle qui faisait l'objet des conversations du moment, et il était venu dire à la Malmaison, avec un enthousiasme un peu suspect, que la débutante était, sous le rapport physique du moins, bien au-dessus des éloges que l'on faisait d'elle.

Le grand jour arriva. C'était le lundi 8 frimaire an XI (29 novembre 1802). On avait fait queue au théâtre de la République depuis onze heures du matin.

Ici, copions, s'il vous plaît, Geoffroy; Geoffroy, critique sans valeur, sans profondeur, sans conscience, à qui la terreur a fait une réputation, et qui a légué sa plume à un malheureux de son espèce dont la police correctionnelle a fait justice deux ou trois fois; — ce qui me paraît déjà une grande amélioration de notre temps sur celui où vivaient nos pères.

Nous ne pouvons pas empirer en tout, que diable!

Geoffroy ne gâtait ni les débutants, ni les débutantes, surtout lorsqu'ils n'étaient pas riches.

Voici ce que disait de mademoiselle Georges le prince des critiques de cette époque.

Il y a toujours eu, en France, un homme qui s'est appelé le prince des critiques. Ce n'est pas le principat que l'on nie, c'est la principauté.

THÉATRE DE LA RÉPUBLIQUE

IPHIGÉNIE EN AULIDE

Pour le début de mademoiselle Georges Weymer,
élève de mademoiselle Raucourt.

« On n'avait pas pris de mesures assez justes pour contenir la foule extraordinaire que devait attirer un début si fameux. Toute la garde était occupée aux bureaux où les billets se distribuent, tandis que la porte d'entrée, presque sans défenseurs, soutenait le plus terrible siége. Là se livraient des assauts dont il ne tiendrait qu'à moi de faire une description tragique, car j'étais spectateur et même acteur involontaire.

Le hasard m'avait jeté dans la mêlée avant que j'eusse pu prévoir le danger.

> . . . . *Quæque ipse miserrima vidi,*
> *Et quorum pars magna fui!*

» Les assaillants étaient animés par le désir de voir cette actrice nouvelle et par l'enthousiasme qu'inspire une beauté célèbre. C'est dans ces occasions que la curiosité n'est plus qu'une passion insensée et brutale. C'est alors que le goût des spectacles ressemble à la férocité et à la barbarie. Les femmes, étouffées, poussaient des cris perçants, tandis que les hommes, dans un silence farouche, oubliant la politesse et la galanterie, ne songeaient qu'à s'ouvrir un passage aux dépens de tout ce qui les environnait. Rien n'est plus indécent pour une nation éclairée et philosophique, rien n'est plus honteux pour un peuple généreux et libre, que de pareils combats. Nous avons peut-être de meilleures pièces et de meilleurs acteurs que les Athéniens, — cela n'est pas encore bien prouvé; — mais il est sûr que les Athéniens donnaient à leurs jeux scéniques plus de noblesse et de dignité. Je vois toujours avec peine les progrès rapides de cette fureur de théâtre, de cette rage aveugle pour un amusement frivole, parce que l'histoire m'apprend que c'est un signe infaillible de la décadence des esprits et de l'affaiblissement des mœurs. C'est aussi une calamité pour les vrais amateurs; car il est démontré que les spectacles ne sont jamais moins bons que lorsqu'ils sont le plus courus... »

Le lecteur se doutait-il que le fameux Geoffroy écrivît d'un pareil style? — Non. — Eh bien, ni moi non plus.

Continuons. A mesure qu'on avance, cela cesse d'être plat: cela devient curieux.

« Les conseillers du roi Priam s'écriaient en voyant passer Hélène : « Une si belle princesse mérite bien qu'on se batte

» pour elle; mais, quelque merveilleuse que soit sa beauté, la
» paix est encore préférable. »

» Et, moi, j'ai dit en voyant paraître mademoiselle Georges :
« Faut-il être surpris qu'on s'étouffe pour une aussi superbe
» femme? Mais, fût-elle, s'il est possible, plus belle encore, il
» eût mieux valu ne pas s'étouffer, même dans ses propres
» intérêts; car les spectateurs sont plus sévères à l'égard
» d'une débutante, quand sa vue leur a coûté si cher. »

» Précédée sur la scène d'une réputation si extraordinaire de beauté, mademoiselle Georges Weymer n'a point paru au-dessous de sa renommée. Sa figure réunit aux grâces françaises la régularité et la noblesse des formes grecques; sa taille est celle de la sœur d'Apollon, lorsqu'elle s'avance sur les bords de l'Eurotas, environnée de ses nymphes, et que sa tête s'élève au-dessus d'elles; toute sa personne est faite pour offrir un modèle au pinceau de Guérin... »

Ah! monsieur Geoffroy, je ne sais pas si les critiques du temps de Périclès valaient mieux que ceux du temps de Bonaparte, premier du nom ; mais ce que je sais, c'est que les nôtres — un ou deux, du moins, — écrivent d'un meilleur style...

Non?

Tenez, voici, sur le même sujet, un portrait tracé par un critique de 1835. Voyons, à trente-trois ans de distance, les progrès qu'a faits le style en passant de Geoffroy à Théophile Gautier.

« Mademoiselle Georges ressemble, à s'y méprendre, à une médaille de Syracuse ou à une Isis des bas-reliefs éginétiques. L'arc de ses sourcils, tracé avec une pureté et une finesse incomparables, s'étend sur deux yeux noirs pleins de flammes et d'éclairs tragiques. Le nez, mince et droit, coupé d'une narine oblique et passionnellement dilatée, s'unit avec le front par une ligne d'une simplicité magnifique. La bouche est puissante, aiguë à ses coins, superbement dédaigneuse, comme celle de Némésis vengeresse, qui attend l'heure de démuseler son lion aux ongles d'airain ; cette bouche a pourtant de charmants sourires épanouis avec une grâce tout impériale; et l'on ne dirait pas, quand elle veut exprimer les passions tendres, qu'elle vient de lancer l'imprécation antique ou l'anathème moderne. Le menton, plein de force et de résolution, se dessine fermement, et relève par un contour majestueux ce profil qui est plutôt d'une déesse que d'une mortelle. Comme toutes les belles femmes du cycle païen, mademoiselle Georges a le front large, plein, renflé aux tempes, mais peu élevé, assez semblable à celui de la Vénus de Milo, un front volontaire, voluptueux et puissant. Une singularité remarquable du cou de mademoiselle Georges, c'est qu'au lieu de s'arrondir intérieurement du côté de la nuque, il forme un contour renflé et soutenu qui lie les épaules à la base de la tête sans aucune sinuosité. L'attache des bras a quelque chose de formidable par la vigueur des muscles et la violence du contour; un des bracelets d'épaule ferait la ceinture pour une femme de taille moyenne; mais ils sont très-blancs, très-purs, terminés par un poignet d'une délicatesse enfantine, et des mains mignonnes frappées de fossettes, de vraies mains royales faites pour porter le sceptre et pétrir le manche du poignard d'Eschyle et d'Euripide. »

Merci, mon cher Théophile, de m'avoir offert cette magnifique page, et pardon de la mauvaise compagnie où je vous place. Pouah!

Je reviens donc à Geoffroy.

Il continue :

« Le talent répondit à la beauté. La salle était toute comble et toute frémissante; le premier consul et toute sa famille étaient dans la loge d'avant-scène de droite; il battit plusieurs fois des mains, ce qui n'empêcha point une certaine opposition d'éclater à ce vers :

» Vous savez, et Calchas mille fois vous l'a dit... »

Pardon! il faut encore que je m'interrompe, ou plutôt que j'interrompe Geoffroy.

Le lecteur sait que c'était d'habitude à ce vers que l'on attendait les débutantes.

Pourquoi cela? demandera le lecteur.

Ah! c'est vrai, on ne sait ces choses-là que lorsqu'on est obligé de les savoir.

Je vais vous le dire.

Parce que ce vers est tout simple, et indigne de la tragédie.

Vous ne vous doutiez pas de cela, n'est-ce pas, monsieur, n'est-ce pas, madame, qui me faites l'honneur de causer avec moi? Mais votre serviteur le sait, lui qui est obligé de tout lire, même Geoffroy.

Or, écoutez bien, car nous ne sommes pas au bout. Ce vers étant, par sa simplicité, indigne de la tragédie, on attendait pour voir comment l'actrice, corrigeant le poëte, parviendrait à relever ce vers.

Mademoiselle Georges ne voulut pas avoir plus de génie que Racine; elle dit simplement, et avec l'intonation la plus naturelle possible, ce vers, écrit avec la simplicité de la passion. On murmura; elle reprit avec le même accent; on murmura encore.

Heureusement, Raucourt, malgré une entorse qu'elle s'était donnée, assistait à la représentation; elle s'était fait porter au théâtre, et, d'une des petites loges du manteau d'Arlequin, elle encouragea son élève.

— Ferme, Georgine! cria-t-elle, ferme!

Et Georgine, — il vous semble singulier, n'est-ce pas, qu'il y ait eu un temps où l'on appelait mademoiselle Georges *Georgine?* — et Georgine, avec le même accent simple et naturel, répéta le vers pour la troisième fois.

On applaudit.

A partir de ce moment, le succès fut enlevé, comme on dit en termes de théâtre.

« La seule chose qui nuisit à la représentation, dit Geoffroy, fut que *Talma manqua d'intelligence, de mesure et de noblesse dans le rôle d'Achille.* »

Je commence à croire que nous nous sommes trompé sur l'impartialité de ce bon M. Geoffroy, et qu'il avait reçu, avant la représentation, quelque message bien sonnant de quelqu'un des membres de la famille Bonaparte qui était dans la loge du premier consul.

Mademoiselle Georges joua trois fois de suite le rôle de Clytemnestre. C'était un énorme succès.

Puis elle passa au rôle d'Aménaïde, *cette fille atteinte de vapeurs hystériques,* comme disait encore Geoffroy; et le succès alla toujours croissant.

Enfin, du rôle d'Aménaïde, elle passa au rôle d'Idamé de *l'Orphelin de la Chine.*

Si les hommes attendaient les débutantes au rôle de Clytemnestre pour savoir comment elles diraient ce fameux vers indigne de Racine :

> Vous savez, et Calchas mille fois vous l'a dit...

les femmes attendaient avec non moins d'impatience les débutantes au rôle d'Idamé pour savoir comment elles se coifferaient.

Mademoiselle Georges se coiffa tout simplement à la chinoise, c'est-à-dire en relevant ses cheveux, et en les nouant avec un ruban doré.

Elle était admirable ainsi, à ce que m'a dit, non pas Lucien, mais le roi Jérôme, son frère, grand appréciateur de toute beauté, fût-elle coiffée à la chinoise, et qui, comme Raucourt, a conservé l'habitude d'appeler Georges *Georgine.*

Le soir de cette représentation de *l'Orphelin de la Chine,* tandis que Georgine, dont tout Paris s'occupait à cette heure, soupait à l'hôtel du *Pérou* avec des lentilles, — non point parce qu'elle les aimait, comme Ésaü, mais parce qu'il n'y avait pas autre chose à la maison, — on annonça le prince Zappia.

Qu'était-ce que le prince Zappia? Était-ce encore un prince de la critique?

Non pas, c'était un vrai prince, un de ces princes artistes

dont la race s'est éteinte avec le prince de Ligne et le prince d'Hénin, un de ces princes qui fréquentaient le foyer de la Comédie-Française, comme le prince Pignatelli le foyer de l'Opéra.

C'est que le foyer de la Comédie-Française, dont je n'ai vu que les restes, était, à ce qu'il paraît, quelque chose de merveilleux, à cette époque.

Après chaque grande représentation, toutes les fois que Talma, Raucourt, Contat, Monvel ou Molé jouaient, — tout ce qui avait un nom en art, en diplomatie ou en aristocratie, allait causer un instant dans la loge du héros ou de l'héroïne de la soirée; puis l'on descendait au foyer, où l'on se réunissait.

La cour naissante de Bonaparte, qui tenait tant à se faire une cour, était rarement aussi brillante que le foyer du Théâtre-Français.

Nous avons encore vu la dernière lueur de ces beaux jours éclairer la loge de mademoiselle Mars.

Aussi, lorsqu'il y avait assemblée, ne venait-on au foyer qu'en grande toilette. C'est à peine s'il n'y avait pas la distinction des tabourets, des chaises et des fauteuils. On y était fort collet monté, et, de fait, on ne disait pas pour rien *les dames de la Comédie-Française;* on garde la tradition de la première atteinte portée à cette étiquette.

Ce fut mademoiselle Bourgoin qui y fit brèche en demandant des gâteaux et un verre d'alicante.

Ce jour-là, les vieux sociétaires levèrent les bras au ciel, et crièrent à l'abomination de la désolation.

Et leur désespoir était plein de logique; une brèche, quand on ne la répare pas, va toujours grandissant, au théâtre surtout.

C'est par cette même brèche que passent aujourd'hui la bière et les œufs sur le plat.

Donc, au moment où elle mangeait des lentilles, on annonça à Georgine le prince Zappia.

Que venait faire le prince Zappia à une pareille heure?

Il venait offrir la clef d'un appartement situé rue des Colonnes, appartement dans lequel il avait fait porter, depuis la veille, pour plus de cinquante mille francs de meubles.

En remettant cette clef à la belle Georgine, il assura que c'était bien la seule et unique clef qui existât.

On comprend qu'il fallut un serment pour décider la débutante à quitter l'hôtel du *Pérou*.

Ce serment, le prince Zappia le fit; sur quoi? nous n'en savons trop rien. Nous nous en sommes cependant informé à Georges elle-même; mais elle nous a répondu avec la sublime naïveté de Lucrèce Borgia :

— Comment voulez-vous que je vous dise cela, mon cher? On m'a fait tant de serments que l'on ne m'a pas tenus!

Ce déménagement contraria fort Lucien.

Lucien n'était pas prince, à cette époque-là; Lucien n'était pas riche; Lucien faisait l'amour en étudiant; Lucien en était à réclamer la position d'amant de cœur toujours un peu gênante, quand les cabinets sont noirs et que les armoires sont étroites; il en était là, dis-je, lorsqu'un soir la femme de chambre d'Hermione entra tout effarée dans sa loge, et lui annonça que le valet de chambre du premier consul était là.

Le valet de chambre du premier consul, celui qui l'avait habillé le matin du 18 brumaire! Peste! c'était bien autre chose que le prince Zappia!

On fit entrer le valet de chambre du premier consul avec autant d'égards que, en 1750, on eût fait entrer M. Lebel chez madame Dumesnil.

Le premier consul attendait Hermione à Saint-Cloud.

Hermione pouvait venir comme elle serait : elle se déshabillerait là-bas.

L'invitation était brusque, mais tout à fait dans les manières du premier consul.

Au fait, Antoine avait bien ordonné à Cléopâtre de venir le joindre en Cilicie. Bonaparte pouvait bien prier Hermione de venir le trouver à Saint-Cloud.

La princesse grecque ne fut pas plus fière que la reine d'Égypte; certes, non moins belle que Cléopâtre, Hermione eût pu descendre la Seine sur une galère dorée, comme la reine d'Égypte remonta le Cydnus.

Mais c'eût été bien long ; le premier consul était pressé de faire ses compliments, et, avouons la faiblesse des artistes à l'endroit de l'amour-propre, la débutante n'était peut-être pas moins pressée de les recevoir.

Hermione entrait à Saint-Cloud à minuit et demi, et en sortait à six heures du matin.

Elle en sortait victorieuse comme Cléopâtre ; comme Cléopâtre, elle avait tenu le maître du monde à ses genoux.

Seulement, le maître du monde, qui trouvait étonnant qu'une débutante que son frère lui avait annoncée comme habitant l'hôtel du *Pérou*, buvant de l'eau et mangeant des lentilles, eût un voile d'Angleterre de cent louis et un cachemire de mille écus, mit en pièces, dans un moment de jalousie, le cachemire et le voile d'Angleterre.

J'ai bien souvent soutenu à Georges que ce n'était pas de la jalousie, mais simplement de la curiosité.

Elle a toujours tenu pour la jalousie ; et je n'ai pas voulu la contrarier.

Aussi, lorsque, quelques jours après ce petit voyage nocturne de la débutante, le bruit de son triomphe se répandit, lorsque, dans le rôle d'Émilie que jouait Georgine, elle prononça avec une fierté vraiment romaine ce vers :

> Si j'ai séduit Cinna, j'en séduirai bien d'autres...

la salle tout entière se tourna vers la loge du premier consul, et éclata en applaudissements.

A partir de ce moment, il y eut deux partis dramatiques et presque politiques au Théâtre-Français :

Les partisans de mademoiselle Georges et les partisans de mademoiselle Duchesnois ;

Les *georgiens* et les *carcassiens*.

On avait substitué le mot *carcassiens* au mot *circassiens*, sans doute comme étant plus expressif.

Maintenant qu'exprimait ce mot ?

Ma foi ! je n'ose le dire et livre le fait à l'investigation des savants et à la recherche des étymologistes.

Lucien Bonaparte, madame Bacciochi, madame Lætitia, étaient à la tête du parti des *georgiens*.

Joséphine s'était jetée à corps perdu dans celui des *carcassiens*.

Cambacérès était neutre.

FIN DU TOME TROISIÈME

TABLE

Pages.

LXII.—Anecdote non officielle sur l'assassinat du duc de Berry. — Avis secret donné à Louis XVIII. — Mariani. — M. Decazes présenté comme le complice de Louvel.................... 1

LXIII. — Le carbonarisme. — Ses fondateurs. — Son organisation et son but. — La haute vente et le comité directeur. — Conspiration de Béfort... 10

LXIV. — Ce que j'espérais. — Déception. — M. Deviolaine est nommé conservateur des forêts du duc d'Orléans. — Sa froideur à mon endroit. — Demi-promesse. — Premier nuage sur mes amours. — Je vais passer trois mois chez mon beau-frère, à Dreux. — Quelle nouvelle j'apprends à mon retour. — Muphti. — Les murs et les haies. — Le pavillon. — La paume. — Pourquoi je renonce à y jouer. — La noce sous le bois................ 27

LXV. — Je quitte Villers-Cotterets pour être deuxième ou troisième clerc à Crépy. — Maître Lefèvre. — Son caractère. — Mes voyages à Villers-Cotterets. — Le *Pèlerinage à Ermenonville*. — Athénaïs. — Nouveaux envois à Adolphe. — Désir immodéré de faire un voyage à Paris. — Comment ce désir s'accomplit. — Voyage. — Hôtel des *Vieux-Augustins*. — Adolphe. — *Sylla*. — Talma.... 36

LXVI. — Le billet de spectacle. — Le café du *Roi*. — Auguste Lafarge. — Théaulon. — Rochefort. — Ferdinand Langlé. — Les gens qui ne dînent pas et les gens qui dînent. — La première entrée de Talma. — Comment Talma n'a-t-il pas fait d'élève? — *Sylla* et la censure. — La loge de Talma. — Une course de fiacre, après minuit. — Retour à Crépy. — M. Lefèvre m'explique comme quoi une mécanique, pour bien marcher, a besoin de tous ses rouages. — Je lui donne ma démission de troisième clerc...... 49

LXVII. — Je reviens chez ma mère. — Le mou de veau. — Pyrame et Cartouche. — Intelligence du renard, plus développée que celle du chien. — Mort de Cartouche. — Différents traits de gloutonnerie de Pyrame 67

LXVIII. — Espoir en Laffitte. — Espoir déçu. — Projets nouveaux. — M. Lecornier. — Comment et à quelles conditions je m'étais habillé à neuf. — Bamps, tailleur, rue du Helder, 12. — Bamps à Villers-Cotterets. — Je visite avec lui notre propriété. — Pyrame suit un boucher. — Un caprice d'Anglais. — Je vends Pyrame. — Mes premiers cent francs. — L'emploi qu'ils ont. — Bamps repart pour Paris. — Crédit ouvert... 75

LXIX. — Ma mère est obligée de vendre ses terres et sa maison. — Ce qui nous reste. — Les Piranèses. — Un architecte à douze cents francs. — J'escompte mon premier billet. — Gondon. — Comment j'avais failli trépasser chez lui. — Les cinquante francs. — Cartier. — La partie de billard. — Comment six cents petits verres d'absinthe représentent douze fois le voyage de Paris... 88

LXX. — Comment j'obtiens une recommandation auprès du général Foy. — M. Danré de Vouty décide ma mère à me laisser partir pour Paris. — Mes adieux. — Laffitte et Perregaux. — Les trois choses que maître Mennesson m'invite à ne point oublier. — Conseils de l'abbé Grégoire et dissertation avec lui. — Je quitte Villers-Cotterets.. 98

LXXI. — Je retrouve Adolphe. — La pastorale dramatique. — Premières démarches. — Le duc de Bellune. — Le général Sébastiani. — Ses secrétaires et ses tabatières. — Au quatrième, la petite porte à gauche. — Le général peintre de batailles............. 108

LXXII. — *Régulus*. — Talma et la pièce. — Le général Foy. — La lettre de recommandation et l'interrogatoire. — Réponse du duc de Bellune. — J'obtiens une place d'expéditionnaire surnuméraire chez M. le duc d'Orléans. — Voyage à Villers-Cotterets pour annoncer la grande nouvelle à ma mère. — Le n° 9. — Je gagne un extrait à la loterie.. 119

LXXIII. — Je trouve un logement. — Hiraux fils. — Les journaux et les journalistes en 1823. — L'économie d'un dîner me permet d'aller au spectacle à la Porte-Saint-Martin. — Mon entrée au parterre. — Effet de cheveux. — On me met à la porte. — Comment je suis obligé de payer trois places pour en avoir une. — Un monsieur poli qui lit un Elzévir.......................... 136

LXXIV. — Mon voisin. — Son portrait. — *Le Pastissier françois*. — Cours de bibliomanie. — Madame Méchin et le gouverneur de Soissons. — Les canons et les Elzévirs............................ 148

LXXV. — Prologue du *Vampire*. — Le style écorche l'oreille de mon voisin. — Premier acte. — Idéologie. — Le rotifer. — Ce que c'est que cet animal. — Sa conformation, sa vie, sa mort et sa résurrection 157

LXXVI. — Deuxième acte du *Vampire*. — Analyse. — Nouveaux murmures de mon voisin. — Il a vu un vampire. — Où et comment. — Procès-verbal qui constate l'existence des vampires. — Néron. — Comment les claqueurs furent institués par lui. — Mon voisin quitte l'orchestre... 170

LXXVII. — Parenthèse. — *Hariadan Barberousse* à Villers-Cotterets. — Je joue en amateur le rôle de don Ramire. — Mon costume. — Troisième acte du *Vampire*. — Mon ami le bibliomane siffle au plus beau moment. — On l'expulse de la salle. — Madame Dorval. — Sa famille et son enfance. — Philippe. — Sa mort et son convoi.. 180

LXXVIII. — Entrée au bureau. — Ernest Basset. — Lassagne. — M. Oudard. — Je revois M. Deviolaine. — M. le chevalier de Broval. — Son portrait. — Les lettres carrées et les lettres oblongues. — Comment j'acquiers une grande supériorité dans les cachets. — J'apprends quel était mon voisin le bibiomane et le siffleur.. 193

LXXIX. — Les illustrations contemporaines. — Ma sentence écrite sur un mur. — Réponse. — J'emménage place des Italiens. — La table de M. de Leuven. — Mot de M. Louis Bonaparte à son avocat. — Lassagne me donne une première leçon de littérature et d'histoire... 210

LXXX. — Adolphe lit une pièce au Gymnase. — M. Dormeuil. — *Le Château de Kenilworth*. — M. Warez et Soulié. — Mademoiselle Lévesque. — La famille Arnault. — *La Feuille*. — *Marius à Minturnes*. — Un mot de Danton. — Le passe-port retourné. — Trois fables. — *Germanicus*. — Inscriptions et épigrammes. — Ramponneau. — Le jeune homme au tilbury. — Hors de l'Église, pas de salut. — Madame Arnault................... 221

LXXXI. — Frédéric Soulié, son caractère, son talent. — Choix de morceaux d'ensemble, d'entrée et de sortie. — Transformation du vaudeville. — Le Gymnase et M. Scribe. — *La Folle de Waterloo*. 237

LXXXII. — Le duc d'Orléans. — Ma première entrevue avec lui. — Maria-Stella Chiappini. — Son procès en réclamation d'état. — Son histoire. — Mémoire du duc d'Orléans. — Jugement de la cour ecclésiastique de Faenza. — Rectification de l'acte de naissance de Maria-Stella... 249

LXXXIII. — L'année aux procès. — Procès de Potier avec le directeur de la Porte-Saint-Martin. — Procès et condamnation de Magallon. — Le journaliste anonyme. — Beaumarchais à Saint-Lazare. — Procès de Benjamin Constant. — Procès de M. de Jouy. — Quelques mots sur l'auteur de *Sylla*. — Trois lettres tirées de *l'Ermite de la Chaussée-d'Antin*. — Louis XVIII auteur........ 264

Pages.

LXXXIV. — La maison de la rue de Chaillot. — Quatre poëtes et un médecin. — Corneille et la censure. — Ce que M. Faucher ne sait pas. — Ce que le président de la République devrait savoir..... 279

LXXXV. — Chronologie dramatique. — Mademoiselle Georges Weymer. — Mademoiselle Raucourt. — Legouvé et ses œuvres. — Marie-Joseph Chénier. — Lettre de lui aux sociétaires de la Comédie-Française. — Les petits garçons perfectionnés. — Ducis. — Son théâtre.. 288

LXXXVI. — Ce que Bonaparte a tenté pour faire éclore des poëtes. — Luce de Lancival. — Baour-Lormian. — Lebrun-*Pindare*. — Lucien Bonaparte auteur. — Débuts de mademoiselle Georges. — Critique de l'abbé Geoffroy. — Le prince Zappia. — Hermione à Saint-Cloud... 297

FIN DE LA TABLE DU TOME TROISIÈME

POISSY. — TYP. ET STÉR. DE A. BOURET.

COLLECTION MICHEL LÉVY. — Gr. in-18, 1 fr. le volume.

A. Achard. Parisiennes et Provinciales. Brunes et Blondes. Femmes honnêtes. Dernières Marquises.
A. Adam. Souv. d'un Musicien. Dern. Souvenirs d'un Musicien.
G. d'Alaux. L'Empereur Soulouque et son Empire.
Achim d'Arnim. (*Trad. Th. Gautier fils*). Contes bizarres.
A. Assollant. Hist. fantast. de Pierrot.
X. Aubryet. Femme de vingt-cinq ans.
E. Augier. Poésies complètes.
J. Autran. Milianah.
Th. de Banville. Odes funambulesques.
Ch. Barbara. Hist. émouvantes.
Roger de Beauvoir. Chevalier de Saint-Georges. Aventurièr. et Courtisanes. Hist. cavalières. Mlle de Choisy. Chev. de Charny. Cabaret des Morts.
A. de Bernard. Portr. de la Marquise.
Ch. de Bernard. Nœud gordien. Homme sérieux. Gerfaut. Ailes d'Icare. Gentilh. campagnard, 2 v. Beau-père, 2 v. Paravent. Peau du Lion. L'Écueil. Théâtre et Poésies.
Mme C. Berton. Bonheur impossible. Rosette.
L. Bouilhet. Melænis.
R. Bravard. Petite Ville. L'honneur des Femmes.
A. de Bréhat. Scènes de la vie contemporaine. Bras d'acier.
Max Buchon. En Province.
H Blaze. Musiciens contemporains.
E. Carlen (*Trad. de M. Souvestre*). Deux jeunes Femmes.
L. de Carné. Drame sous la Terreur.
Émile Carrey. Huit jours sous l'Équateur. Métis de la Savane. Révoltés du Para. Récits de Kabylie. Scènes de la vie en Algérie. Hist. et mœurs Kabyles.
C. de Chabrillan. Voleurs d'or. Sapho.
Champfleury. Excentriques. Avent. de Mlle Mariette. Réalisme. Souffr. du Prof. Delteil. Premiers Beaux-Jours. Usurier Blaizot. Souv. des Funambules. Bourgeois de Molinchart. Sensations de Josquin. Chien-Caillou.
*** Souvenirs d'un officier du 2me de Zouaves.
H. Conscience (*Trad. Wocquier*). Scènes de la Vie flamande, 2 v. Fléau du Village. Démon de l'Argent. Veillées Flamandes. Mère Job. Guerre des Paysans. eures du Soir. L'Orpheline. Batavia. Aurélien, 2 v. Souvenirs de Jeunesse. Lion de Flandre, 2 v.
Cuv.-Fleury. Voyages et Voyageurs.
G. Dantragues. Histoires d'amour et d'argent.
Comt. Dash. Bals masqués. Jeu de la Reine. Chaîne d'Or. Fruit défendu. Chât. en Afrique. Poudre et la neige. Marquise de Parabère.
Général Daumas. Grand Désert. Chevaux du Sahara.
P. Deltuf. Aventures parisiennes. L'une et l'autre.
Ch. Dickens (*Trad. A. Pichot*). Nev. de ma Tante, 2 v. Contes de Noël.
Oct. Didier. Mad. Georges. Fille de Roi.
Alex. Dumas. Vie au Désert, 2 v. Maison de glace, 2 v. Charles le Téméraire, 2 v.
Alex. Dumas fils. Avent. de quatre Femmes. Vie à vingt ans. Antonina. Dame aux Camélias. Boîte d'Argent.
X. Eyma. Peaux noires. Femmes du Nouveau monde.
Paul Féval. Tueur de Tigres. Dernières Fées.
G. Flaubert. Madame Bovary, 2 v.
V. de Forville. Marq. de Pazaval. Conscrit de l'an VIII. Deux Belles-Sœurs.
Marc-Fournier. Monde et Comédie.
Th. Gautier. Beaux-Arts en Europe, 2 v. Constantinople. L'Art moderne. Grotesques.
Mme Émile de Girardin. Marguerite. Nouvelles. Marquise de Pontanges. Contes d'une vieille Fille à ses Ne-

veux. Poésies. Vicomte de Launay, 4 v.
L. Goslan. Châteaux de France, 2 v. Not. de Chantilly. Emot. de Polydore Marasquin. Nuits du Père-Lachaise. Famille Lambert. Hist. de Cent trente Femmes. Médecin du Pecq. Dernière Sœur grise. Dragon rouge. Comédie et Comédiens. Marquise de Belverano. Balzac et Vidocq.
Hildebrand (*Trad. Wocquier*). Scènes de la Vie hollandaise. Chambre obscure.
Hoffmann (*Trad. Champfleury*). Contes posthumes.
A. Houssaye. Femmes comme elles sont. L'Amour comme il est. Pécheresse.
Ch. Hugo. Chaise de corde. Bohème dorée, 2 v. Cochon de saint Antoine.
F. V. Hugo (*Trad.*). Sonnets de Shakspeare. Faust anglais de Marlowe.
F. Hugonnet. Souv. d'un Chef de bureau arabe.
J. Janin. Chem. de traverse. Contes littér. Contes fantastiq. L'Ane mort. Confession. Cœur pour deux Amours.
Ch. Jobey. Amour d'un Nègre.
A. Karr. Les Femmes. Agathe et Cécile. Promen. hors de mon Jardin. Sous les Tilleuls. Poignée de Vérités. Voy. autour de mon Jardin. Soirées de Sainte-Adresse. Pénélope normande. Encore les Femmes. Trois Cents Pages. Guêpes, 6 v. Menus Propos. Sous les orangers. Les Fleurs. Raoul. Roses noires et Roses bleues.
L. Kompert *Trad. D. Stauben*). Scènes du Ghetto. Juifs de la Bohême.
A. de Lamartine. Les Confidences. Nouv. Confidences. Touss. Louverture.
V. de Laprade. Psyché.
Th. Lavallée. Hist. de Paris, 2 v.
J. Lecomte. Poignard de Cristal.
J. de la Madelène. Ames en peine.
F. Mallefille. Capitaine La Rose. Marcel. Mém. de Don Juan. 2 v. Monsieur Corbeau.
X. Marmier. Au Bord de la Newa. Drames intimes. Grande Dame russe.
F. Maynard. De Delhi à Cawnpore. Drame dans les mers boréales.
Méry. Hist. de Famille. Salons et Souterrains de Paris. André Chénier. Nuits anglaises. Nuits italiennes. Nuits espagnoles. Nuits d'Orient. Château vert. Chasse au Chastre.
P. Meurice. Scènes du Foyer. Tyrans de Village.
P. de Molènes. Mém. d'un Gentilh. du siècle dernier. Caract. et récits du temps. Chron. contemp. Hist. intimes. Hist. sentim. et milit. Avent. du temps passé.
F. Mornand. Vie arabe. Bernerette
H. Murger. Dernier Rendez-vous. Pays Latin. Scèn. de Campagne. Buveurs d'eau. Vacances de Camille. Roman de toutes les Femmes. Scèn. de la Vie de Bohème. Propos de ville et propos de théâtre. Scèn. de la vie de jeunesse. Sabot rouge. Madame Olympe. Amoureuses.
P. de Musset. Bavolette. Puylaurens.
A. de Musset, de Balzac, **G. Sand.** Tiroir du Diable. Paris et Parisiens. Parisiennes à Paris.
Nadar. Quand j'étais Étudiant. Miroir aux Alouettes.
Gérard de Nerval. Bohême galante. Marquis de Fayolles. Filles du Feu. Souvenirs d'Allemagne.
Charles Nodier (*Trad.*). Vicaire de Wakefield.
P. Perret. Bourgeois de campagne. Avocats et meuniers.
Amédée Pichot. Poètes amoureux.
E. Plouvier. Dernières Amours.
Edgard Poe (*Trad. Baudelaire*). Hist. extraordinaires. Nouv. hist. extraordinaires. Aventures d'A. Gordon-Pym.
F. Ponsard. Études antiques.
A. de Pontmartin. Cont. et Nouv. Mém. d'un Notaire. Fin du Procès. Contes d'un Plant. de choux. Pourq. je reste à la Campagne. Or et Clinquant.

M. Badiguet. Souvenirs de l'Am... que espagnole.
H. Révoil (*Traducteur*). Harem... Nouv. Monde. Docteur américain.
L. Reybaud. Dernier des Com... Voyag. Coq du Clocher. Indust. en Euro... Jérôme Paturot, Position sociale. Jér... Paturot, République. Ce qu'on peut v... dans une Rue. Comtesse de Mauléon. V... rebours. Vie de Corsaire. Vie de l'Emplo...
A. Rolland. Martyrs du Foyer.
Ch. de La Rounat. Comédie de l'Amo...
J. de Saint-Félix. Scènes de la... de Gentilhomme.
J. Sandeau. Sacs et Parchemins. N... velles. Catherine.
G. Sand. Histoire de ma Vie, 10 v. M... prat. Valentine. Indiana. Jeanne. Mare... Diable. Petite Fadette. François le Champ... Teverino. Consuelo, 3 v. Comt. de R... dolstadt, 2 v. André. Horace. Jacques. Lét... 2 v. Lucrezia Floriani. Péché de M. A... toine, 2 v. Lettres d'un Voyageur. Me... nier d'Angibault. Piccinino, 2 v. Sim... Dernière Aldini. Secrétaire intime.
E. Scribe. Théâtre, 20 v. Nouvell... Historiet. et Prov. Piquillo Alliaga, 3 v.
Alb. Second. A quoi tient l'Amour.
Fr. Soulié. Mém. du Diable, 2 v. De... Cadavres. Quatre Sœurs. Conf. général... 2 v. Au Jour le Jour. Marguerite. Ma... tre d'école. Bananier. Eulalie Ponto... Si Jeun. savait... si Vieill. pouvait, 2 v. Huit jours au Château. Conseiller d'Et... Malheur complet. Magnétiseur. Lion... Port de Créteil. Comt. de Monrion. F... gerons. Été à Meudon. Drames inconnu... Maison n° 3 de la r. de Provence. Av. d'... Cadet de Famille. Amours de Bonsen... Olivier Duhamel. Chât. des Pyrénées, 2... Rêve d'Amour. Diane et Louise. Préte... dus. Cont. pour les enfants. Quatre épo... Sathanici. Comte de Toulouse. Vico... de Béziers. Saturnin Fichet, 2 v.
E. Souvestre. Philos. sous les toi... Confess. d'un Ouvrier. Coin du Feu. Scèn... de la Vie intime. Chron. de la Me... Clairières. Scèn. de Chouannerie. Da... la Prairie. Dern. Paysans. En Quara... taine. Scèn. et Récits des Alpes. Gout... d'Eau. Soirées de Meudon. Echelle... Femmes. Souv. d'un Vieillard. Sous l... Filets. Contes et Nouv. Foyer breton, 2... Dern. Bretons, 2 v. Anges du Foye... Sur la Pelouse. Riche et Pauvre. Péch... de Jeunesse. Réprouvés et Elus, 2 vol. F... Famille. Pierre et Jean. Deux Misè... Pendant la Moisson. Bord du Lac. E... mes parisiens. Sous les ombrages. Mât... cocagne. Mémorial de Famille. Souv. d'... Bas-Breton, 2 v. L'Homme et l'Argen... Monde tel qu'il sera. Histoires d'autrefoi... Sous la tonnelle. Théâtre de la Jeuness...
Marie Souvestre. Paul Ferroll, tr... duit de l'anglais.
D. Stauben. Scènes de la Vie juive... Alsace.
De Stendhal. L'Amour. Rouge... Noir. Chartreuse de Parme. Promen. da... Rome, 2 v. Chroniq. italiennes. Mé... d'un touriste, 2 v. Vie de Rossini.
Mme B. Stowe (*Trad. Forcade*). Sou... venirs heureux, 3 v.
E. Sué. Sept Péchés capitaux : L'Or... gueil, 2 v. L'Envie, Colère, 2 v. Luxure, P... resse, 2 v. Avarice, Gourmandise. Gilbe... et Gilberte, 3 v. Adèle Verneuil. Grand... Dame. Clémence Hervé.
B. Texier. Amour et Finance.
L. Ulbach. Secrets du Diable.
O. de Vallée. Manieurs d'argent.
M. Vacquerie. Profils et Grimaces.
M. Valrey. Marthe de Montbrun. F... les sans Dot.
F. Wey. Anglais chez eux. Londres... y a cent ans.

— M... la duchesse d'Orléans.
— Zouaves et Chasseurs à pied.

PARIS. — IMPRIMERIE DE ÉDOUARD BLOT, RUE SAINT-LOUIS, 46.

www.ingramcontent.com/pod-product-compliance
Lightning Source LLC
Chambersburg PA
CBHW071248160426
43196CB00009B/1212